"十四五"职业教育国家规划教材

报关与报检实务
（第3版）

农晓丹 ◎ 主　编
刘晓斌　李俊香 ◎ 副主编
孙春媛　符建利 ◎ 参　编

北京大学出版社
PEKING UNIVERSITY PRESS

内 容 简 介

本书根据报关与报检业务发展的需要，结合高职高专课程项目化教学要求编写而成。本书主要内容包括报关与报检基础知识、报关与报检工作前期准备、进出境报检业务办理、具体商品报检业务办理、一般进出口货物报关业务办理、保税加工货物报关业务办理、特定减免税货物报关业务办理、暂准进出境货物报关业务办理。全书贯彻"以工作过程为导向"的教改思路，突出实操性。

本书可以作为高职高专国际贸易、物流管理、国际商务、关务与外贸服务等专业的教材，也可以作为报关与报检从业人员的培训用书。

图书在版编目（CIP）数据

报关与报检实务 / 农晓丹主编 . —3 版 . —北京：北京大学出版社，2023.1
"十三五"职业教育国家规划教材
ISBN 978-7-301-33619-9

Ⅰ.①报… Ⅱ.①农… Ⅲ.①进出口贸易—海关手续—中国—高等职业教育—教材 ②国境检疫—中国—高等职业教育—教材 Ⅳ.① F752.5 ② R185.3

中国版本图书馆 CIP 数据核字（2022）第 222579 号

书　　　名	报关与报检实务（第 3 版） BAOGUAN YU BAOJIAN SHIWU（DI-SAN BAN）
著作责任者	农晓丹　主编
策 划 编 辑	蔡华兵
责 任 编 辑	蔡华兵
数 字 编 辑	金常伟
标 准 书 号	ISBN 978-7-301-33619-9
出 版 发 行	北京大学出版社
地　　　址	北京市海淀区成府路 205 号　100871
网　　　址	http://www.pup.cn　　新浪微博：@ 北京大学出版社
电 子 邮 箱	编辑部 pup6@pup.cn　总编室 zpup@pup.cn
电　　　话	邮购部 010-62752015　发行部 010-62750672　编辑部 010-62750667
印 刷 者	河北滦县鑫华书刊印刷厂
经 销 者	新华书店
	787 毫米 ×1092 毫米　16 开本　11.5 印张　305 千字 2013 年 3 月第 1 版　2017 年 10 月第 2 版 2023 年 1 月第 3 版　2024 年 11 月第 3 次印刷
定　　　价	45.00 元

未经许可，不得以任何方式复制或抄袭本书之部分或全部内容。
版权所有，侵权必究
举报电话：010-62752024　电子邮箱：fd@pup.cn
图书如有印装质量问题，请与出版部联系，电话：010-62756370

第3版前言

党的二十大报告提出:"必须完整、准确、全面贯彻新发展理念,坚持社会主义市场经济改革方向,坚持高水平对外开放,加快构建以国内大循环为主体、国内国际双循环相互促进的新发展格局。"报关与报检是货物进出口的重要环节,更是守好国门的第一道关卡。随着我国进出口业务的快速发展,报关与报检业务量越来越大,相关行业也得到快速的发展,市场对报关与报检人才需求量迅速扩大。同时,目前大部分高职院校都在进行项目化教学改革,为了满足报关与报检人才培养及高职院校相关课程项目化教学的需要,我们编写了本书。

本书在第2版的基础上修订而成,依据最新的行业规范对相关内容进行更新。本次修订,遵循项目化教学改革的思路,体现"任务引领、实践导向"的课程设计思想,从实用性出发,突破了传统教材按照知识体系来编排的惯例,根据报关与报检典型工作任务对涉及的知识进行重新编排,使教学内容与工作内容相对接,让学生更好地掌握报关与报检操作技能。

本书内容具有以下特点。

(1)实用性。本书以进出口商品报关与报检的典型工作任务为主线来进行内容的组织,将教学内容分解成报关与报检工作前期准备、进出境报检业务办理、具体商品报检业务办理、一般进出口货物报关业务办理、保税加工货物报关业务办理、特定减免税货物报关业务办理、暂准进出境货物报关业务办理7个项目、22个工作任务及相关工作情景,以项目为单位组织教学,让学生在完成项目工作任务的过程中学习相关知识,在完成项目的过程中加强对专业知识和职业技能的综合运用。

(2)通用性。报关与报检是一项十分复杂的技术性工作,包括许多步骤和工作环节。本书从高职高专学生学习特点出发,贯彻"够用、实用"的指导思想,去繁就简,抓住主线,注意知识的可迁移性,主要选择报关与报检工作涉及的基础性、共性的知识,学生掌握了这些知识就可以举一反三,办理不同商品的报检、不同监管模式货物的报关。

(3)前瞻性。本书内容结合报关与报检工作的最新实践、商品进出口检验检疫及报关的最新规定,以及我国检验检疫工作、报关工作的各项政策法规的最新调整,帮助学生掌握最新的检验知识和报关知识,提高实践技能。

(4)生动性。本书内容的编排突破传统教材的编写体例,采用任务导入、任务目标、任务分析、知识链接、相关资料、技能训练和巩固等新颖的体例,内容可读性强。

本书由宁波城市职业技术学院报检和报关课程教学团队编写,由农晓丹任主编,刘晓斌、李俊香任副主编,孙春媛、符建利参与编写。其中,符建利负责编写项目操作背景,刘晓斌负责编写项目1、项目2,李俊香负责编写项目3,农晓丹负责编写项目4至项目6,孙春媛负责编写项目7。全书由农晓丹统稿。

在本书的编写和出版过程中,我们参考了一些同类教材和相关论著,适当引用了国内外一些同行的成果和观点,并充分汲取同行专家在探索培养应用型人才方面取得的成功经验和教学成果,还借鉴了报关与报检实践和研究中已趋成熟的理论、基础知识和技能、新经验和新成果,在此特向相关人士表示由衷的感谢!

由于编者水平有限,书中难免存在疏漏之处,恳请专家、同行不吝批评和指正,联系方式为 nongxiaodan@nbcc.cn。

编　者

2022 年 5 月

目 录

项目操作背景——报关与报检基础知识 / 1

第1部分 报检基础知识 / 1

第2部分 报关基础知识 / 5

训练题 / 8

相关资料 / 9

项目1 报关与报检工作前期准备 / 11

任务1 报关单位与主管部门建立业务关系 / 12

任务2 报关人员海关备案及管理 / 17

任务3 代理报关与报检的办理 / 19

小结 / 21

训练题 / 21

项目2　进出境报检业务办理 —————————————————— /25

　　任务1　进出境报检范围的确定　　　　　　　　　　　　　　　/26
　　任务2　进出境报检程序设计　　　　　　　　　　　　　　　　/28
　　任务3　检验检疫证单的使用　　　　　　　　　　　　　　　　/31
　　小结　　　　　　　　　　　　　　　　　　　　　　　　　　/36
　　训练题　　　　　　　　　　　　　　　　　　　　　　　　　/36

项目3　具体商品报检业务办理 —————————————————— /38

　　任务1　法检商品报检业务办理——以动检和植检为例　　　　　/39
　　任务2　需认证和需标签审核商品报检业务办理　　　　　　　　/47
　　小结　　　　　　　　　　　　　　　　　　　　　　　　　　/55
　　训练题　　　　　　　　　　　　　　　　　　　　　　　　　/55

项目4　一般进出口货物报关业务办理 ———————————————— /59

　　任务1　一般进出口货物报关流程设计　　　　　　　　　　　　/60
　　任务2　外贸管制证件申领　　　　　　　　　　　　　　　　　/64
　　任务3　查找商品编码　　　　　　　　　　　　　　　　　　　/73
　　任务4　准备申报单证及申报　　　　　　　　　　　　　　　　/82
　　任务5　税费缴纳及结关　　　　　　　　　　　　　　　　　　/105
　　小结　　　　　　　　　　　　　　　　　　　　　　　　　　/119
　　训练题　　　　　　　　　　　　　　　　　　　　　　　　　/120

项目5　保税加工货物报关业务办理 ————————————————— /126

　　任务1　手册监管的保税加工货物报关业务办理　　　　　　　　/127
　　任务2　外发加工和深加工结转业务办理　　　　　　　　　　　/133

任务 3	出口加工区货物报关业务办理	/136
小结		/142
训练题		/142

项目 6　特定减免税货物报关业务办理　/146

任务 1	特定减免税申请	/147
任务 2	特定减免税货物的进口报关	/150
任务 3	特定减免税货物后续处置和解除监管	/154
小结		/157
训练题		/157

项目 7　暂准进出境货物报关业务办理　/161

任务 1	使用 ATA 单证册的暂准进出境货物的报关	/162
任务 2	不使用 ATA 单证册的展览品的报关	/166
任务 3	暂时进出口货物的报关	/169
小结		/172
训练题		/172

参考文献　/176

项目操作背景——报关与报检基础知识

第1部分 报检基础知识

一、报检的含义

报检又称报验，一般是指对外贸易关系人按照法律、行政法规、合同的规定或根据需要向进出口商品检验检疫机构申请办理检验、检疫、鉴定工作的手续，是进出口商品检验检疫工作的一个环节。

2018年4月20日起，国家出入境检验检疫管理职责和队伍统一划入海关总署，统一以海关名义对外开展工作，原报关工作与报检工作合二为一，实现一次申报、一单通关。

二、出入境检验检疫的作用

1. 出入境检验检疫是国家主权的体现

出入境检验检疫机构作为执法机构，按照国家法律规定，对进出境货物、运输工具、人员等法定检验检疫对象进行检验、检疫、鉴定、认证及监督管理。不符合我国强制性要求的入境货物，一律不得销售、使用；对涉及安全卫生及检疫产品的境外生产企业的安全卫生和检疫条件进行注册登记；对不符合安全卫生条件的商品、物品、包装和运输工具，有权禁止进口，或视情况进行消毒、灭菌、杀虫或其他排除安全隐患的措施等无害化处理，重验合格后方准进口；对于应经检验检疫机构实施注册登记的向中国输出有关产品的境外生产加工企业，必须取得注册登记证后方准向中国出口其产品；有权对进入中国的境外检验机构进行核准。

2. 出入境检验检疫是国家管理职能的体现

出入境检验检疫机构作为执法机关，根据法律授权，按照中国、进口国或国际性技术法规规定，对出入境人员、货物、运输工具实施检验检疫；对涉及安全、卫生和环保要求的出口产品生产加工企业、包装企业实施生产许可加工安全或卫生保证体系注册登记；必要时帮助企业取得进口国（地区）主管机关的注册登记；经检验检疫发现质量与安全卫生条件不合格的出口商品，有权阻止出境；不符合安全条件的危险品包装容器，不准装运危险货物；不符合卫生条件或冷冻要求的船舱和集装箱，不准装载易腐、易变的粮油食品或冷冻品；对属于需注册登记的生产企业，未经许可不得生产加工有关出口产品；对涉及人类健康和安全、动植物生命和健康，以及环境保护和公共安全的入境产品实行强制性认证制度；对成套设备和废旧物品进行装船前检验。

3. 出入境检验检疫是中国对外贸易顺利进行和持续发展的保障

（1）对出口商品的检验检疫监管使我国的出口商品以质取胜，立足国际市场。世界各主权国家为保护国民身体健康、保障国民经济发展和消费者权益，相继制定了食品、药品、化妆品和医疗器械的卫生法规，机电与电子设备、交通运输工具和涉及安全的消费品的安全法规，动植物及其产品的检疫法规，检疫传染病的卫生检疫法规。我国出入境检验检疫机构依法履行检验检疫职能，能有效提高我国出口企业的管理水平和产品质量，不断开拓国际市场。

（2）对进出口商品的检验检疫监管是突破国外技术贸易壁垒和建立国家技术保护屏障的重要手段。中国出入境检验检疫机构加强对进口产品的检验检疫和对相关的国外生产企业的注册登记与监督管理，符合国际通行的技术贸易壁垒做法。中国出入境检验检疫机构通过合理的技术规范和措施保护国内产业和国民经济的健康发展，保护消费者、生产者的合法权益，建立起维护国家利益的可靠屏障。

（3）对进出口商品的检验检疫监管为对外贸易各方提供公正权威的凭证。在国际贸易中，贸易、运输、保险各方往往要求由官方或权威的非当事人对进出口商品的质量、重量、包装、装运技术条件等提供检验合格证明，为出口商品交货、结算、计费、计税和进口商品质量、残短索赔等提供有效凭证。中国出入境检验检疫机构对于进出口商品实施检验并出具的各种检验检疫鉴定证明，为对外贸易有关各方履行贸易、运输、保险契约和处理索赔争议提供公正权威的凭证。

（4）出入境检验检疫对保护农、林、牧、渔业生产安全，促进农畜产品的对外贸易和保护人民健康具有重要意义。保护农、林、牧、渔业生产安全，使其免受国际上重大疫情灾害影响，是中国出入境检验检疫机构担负的重要使命。对动植物及其产品和其他检疫物品，装载动植物及其产品和其他检疫物品的容器、包装物，以及来自动植物疫区的运输工具（含集装箱）实施强制性检疫，对防止动物传染病、寄生虫和植物危险性病、虫、杂草及其他有害生物等检疫对象和危险疫情的传入、传出，保护国家农、林、牧、渔业生产安全和人民健康，履行我国与外国（地区）签订的检疫协议的义务，突破进口国（地区）在动植物检疫中设置的贸易技术壁垒，促进我国农畜产品对外贸易具有重要作用。

（5）出入境检验检疫实施国境卫生检疫是保护我国人民健康的重要屏障。我国边境线长、口岸多，对外开放的海、陆、空口岸百余个，是开放口岸最多的国家之一。近年来，各种检疫传染病和监测传染病仍在一些国家（地区）发生和流行，甚至出现了一些新的传染病，特别是随着国际贸易、旅游和交通运输的发展，以及出入境人员迅速增加，鼠疫、霍乱、黄热病、艾滋病等一些烈性传染病及其传播媒介随时都有传入的危险，对我国人民的身体健康造成严重威胁。因此，对出入境人员、交通工具、运输设备及可能传播传染病的行李、货物、邮包等物品实施强制性检疫，对防止检疫传染病的传入或传出，保护人民身体健康具有重要作用。

综上所述，出入境检验检疫对维护国家和人民权益、维护国民经济发展、突破国际贸易技术壁垒都有非常重要的作用。随着我国改革开放的不断深入和对外贸易的不断发展，特别是加入世界贸易组织（World Trade Organization，WTO）后，出入境的人员、货物和交通运输工具等不断增加，出入境检验检疫作为"国门卫士"，必将发挥越来越重要的作用。

三、我国检验检疫的工作内容

1. 法定检验检疫

法定检验检疫是指出入境检验检疫机构依照国家法律、行政法规的规定对必须检验检疫的进出境货物、交通运输工具、人员及其他法定检验检疫物依照规定的程序实施检验、检疫、鉴定等检验检疫业务，又称强制性检验检疫。目前，我国对列入《出入境检验检疫机构实施检验检疫的进出境商品目录》（简称《目录》）的商品实行强制性检验检疫。

《目录》由"商品编码""商品名称及备注""计量单位""海关监管条件"和"检验检疫类别"几栏组成。其中，"商品编码""商品名称及备注"和"计量单位"是以HS编码为基础的，并依照最新的海关《商品综合分类表》的商品编号、商品名称、商品备注和计量单位编制。"海关监管条件"为"A"，表示须实施进境检验检疫；"海关监管条件"为"B"，表示须实施出境检验检疫；"检验检疫类别"为"M"，表示进口商品检验；"检验检疫类别"为"N"，表示出口商品检验；"检验检疫类别"为"P"，表示进境动植物、动植物产品检疫；"检验检疫类别"为"Q"，表示出境动植物、动植物产品检疫；"检验检疫类别"为"R"，表示进口食品卫生监督检验；"检验检疫类别"为"S"，表示出口食品卫生监督检验；"检验检疫类别"为"L"，表示民用商品入境验证。

以"种用硬粒小麦"为例，其对应的商品编码为"10011100"，计量单位为"千克"；"海关监管条件"为"A/B"，表示该商品在入境和出境时均须实施检验检疫；"检验检疫类别"为"M.P/N.Q"，表示该商品进口时应实施商品检验、植物产品检疫，出口时应实施商品检验、植物产品检疫。

2. 进出口商品检验

除了《目录》中所列的商品，法律法规及有关规定还规定了一些进出境货物必须经检验检疫机构检验，如废旧物品（包括旧机电产品）、需做外商投资财产价值鉴定的货物、援外物资等。上述进出境货物无论是否在《目录》内，按规定均应当向检验检疫机构申报。

检验检疫机构对必须经检验检疫机构检验检疫的进出口商品以外的进出口商品，根据有关规定实施抽查检验。检验检疫机构可以公布抽查检验结果或向有关部门通报抽查检验情况。

检验检疫机构根据需要，对检验合格的进出口商品，可以加施检验检疫标志或封识。

3. 动植物检疫

检验检疫机构依法实施动植物检疫的有：进境、出境、过境的动植物、动植物产品和其他检疫物；装载动植物、动植物产品和其他检疫物的装载容器、包装物、铺垫材料；来自动植物疫区的运输工具；进境拆解的废旧船舶；有关法律、行政法规、国际条约规定或贸易合同约定应当实施进出境动植物检疫的其他货物、物品。

对于国家列明的禁止进境物，检验检疫机构作退回或销毁处理。

对进境动物、动物产品、植物种子、种苗及其他繁殖材料、新鲜水果、烟草类、粮食类及饲料、豆类、薯类和植物栽培介质等实行进境检疫许可制度，输入单位在签订合同或协议之前应事先办理检疫审批手续。

检验检疫机构对出境动植物、动植物产品或其他检疫物的生产、加工、存放过程实施检疫监管。

检验检疫机构对过境运输的动植物、动植物产品和其他检疫物实施检疫监管。

检验检疫机构对携带、邮寄动植物、动植物产品和其他检疫物进境实施检疫监管。

对来自疫区的运输工具，口岸检验检疫机构实施现场检疫和有关消毒处理。

4. 卫生检疫与处理

入境或出境的人员、交通工具、运输设备及可能传播检疫传染病的行李、货物、邮包等物品，都应当接受检疫，经国境卫生检疫机关许可，方准入境或出境。

检验检疫机构对出入境人员实施传染病监测，有权要求出入境人员填写健康申明卡、出示预防接种证书、健康证书或其他有关证件。对发现患有检疫传染病、监测传染病、疑似检疫传染病的出入境人员实施隔离、留验和就地诊验等医学措施。

检验检疫机构对国境口岸和停留在国境口岸的出入境交通工具的卫生状况实施卫生监督，监督和指导对啮齿动物、病媒昆虫的防除；检查和检验食品、饮用水及其储存、供应、运输设施；监督从事食品、饮用水供应的从业人员的健康状况；监督和检查垃圾、废物、污水、粪便、压舱水的处理；对卫生状况不良和可能引起传染病传播的因素采取必要措施。

5. 进口废物原料、旧机电产品装运前检验

对国家允许作为原料进口的废物和涉及国家安全、环境保护、人类和动植物健康的旧机电产品，实施装运前检验制度。实施装运前检验，可防止境外有害废物或不符合我国有关安全、卫生和环境保护等技术规范强制性要求的旧机电产品进入境内，从而有效保障国民人身和财产安全，有效地保护环境。

进口废物原料前，进口单位应事先取得生态环境部签发的相关证书。进口单位与境外贸易关系人签订的合同中应标明进口废物的装运前检验条款。废物的出口商应当在装船前向检验检疫机构或认可的检验机构申请实施装运前检验，经检验合格后方可装运。

进口旧机电产品的收货人或其代理人应在合同签署前向海关总署或收货人所在地直属海关办理备案手续。对按规定应当实施装运前预检验的，由检验检疫机构或经海关总署认可的装运前预检验机构实施装运前预检验。

已实施装运前检验的废物原料和旧机电产品在运抵口岸后，检验检疫机构仍将按规定实施到货检验。

6. 进口商品认证管理

国家对涉及人类健康和动植物生命和健康，以及环境保护和公共安全的产品实行强制性认证制度。凡是列入《中华人民共和国实施强制性产品认证的产品目录》（简称《强制性产品目录》）的商品，必须经过指定的认证机构认证合格、取得指定认证机构颁发的认证证书、加施认证标志后，方可进口。此目录内的商品在进口时，检验检疫机构按规定实施验证，查验单证、核对货证是否相符。

7. 出口商品质量许可和卫生注册管理

国家对重要出口商品实行质量许可制度，检验检疫部门单独或会同有关主管部门发放出口商品质量许可证，未获得质量许可证的商品不准出口。检验检疫部门已对机械、电子、轻工、机电、玩具、医疗器械、煤炭类等商品实施出口商品质量许可制度，上述商品的生产企业或其代理人可向当地检验检疫机构申请出口质量许可证书。检验检疫机构对实施质量许可制度的出口商品实行验证管理。

国家对出口食品及其生产企业（包括加工厂、屠宰场、冷库、仓库等）实施卫生注册登记制度。实施卫生注册登记制度的出口食品生产企业，应向检验检疫机构申请卫生注册登记，取得卫生注册登记证书后，方可生产、加工、储存出口食品。

8. 出口危险货物运输包装检验

生产危险货物出口包装容器的企业，必须向检验检疫机构申请包装容器的性能鉴定。包装容器经检验检疫机构鉴定合格后，方可用于包装危险货物。生产出口危险货物包装容器的企业，必须向检验检疫机构申请危险货物包装容器的使用鉴定。危险货物包装容器经检验检疫机构鉴定合格的，方可包装危险货物出口。

9. 外商投资财产价值鉴定

对于外商投资企业及各种对外补偿贸易方式，检验检疫机构对境外（包括我国港澳台地区）投资者用以作价投资的实物，以及外商投资企业委托国外投资者用投资资金从境外购买的财产进行价值鉴定。通过价值鉴定，可有效防止低价高报或高价低报的现象，保护外商投资企业的合法权益。外商投资财产价值鉴定的内容包括外商投资财产的品种、质量、数量、价值和损失鉴定等。检验检疫机构进行价值鉴定后出具价值鉴定证书，供企业到所在地会计师事务所办理验资手续。

10. 货物装载和残损鉴定

对于装运出口易腐烂变质的食品或冷冻品的船舱、集装箱等运输工具，承运人、装箱单位或其代理人必须在装运前向检验检疫机构申请清洁、卫生、冷藏、密固等适载检验，经检验检疫机构检验合格方可装运。对外贸易关系人及仲裁、司法等机构对海运进口商品可向检验检疫机构申请办理监视、残损鉴定、监视卸载等鉴定工作。

11. 进出口商品质量认证

检验检疫机构可以根据海关总署同国外（地区）有关机构签订的协议或接受国外有关机构的委托进行进出口商品质量认证工作，准许有关单位在认证合格的进出口商品上使用质量认证标志。

12. 涉外检验检疫、鉴定、认证机构审核认可和监督涉外检验检疫、鉴定、认证机构审核认可

对于拟设立的中外合资、合作进出口商品检验、鉴定、认证公司，由海关总署对其资格信誉、技术力量、装备设施及业务范围等进行审查，对审查合格的出具《外商投资检验公司资格审定意见书》后，方可开展经营活动。

海关总署对从事进出口商品检验、鉴定、认证业务公司的经营活动实行统一监督管理，对境内外检验、鉴定、认证公司设在各地的办事处实行备案管理。

13. 与外国和国际组织开展合作

检验检疫部门承担WTO《贸易技术壁垒协议》（WTO/TBT协议）和《实施动植物卫生检疫措施的协议》（WTO/SPS协议）咨询业务；承担联合国（United Nations，UN）、亚太经合组织（Asia-Pacific Economic Cooperation，APEC）等国际组织在标准与一致化和检验检疫领域的联络工作；负责对外签订政府部门间的检验检疫合作协议、认证认可合作协议、检验检疫协议执行议定书等，并组织实施。

第2部分 报关基础知识

一、报关的含义

报关是指进出口货物收发货人、进出境运输工具负责人、进出境物品的所有人或他们的代理人向海关办理货物、物品或运输工具进出境手续及相关海关事务的过程。

报关与通关的区别：报关是从海关行政管理相对人的角度，仅指向海关办理进出境手续及相关手续；通关不仅包括报关，而且包括海关对进出境运输工具、货物、物品依法进行监督管理，核准其进出境的管理过程。

二、报关的基本内容

1. 进出境运输工具报关的基本内容

根据《中华人民共和国海关法》(简称《海关法》)规定,所有进出我国关境的运输工具必须经由设有海关的港口、车站、机场、国界孔道、国际邮件互换局(交换站)及其他可办理海关业务的场所申报进出境。进出境申报是运输工具报关的主要内容。进出境运输工具负责人或其代理人在运输工具进入或驶离我国关境时,均应如实向海关申报运输工具所载旅客人数、进出口货物数量、装卸时间等基本情况。

(1) 运输工具申报的基本内容。

① 运输工具进出境的时间、航次(车次)、停靠地点等。

② 进出境时所载运货物的情况,包括过境货物、转运货物、溢短卸(装)货物的基本情况。

③ 运输工具服务人员名单及其自用物品、货币等情况。

④ 运输工具所载旅客的情况。

⑤ 运输工具所载邮递物品、行李物品的情况。

⑥ 其他需要向海关申报清楚的情况,如由于不可抗力,运输工具被迫在未设关地点停泊、降落或抛掷、起卸货物、物品等情况。

除此以外,运输工具报关时还需要提交运输工具从事国际合法性运输必备的相关证明文件,如船舶国籍证明、吨税证书、海关监管簿、签证簿等,必要时还需要出具保证书或缴纳保证金。

进出境运输工具负责人或其代理人就以上情况向海关申报后,有时还需要按海关的要求配合海关检查,经海关审核确认符合海关监管要求的,可以上下旅客、装卸货物。

(2) 运输工具舱单申报。

我国海关将运输工具舱单申报作为进出境运输工具报关的一个重要的事项。

进出境运输工具舱单(简称"舱单")是反映进出境运输工具所载货物、物品及旅客信息的载体,包括以下3种。

① 原始舱单。是指舱单传输人向海关传输的反映进境运输工具装载货物、物品或乘载信息的舱单。

② 预配舱单。是指反映出境运输工具预计装载货物、物品或乘载旅客信息的舱单。

③ 装(乘)载舱单。是指反映出境运输工具实际配载货物、物品或载有旅客信息的舱单。进出境运输工具载有货物、物品的,舱单内容应当包括总提(运)单及其项下的分提(运)单信息。

海关接受原始舱单主要数据传输后,收货人、受委托的报关企业方可向海关办理货物、物品的申报手续。进境运输工具载有旅客的,舱单传输人应当在规定时限向海关传输原始舱单电子数据。

以集装箱运输的货物、物品,出口货物发货人应当在货物、物品装箱前向海关传输装箱清单电子数据。出境运输工具预计载有旅客的,舱单传输人应当在出境旅客开始办理登机(船、车)手续前向海关传输预配舱单电子数据。舱单传输人应当在旅客办理登机(船、车)手续后、运输工具上客前向海关传输承载舱单电子数据。运输工具负责人应当在货物、物品装载完毕或旅客全部登机(船、车)后向海关提交结关申请,经海关办结手续后,运输工具方可离境。

2. 进出境货物报关的基本内容

根据海关规定，进出境货物的报关业务应由依法取得报关从业资格并在海关注册的报关人员办理。进出境货物的报关业务包括：按照规定填制报关单，如实申报进出口货物的商品编码、实际成交价格、原产地及相应优惠贸易协定代码，并办理提交报关单证等与申报有关的事宜；申请办理缴纳税费和退税、补税事宜；申请办理加工贸易合同备案、变更和核销及保税监管等事宜；申请办理进出口货物减税、免税等事宜；办理进出口货物的查验、结关等事宜；办理应当由报关单位办理的其他事宜。

3. 进出境物品报关的基本内容

《海关法》规定，个人携带进出境的行李物品、邮寄进出境物品，应当以自用合理数量为限。所谓自用合理数量，对于行李物品而言，"自用"是指进出境旅客本人自用、馈赠亲友而非为出售或出租，"合理数量"是指海关根据进出境旅客旅行目的和居留时间所规定的正常数量；对于邮递物品而言，则指的是海关对进出境邮递物品规定的征、免税限制。自用合理数量原则是海关对进出境物品监管的基本原则，也是对进出境物品报关的基本要求。

注意： 对于通过随身携带或邮政渠道进出境的物品要按规定办理进出口报关手续。经海关登记准予暂时免税进境或暂时免税出境的物品，应当由本人附带出境或附带进境。享有外交特权和豁免的外国机构或人员的公务用品或自用物品进出境，依照有关法律、行政法规的规定办理。

（1）进出境行李物品的报关——我国海关采用"红绿通道"制度。

我国海关规定，进出境旅客在向海关申报时，可以在分别以红色和绿色作为标志的两种通道中进行选择。带有绿色标志的通道（无申报通道）适用于携带物品在数量和价值上均不超过免税限额，且无国家限制或禁止进出境物品的旅客；带有红色标志的通道（申报通道）则适用于携带有应向海关申报物品的旅客。对于选择红色通道的旅客，必须填写海关进（出）境旅客行李物品申报单或海关规定的其他申报单证，在进出境地向海关作出书面报告。

自2008年2月1日起，海关在全国各对外开放口岸实行新的进出境旅客申报制度。

① 进出境旅客没有携带应向海关申报的物品的，无须填写申报单，选择"无申报通道"通关。

② 进出境旅客携带有应向海关申报的物品的，须填写申报单，向海关书面申报，并选择"申报通道"通关，海关免于监管人员及随同成人旅行的16周岁以下旅客除外。

③ 持有中华人民共和国政府主管部门给予外交、礼遇签证的进出境旅客，通关时应主动向海关出示本人有效证件，海关予以免验礼遇。

（2）进出境邮递物品的报关——以"报税单"或"绿色标签"向海关报关。

进出境邮递物品的申报方式由其特殊的邮递运输方式决定。我国是《万国邮政公约》的签约国，根据其规定，进出境邮包必须由寄件人填写"报税单"（小包邮件填写绿色标签），列明所寄物品的名称、价值、数量，向邮包寄达国家的海关申报。进出境邮递物品的"报税单"和"绿色标签"随同物品通过邮政企业或快递公司呈递给海关。

三、报关和报检工作的主管部门

报关和报检工作的主管部门为海关总署及下属的直属海关、隶属海关。

海关机构的设置为海关总署、直属海关和隶属海关三级。隶属海关由直属海关领导，向直属海关负责；直属海关由海关总署领导，向海关总署负责。

中华人民共和国海关是国家的进出境监督管理机关，实行垂直管理体制，在组织机构上分为3个层次：第一层次是海关总署；第二层次是广东分署，天津、上海两个特派员办事处，42个直属海关（港澳台地区除外）和两所海关学校；第三层次是各直属海关下辖的636个隶属海关机构。此外，中华人民共和国海关在布鲁塞尔、莫斯科、华盛顿等地设有派驻机构。

海关总署是国务院的直属机构，在国务院领导下统一管理全国海关机构、人员编制、经费物资等各项海关业务，是海关系统的最高领导部门。直属海关是指直接由海关总署领导，负责管理一定区域范围内海关业务的海关。直属海关就本关区的海关事务独立行使职权，向海关总署负责。隶属海关是指由直属海关领导，负责办理具体海关业务的海关，是海关进出境监督管理职能的基本执行单位，一般都设在口岸和海关业务集中的地点。

训练题

【参考答案】

一、基础训练题

1. 单选题

（1）报关企业是指完成（　　）手续，取得办理进出口货物报关资格的境内法人。
A. 工商注册登记　　　　　　　　B. 税务注册登记
C. 企业主管部门批准　　　　　　D. 海关报关注册登记

（2）下列关于报关或代理报关范围的表述错误的是（　　）。
A. 进出口货物收发货人只能办理本企业（单位）进出口货物的报关业务
B. 代理报关企业只能接受有权进出口货物单位的委托，办理本企业承揽、承运货物的业务
C. 专业报关企业也可接受进出口货物收发货人在各种运输承运关系下委托办理报关业务
D. 进出口货物收发货人、报关企业只能在注册地海关办理报关业务

（3）我国是《万国邮政公约》的签约国，根据这一公约的规定，进出境邮递物品的报税单和"绿色标签"应随同物品通过（　　）呈递给海关。
A. 专业报关单位　　　　　　　　B. 代理报关企业
C. 邮政企业或快递公司　　　　　D. 收发货人

（4）准确无误地填写进出口货物报关单和报关数据的预录，陪同海关查验、对货物进行税则归类、计算税费、缴纳税费、提货、提供报关事宜咨询服务等项工作是属于（　　）的业务范围。
A. 进出口企业　　　　　　　　　B. 海关
C. 专业报关企业　　　　　　　　D. 银行

（5）国家对涉及人类健康、动植物生命和健康，以及环境保护和公共安全的产品实行（　　）制度。
A. 强制性认证　　　　　　　　　B. 贸易壁垒
C. 注册　　　　　　　　　　　　D. 监管

（6）对国家允许作为原料进口的废物，实施（　　）检验制度，防止境外有害废物向我国转运。
A. 装运前　　　　　　　　　　　B. 装运后
C. 报关时　　　　　　　　　　　D. 加工时

（7）凡在中华人民共和国境内生产、加工、储存出口食品的企业，必须取得（　　）后，方可生产、加工、储存相应的出口食品。
A. 卫生注册证书　　　　　　　　B. 卫生登记证书
C. 卫生注册证书或卫生登记证书　D. 卫生登记

（8）为维护国家经济利益和对外信誉，只有对重要的出口商品实施必要的（　　）检验检疫，才能保证质量、规格、包装等符合进口国（地区）的法规要求。
A. 强制性　　　　　　　　　　　B. 一般性
C. 集中性　　　　　　　　　　　D. 服务性

2. 判断题

（1）法定检验检疫又称强制性检验检疫。　　　　　　　　　　　　　　　　　　　　（　　）

（2）对货物、物品、运输工具的进出境活动进行监管，是海关最基本的任务，其他任务都是由此派生出来的。（　　）

（3）《中华人民共和国进出口商品检验法》(简称《进出口商品检验法》)对防止检疫传染病的传播、保护人体健康是一个十分重要的屏障。（　　）

（4）凡列入《目录》的进出口商品和其他法律法规规定须经检验的进出口商品，必须经过出入境检验检疫部门或其指定的检验机构检验。（　　）

（5）规定进口商品应检验未检验的，不准销售，可以使用。（　　）

（6）出口商品未经检验合格的，不准出口。（　　）

（7）所有进出我国关境的运输工具必须经由设有海关的地点进出境，运输工具负责人或代理人应如实向海关申报、提交相关证明文件，并接受海关查验。（　　）

（8）个人携带进境的单位使用的电锯片可以作为行李物品报关。（　　）

（9）必须由报关人员办理进出境货物报关。（　　）

（10）在海上交易未经设立海关的地点进境的货物是走私货物。（　　）

二、综合技能训练题

（1）请选择一项或几项出入境检验检疫的工作内容，搜集相关的案例或资料，分小组进行讨论学习，谈谈各自的理解和看法。

（2）请画出本地检验检疫机构及海关的业务部门结构图，并了解各部门职责。

（3）××号运输工具于2022年1月20日从宁波北仑港进境，该批货物委托某报关行小夏代理报关。小夏对新来报关人员提出了如下问题。

① 海关调查人员应如何开展对走私案件的调查？
【业务处理】_____

② 你作为报关人员在报关时，应注意向海关说明哪些事项？
【业务处理】_____

【业务处理】_____

（4）党的二十大报告提出："要加强生物安全管理，防治外来物种侵害。"请结合实际案例谈谈进境动植物检疫工作的重要性。

相关资料

本书背景资料

宁波华田国际贸易有限公司（简称"华田公司"）是一家工贸结合的企业，主营范围为纺织服装的生产和进出口，随着公司规模的扩大，业务范围扩展到包括机电设备、食品、化妆品、五金矿产品的进出口业务，同时承接"三来一补"等业务。该公司目前有4个业务部：业务部一负责服装类产品的进出口业务及服装的加工贸易业务；业务部二负责机电设备的进出口业务；业务部三负责五金矿产品的进出口业务；业务部四负责杂项产品（食品、化妆品等）的进出口业务。该公司有自理报关权。2021年，公司扩展业务，设立了宁波华田进出口报关公司（简称"华田报关公司"），兼营代理报检和代理报关。

本书将以华田公司的进出口业务和华田报关公司的代理报检报关业务为线索组织相应的内容。

宁波海关介绍

宁波海关监管区域为宁波市行政区及其海域，是一个以海运货物监管为主、业务门类齐全的综合性海关，下辖现场业务处、驻经济技术开发区办事处、驻余姚办事处、驻慈溪办事处、驻鄞州办事处共5个派驻机构，以及镇海海关、保税区海关、北仑海关、大榭海关、象山海关、机场海关共6个隶属海关。宁波海关坚持"依法行政，为国把关，服务经济，促进发展"的海关工作16字方针和"政治坚强、业务过硬、值得信赖"的队伍建设12字要求，按照《海关法》和其他有关法律法规，负责宁波口岸进出境货物、运输工具监管，进出境人员行李物品验放，同时办理征收关税和其他税费，查缉走私，编制海关统计等海关业务。

宁波口岸是全国最繁忙的口岸之一，宁波海关也是全国任务最繁重的海关之一。改革开放以来，宁波海关主动适应区域经济发展需要，不断深化业务改革，加强队伍建设，不断完善和改进自身工作，有力地维护了宁波口岸正常的进出口秩序，各项工作保持了快速发展势头，主要业务指标在海关系统内位居前列，为宁波经济特别是开放型经济发展作出了贡献。

项目 1
报关与报检工作前期准备

【学习目标】

知 识 目 标	技 能 目 标
（1）熟悉自理报关与报检的海关备案程序。 （2）掌握代理报关与报检的办理及相关责任	（1）会办理自理报关与报检的海关备案。 （2）会办理报关人员的海关备案。 （3）能找到代理报关单位并达成协议，同时协助代理报关单位完成报关与报检

【任务导入】

2020年5月，华田公司注册成立。为更好地跟踪业务进展，公司决定开展自理报检和自理报关。2021年，公司扩展业务，设立了华田报关公司，兼营代理报检和代理报关。那么，公司将如何获得报检权和报关权？

【任务目标】

（1）到海关备案，获得报关报检权。
（2）办理代理报检和报关。

【任务分析】

在以上案例背景中，涉及自理报检报关单位、代理报检报关单位与海关建立业务关系，获得报检权和报关权。要完成以上工作任务，大致要经过以下5个环节的操作。

（1）进行流程设计，从总体上理清工作思路。
（2）准备相应注册材料。
（3）招聘报关人员。
（4）在"中国国际贸易单一窗口"平台申请注册并领取相应证书。
（5）正式开展自理报检报关和代理报检报关业务。

在分析操作环节的基础上，将本项目的任务分解为3个部分：报关单位与主管部门建立业务关系→报关人员海关备案及管理→代理报关与报检的办理。

任务1　报关单位与主管部门建立业务关系

> 【任务目标】

根据任务导入的案例背景进行报关单位备案流程设计。

> 【操作分析】

1. 华田公司创始人张某对公司获得自理报关报检权的工作设计

华田公司创始人张某登录"中国国际贸易单一窗口"标准版"企业资质"子系统，填写相关信息，并向所在地海关提交报关单位情况登记表、报关单位管理人员情况登记表等申请材料。申请材料经所在地海关审核无误后，即可在线打印备案登记回执，并到所在地海关加盖海关印章，同时获得报关权和报检权。

海关进出口货物收发货人备案登记回执

企业名称	
统一社会信用代码	
海关编码	
检验检疫备案号	
有效期	长　期

（注册海关）

（注册日期）

网上申请备案登记过程如下所列。

第一步，登录"中国国际贸易单一窗口"，单击"标准版应用"中应用列表里的"企业资质"，账号登录后，进入备案页面。

第二步,选择"海关企业注册备案"。

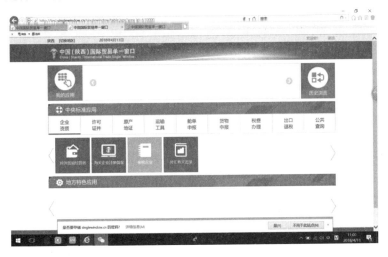

第三步,选择"企业资质申请"。

第四步,填写报关单位"基本信息"。

第五步，填写报关人员信息。

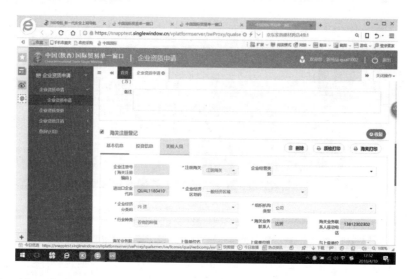

第六步，填写检验检疫企业信息。

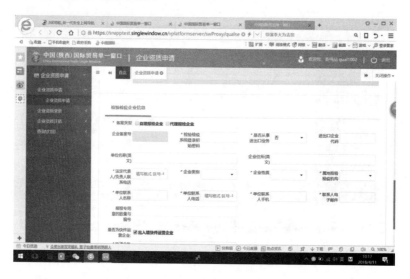

第七步，全部项目信息填写完毕后，单击"暂存"，核对信息填写正确无误后，单击"申报"。

2. 华田公司创始人张某对公司获得代理报关报检权的工作设计

代理报关企业的备案流程与自理报关企业一致，因此张某登录"中国国际贸易单一窗口"，单击"标准版应用"中应用列表里的"企业资质"，账号登录后，填写单位和人员基本信息，"企业经营类别"选填"报关企业"，所在地海关进行资料审核并完成备案。

> 【知识链接】

一、报关单位的类别

《海关法》将报关单位划分为两种类型，即进出口货物收发货人和报关企业。

1. 进出口货物收发货人

进出口货物收发货人是指依法直接进口或出口货物的中华人民共和国关境内的法人、其他组织或个人。

一般来说，进出口货物收发货人指的是依法向国务院对外贸易主管部门或其委托的机构办理备案登记的对外贸易经营者。对于一些未取得对外贸易经营者备案登记表但按照国家有关规定需要从事非贸易性进出口活动的单位，如境外企业、新闻机构、经贸机构、文化团体等依法在中国境内设立的常驻代表机构，少量货样进出境的单位，国家机关、学校、科研院所等组织机构，临时接受捐赠、礼品、国际援助的单位，国际船舶代理企业等，在进出口货物时，海关也视其为进出口货物收发货人。

进出口货物收发货人向海关备案登记后，只能为本单位进出口货物报关。

2. 报关企业

报关企业是指按照规定经海关准予注册登记，接受进出口货物收发货人的委托，以进出口货物收发货人的名义或以自己的名义，向海关办理代理报关业务，从事报关服务的境内企业法人。

进出口货物报关是一项专业性很强的工作。有些进出口货物收发货人由于经济、时间、地点等方面的原因不能或不愿自行办理报关手续，便在实践中产生了委托报关的需要。报关企业正是为进出口货物收发货人提供报关服务的企业。报关企业必须在经营规模、管理人员素质、守法状况、管理制度等方面符合海关规定的设立条件，并经所在地直属海关或其授权的隶属海关办理注册登记许可后，方能办理报关业务。

目前，我国从事报关服务的报关企业主要有两类：一类是经营国际货物运输代理等业务，兼营进出口货物代理报关业务的国际货物运输代理公司等；另一类是主营代理报关业务的报关公司或报关行。

二、报关单位海关备案

1. 进出口货物收发货人海关备案

进出口货物收发货人的登记方式目前有以下两种。

（1）"多证合一"方式。

在办理工商注册登记的同时可同步办理报关单位注册登记证书，海关在确认接收到企业工商注册信息和商务备案信息后即可完成企业备案。

（2）"中国国际贸易单一窗口"或"互联网+海关"方式。

通过登录"中国国际贸易单一窗口"标准版"企业资质"子系统或"互联网+海关""企业管理"子系统填写相关信息，并向所在地海关提交报关单位情况登记表、报关单位管理人员情况登记表等申请材料。待所在地海关核对无误，企业申请材料齐全并符合法定形式，准予注册登记。

目前，海关对进出口收发货人不再核发报关单位注册登记证书，如果企业需要获取备案登记信息，可以在线打印备案登记回执，并到所在地海关加盖海关印章。

2. 报关企业海关备案

报关企业在出口环节主要提供的是报关服务，是一项具有很强专业性与技术性的工作，海关也对报关企业规定了具体的设立条件。

（1）报关企业的设立条件。

① 具备境内企业法人资格。

② 法定代表人无走私记录。
③ 无因走私违法行为被海关撤销注册登记许可的记录。
④ 有符合从事报关服务所必需的固定经营场所和设施。
⑤ 海关监管所需要的其他条件。
（2）报关企业的注册资料。
报关企业申请海关备案，须提交报关单位情况登记表。
（3）报关企业的海关备案程序。
① 报关企业向所在地海关递交报关单位情况登记表，可自主选择通过登录"中国国际贸易单一窗口"或"互联网+海关"等方式提交报关企业备案申请，无须前往海关业务现场提交纸质资料。
② 申请的受理与审查。
海关在受理申请后会根据法定条件和程序进行全面审查，审核办结后，海关依法核发报关企业备案证明。申请人可自行在线打印备案回执，不必前往业务现场。

三、报关单位的权利与义务及法律责任

1. 自理报关单位的权利与义务

（1）在全国范围内办理本单位的报关业务。
（2）只能办理本单位进出口货物的报关业务，不能代理其他企业的报关。
（3）可以自行报关，也可以委托报关企业报关。
（4）纸质报关单必须加盖报关专用章（报关地唯一）。
（5）对报关人员的行为承担相应的法律责任。报关人员离职之日起7日内向注册地海关报告并交回报关人员证，予以注销。未交回报关人员证的，单位必须在报刊上申明作废，并注销。

2. 自理报关单位的法律责任

自理报关单位的法律责任见表1-1。

表1-1 自理报关单位的法律责任

相关事项		暂停执业资格	撤销注册登记	其他处罚
未申报或申报不实	影响海关统计准确性的			处1000元以上1万元以下罚款
	影响海关监管秩序的			处1000元以上3万元以下罚款
	影响国家许可证件管理的			处货物价值5%以上30%以下罚款
	影响国家税款征收的			处漏缴税款30%以上200%以下罚款
	影响国家外汇、出口退税管理的			处申报价格10%以上50%以下罚款
拖欠税款、出让名义供他人办理纳税事宜、其他需要暂停从事报关业务的违法行为		6个月		

续表

相关事项	暂停执业资格	撤销注册登记	其他处罚
报关企业构成走私犯罪或1年内有2次以上走私行为的;所属报关人员1年内3人次以上被海关暂停执业的;被海关暂停从事报关业务,恢复从事报关业务后1年内再次发生上述2项规定情形的		撤销注册登记	
非法代理、超过从业范围	6个月	情节严重	处5万元以下罚款
向海关工作人员行贿		不得重新注册登记	处10万元以下罚款,附带刑事责任
提供虚假资料骗取海关注册登记		撤销注册登记	处30万元以下罚款
未办理变更手续、擅自使用报关专用章、报关人员离职未报告			处1000元以上5000元以下罚款

3.代理报关单位的权利与义务及法律责任

（1）代理报关单位的权利。

有权在授权范围内代理其他进出口单位的报关业务。

（2）代理报关单位的义务。

① 配合海关监管工作，不得违法滥用报关权。

② 建立账簿和营业记录等档案，完整保留各种单证、票据、函电以备查。

③ 代理报关必须有正式书面的代理报关委托协议并在报关时出示。

④ 对委托人提供情况真实性、完整性合理审查（商业单证、许可证、手册等官方单证）。

⑤ 不得出让其名义供他人报关。

⑥ 协助海关对涉走私情况进行调查。

（3）代理报关单位的法律责任。

在代理报关业务中，因进出口货物收发货人未按照规定向报关企业提供所委托报关事项的真实情况，影响海关监管秩序的，有关法律责任由委托人承担。

因报关企业对委托人所提供情况的真实性未进行合理审查，或因工作疏忽影响海关监管秩序的，可以对报关企业处货物价值10%以下罚款，暂停其从事报关业务6个月。情节严重的，撤销其报关注册登记。

其他同自理报关单位的法律责任。

技能训练和巩固

（1）请以华田公司创始人张某的身份绘制华田公司自理报关和代理报关注册流程图。

（2）登录"中国国际贸易单一窗口"，熟悉相关业务办理的规定。

任务2　报关人员海关备案及管理

【任务目标】

（1）根据任务导入的案例背景完成公司报关人员的海关备案。

（2）按照报关人员执业规范对报关人员进行管理。

【操作分析】

接上例,开展报关业务,需要招聘相当数量的报关人员,并由报关单位为本单位的报关人员进行备案。这项工作由公司人力资源部的主管林某来负责。

林某登录"中国国际贸易单一窗口",通过"企业资质"子系统或"互联网+海关""企业资质"子系统添加报关人员信息并提交申请,之后提交报关单位情况登记表(所属报关人员用)、拟备案报关人员有效身份证件。海关对所提交的材料进行审核,对符合规定者予以备案,发放报关人员备案证明。

【知识链接】

要完成以上任务,需要掌握报关人员海关备案及执业管理的相关知识。

一、报关人员海关备案

报关单位所属报关人员从事报关业务的,报关单位应当到海关办理备案手续,海关予以核发证明。报关人员的报关有效期为长期有效。

企业办理报关人员备案的,应当通过"中国国际贸易单一窗口"标准版"企业资质"子系统,填写报关人员备案信息。其中,报关人员身份证件信息应当填写居民身份证相关信息。除了在"中国国际贸易单一窗口"办理注册登记或备案申请,企业还应携带书面申请材料到业务现场申请办理相关业务,需要提交的材料:报关单位情况登记表(所属报关人员用)、报关人员身份证复印件(原件交海关验核)。海关对所提交的材料进行审核,对符合规定者予以备案,发放报关人员备案证明。

二、报关人员执业规范

报关人员执业不得有以下行为。
(1)故意制造海关与报关单位、委托人之间的矛盾和纠纷。
(2)假借海关名义,以明示或暗示的方式向委托人索要委托合同约定以外的酬金或其他财物、虚假报销。
(3)同时在2家及以上报关单位执业。
(4)私自接受委托办理报关业务,或私自收取委托人酬金及其他财物。
(5)将报关人员证转借或转让他人,允许他人持本人报关人员证执业。
(6)涂改报关人员证。
(7)其他利用执业之便谋取不正当利益的行为。

三、报关人员的权利与义务

1. 报关人员的权利
(1)以所在报关单位名义执业,办理报关业务。
(2)向海关查询其办理的报关业务情况。
(3)拒绝海关工作人员的不合法要求。
(4)对海关对其作出的处理决定享有陈述、申辩、申诉的权利。
(5)依法申请行政复议或提起行政诉讼。
(6)合法权益因海关违法行为受到损害的,依法要求赔偿。
(7)参加执业培训。

2. 报关人员的义务

（1）熟悉所申报货物的基本情况，对申报内容和有关材料的真实性、完整性进行合理审查。

（2）提供齐全、正确、有效的单证，准确、清楚、完整地填制海关单证，并按照规定办理报关业务及相关手续。

（3）海关查验进出口货物时，配合海关查验。

（4）配合海关稽查和对涉嫌走私违规案件的查处。

（5）按照规定参加直属海关或直属海关授权组织举办的报关业务岗位考核。

（6）持报关人员证办理报关业务，海关核对时，应当出示。

（7）妥善保管海关核发的报关人员证和相关文件。

（8）协助落实海关对报关单位具体的管理措施。

技能训练和巩固

（1）以下是华田公司报关人员在2021—2022年发生的事项，判断以下事项的发生是否合理并提供依据。

① 报关人员小李在办理某项报检业务的时候，由于对检验检疫结果存在异议，因此向检验检疫机构申请复验。

② 报关人员小张在办理某项报检业务的时候，由于忘记携带报关人员备案证明，因此要求工作人员先受理，第二天再把证件拿来，工作人员拒绝，小张遂与工作人员发生争吵。

③ 报关人员小李由于不满工作待遇，因此在办理报关业务的时候向客户索要额外报酬。

④ 报关人员小范的朋友开了一家报关行，人手不够，就找到小范来兼职帮忙，小范同意了。

⑤ 报关人员小林利用业务时间私自揽活，结果某次接私活的时候被查出申报货物不符。

⑥ 报关人员小范除了负责平时的报关业务，领导还要求他协助保管各种原始报关单证、票据、函电等资料，小范以这不属于自己的工作范围拒绝了。

（2）请以华田公司负责人的身份谈谈我国海关对从业人员的要求有什么发展变化的趋势。

任务3 代理报关与报检的办理

【任务目标】

根据任务导入的案例背景完成代理报检报关业务的办理。

【操作分析】

接上例，华田报关公司成立后，开始接受委托办理代理报检和代理报关。在接受他人委托时，公司的报关人员都与委托人签订了报关委托书及报关委托协议，并在办理具体报检报关业务的时候向海关出示。

【知识链接】

要完成以上任务，需要掌握代理报关委托书填写的要求、代理报检单位和代理报关单位的权利与义务等相关知识。

一、代理报检报关业务办理

关检融合改革后,代理报检报关一并办理。为进一步提升贸易便利化水平,营造更加稳定、公开、透明、可预期的营商环境,根据海关总署部署,全面实施电子代理报关委托书(委托协议),进出口货物收发货人(即报关单上的"境内收发货人")委托报关企业(即报关单上的"申报单位")办理报关手续的,进出口货物收发货人(委托方)和报关企业(受托方)应通过"中国国际贸易单一窗口"或"中国电子口岸"签订电子代理报关委托书,建立委托关系。进出口货物收发货人和报关企业均可发起电子代理报关委托书签约。代理报关企业报关时应将电子代理报关委托书编号连同报关单数据向海关通关管理系统申报。

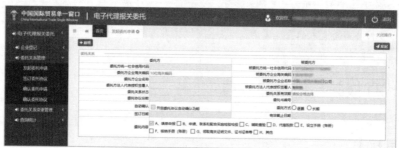

二、代理报检报关单位的主要义务及责任

(1)代理报关单位和代理报检单位在办理报检报关业务时,应出示委托书。

(2)代理报关单位和代理报检单位应对委托方提供的情况、申报内容的真实性、合法性进行审查并承担相应的法律责任。

(3)代理报关货物涉及走私时,应接受或协助海关进行调查,代理报关单位要配合检验检疫机构对代理的事宜进行调查和处理。

> **技能训练和巩固**
>
> 2021年6月,华田报关公司接受某企业H的委托,以企业H的名义办理企业H从国外进口一批原料的报关事宜,后该批货物被海关发现为从新加坡装船运进的一批通信产品,确定为走私案件。华田报关公司的报关人员小李认为货物为企业H所有,报关公司无责任核实进口的货物,故不承担责任。华田报关公司的报关人员小陈则认为,报关公司对进口货物的报关行为仅因企业H的委托而产生,因此,报关公司的报关行为失误较小,责任较轻。请讨论:你认为小李和小陈谁的观点正确?为什么?

小　结

本项目主要介绍了报关与报检工作应做哪些前期准备，内容包括报关单位海关备案、报关人员海关备案、代理报关与报检业务的办理。本项目操作要点在于理清报关单位和报关人员备案的流程、理解报关单位的权利义务与责任、熟记报关人员的执业规范。

训练题

一、基础训练题

1. 单选题

（1）报关企业所属的报关人员离职的，应当自报关人员离职之日起（　　）内向海关报告，并将报关人员证件交注册地海关予以注销。

A. 15 日　　　　　　　　　　　　B. 7 日
C. 30 日　　　　　　　　　　　　D. 5 日

【参考答案】

（2）取得报关单位资格的法定要求是（　　）。

A. 为对外贸易经营者　　　　　　B. 为境内法人或其他组织
C. 经海关备案登记　　　　　　　D. 有一定数量的报关人员

（3）下列企业、单位中不属报关单位的是（　　）。

A. 经海关批准，在海关临时注册登记的中国科学院
B. 在海关注册登记的代理报关业务的企业
C. 经海关批准，在海关临时注册登记的接受捐赠的单位
D. 在海关注册登记，受加工贸易经营企业的委托，开展保税加工业务的企业

（4）接受进出口货物收发货人的委托，准确无误地填写进出口货物报关单，配合海关查验，对货物进行税则归类，提供报关事宜咨询服务等项工作，是属于（　　）的基本业务范围。

A. 进出口货物收发货人　　　　　B. 海关
C. 报关企业　　　　　　　　　　D. 银行

（5）如果进出口货物收发货人未按照规定向报关企业提供委托报关事项的真实情况，导致报关单位对应该申报项目未申报，或申报不实，影响海关监管秩序的，有关法律责任由（　　）承担。

A. 报关人员　　　　　　　　　　B. 报关企业
C. 委托人　　　　　　　　　　　D. 海关

（6）下列不符合进出口货物收发货人报关行为规则的是（　　）。

A. 在海关注册登记后，可以在全国各口岸海关办理本单位报关业务
B. 自行办理报关业务，应当由本单位的报关人员向海关办理
C. 可以委托在海关注册登记的报关企业，由报关企业的报关人员代为办理报关业务
D. 可以接受委托签订进出口合同，并代为办理报关业务

（7）下列关于报关人员表述错误的是（　　）。

A. 要成为报关人员必须通过资格考试
B. 在海关注册并向海关办理进出口货物报关业务的人员是报关人员
C. 报关人员不得故意制造海关报关单位、委托人之间的矛盾和纠纷
D. 报关人员应当在一个报关单位并在其授权范围内执业

2. 多选题

（1）下列选项中属于报关单位的是（　　）。

A. 经海关注册登记的国际货物运输代理公司
B. 经海关批准在海关临时注册登记的船舶代理企业
C. 在海关注册登记的从事对外生产加工的企业
D. 在海关注册登记的从事仓储物流业务的企业

（2）根据海关规定，报关企业接受进出口货物收发货人的委托办理报关手续时，应当对委托人所提供的情况的真实性、完整性进行合理的审查。审查内容包括（　　）。

A. 证明进出口货物的实际情况的资料，包括进出口货物的品名、规格、用途、产地、贸易方式等

B. 有关进出口货物的合同、发票、运输单据、装箱单等商业单据
C. 进出口所需的许可证件及其随附单证
D. 海关要求的《加工贸易手册》及其他进出口单证

（3）报关单位是指依法在海关注册登记的（   ）。
A. 报关企业
B. 进出口货物收发货人
C. 经营海关监管的仓储企业
D. 承担境内转关运输的企业

（4）报关人员在报关活动中应履行的义务包括（   ）。
A. 熟悉所申报货物的基本情况，对申报内容和有关材料的真实性、完整性进行合理审查
B. 提供齐全、正确、有效的单证，准确、清楚、完整地填制报关单，并按有关规定办理进出口货物的报关手续
C. 海关查验进出口货物时，配合海关查验
D. 承担因报关行为而产生的法律责任和经济责任

（5）报关企业在报关活动中应遵守的报关行为规则包括（   ）。
A. 与委托方签订委托协议，报关时向海关递交
B. 应对报关委托人所提供情况的真实性、完整性进行合理审查
C. 对涉及走私违规的货物接受或协助海关进行调查
D. 对所属报关人员的报关行为承担相应的法律责任

（6）下列关于报关单位的表述正确的是（   ）。
A. 进出口货物收发货人经海关注册登记后，只能为本企业（单位）进出口货物报关
B. 进出口货物收发货人、报关企业在海关办理注册登记后只能在注册地海关办理报关业务
C. 进出口货物收发货人在海关办理注册登记后，可以在我国关境内各个口岸或海关监管业务集中的地点办理本单位的报关业务
D. 进出口货物收发货人可以委托在海关注册登记的报关企业代为办理报关业务

3. 判断题

（1）《海关法》规定，进出口货物，除另有规定外，由海关准予注册的报关企业或有权经营进出口业务的企业负责办理报关手续。（   ）
（2）报关单位对所属报关人员的报关行为应承担相应的法律责任。（   ）
（3）报关企业和进出口货物收发货人须经海关注册登记许可后方可向海关办理报关单位注册登记手续。（   ）
（4）报关企业可以在关境内各口岸报关，进出口货物收发人只能在注册地海关辖区内各海关报关。（   ）
（5）代理报关单位和代理报检单位在办理报关与报检业务时，应出示委托书。（   ）
（6）报关企业可以在注册登记许可的直属海关关区各口岸海关从事报关服务，但是应当依法设立分支机构，并且增加注册资本人民币50万元。（   ）
（7）报关企业接受委托办理报关手续时，应当承担对委托人所提供情况的真实性、完整性进行合理审查的义务，否则出现违法事项应承担相应的法律责任。（   ）
（8）报关企业与进出口货物收发货人报关注册登记证书有效期分别为2年和3年，并且都应在有效期届满前30日到海关办理换证手续。（   ）
（9）近年来，我国报检报关工作领域发生了诸多变化，其中最重要的变化是实施"关检融合"，进一步提升了贸易便利化水平。海关不断创新监管服务，体现了党的二十大报告中提出的"必须坚守守正创新"的精神。（   ）

二、综合技能训练题

（1）华田公司开展自理报检和自理报关。公司2021年7月发生了两笔业务：① 2021年7月8日，华田公司出口某种玩具（法检商品）到挪威，从上海港运出，目的港是奥斯陆，装运时间是2021年7月8日上午10点；② 2021年7月13日申报进境一批韩国整容仪器（法检商品），进境地在宁波。

根据以上资料完成以下任务。
① 华田公司要开展自理报检和自理报关应该办理什么手续？
【业务处理】

② 描述上述两笔业务的通关流程及注意事项。
【业务处理】_____

_____

（2）小李于2021年11月应聘宁波××进出口公司从事关务工作，请问她应如何取得报关与报检资格？
【业务处理】_____

_____

（3）上海A工具厂生产的铰链（HINGE COLT, HS CODE: 8302.1000）委托上海B机床进出口公司出口，上海B机床进出口公司与德国CHR贸易有限公司签订的销售合同主要内容如下所示。

S/C No.: RT08342
The Seller: SHANGHAI A MACHINE TOOL IMPORT & EXPORT CORPORATION 218 ×× ROAD, SHANGHAI 200041 CHINA
The Buyer: CHR TRADING CO., LTD.
LERCHENWEG 10 97522 SAND GERMANY

MARKS&NO.	DESCRIPTION OF GOODS	QUANTITY	UNIT PRICE	AMOUNT
CHR HAMBURG NO.1-UP	HINGE BOLT HINGE BOLT, LEFT SIDE HINGE BOLT, RIGHT SIDE	30,000PCS 30,000PCS	CFR HAMBUGE EUR0.33 EUR0.33	EUR9,900.00 EUR9,900.00

DESTINATION: HAMBURG
PARTIAL SHIPMENT: ALLOWED
TRANSSHIPMENT: NOT ALLOWED
PAYMENT: L/C AT SIGHT

上海B机床进出口公司将于2021年6月出口上述货物，2021年6月8日持合同、发票等单据委托上海C报关行代理报关与报检。请以上海C报关行报关人员的身份发起电子代理报关委托书（委托协议）签约。
【业务处理】

代理报关委托书

编号：

我单位现 （A逐票、B长期）委托贵公司代理 等通关事宜。[A填单申报，B申请、联系和配合实施检验检疫，C辅助查验，D代缴税款，E设立手册（账册），F核销手册（账册），G领取海关相关单证，H其他]详见《委托报关协议》。

我单位保证遵守海关有关法律法规、规章，保证所提供的情况真实、完整、单货相符，无侵犯他人知识产权的行为；否则，愿承担相关法律责任。

本委托书有效期自签字之日起至　　年　月　　日止。

委托方（盖章）

法定代表人或其授权签署《代理报关委托书》的人（签字）

年 月 日

委托报关协议

为明确委托报关具体事项和各自责任,双方经平等协商签订协议如下所示。

委托方		被委托方		
主要货物名称		*报关单编码	No.	
HS 编码	□□□□□□□□□	收到单证日期	年 月 日	
进/出口日期	年 月 日	收到单证情况	合同□	发票□
提(运)单号			装箱清单□	提(运)单□
贸易方式			加工贸易手册□	许可证件□
数(重)量			其他	
包装情况				
原产地/货源地		报关收费	人民币: 元	
其他要求:		承诺说明:		
背面所列通用条款是本协议不可分割的一部分,对本协议的签署构成了对背面通用条款的同意。		背面所列通用条款是本协议不可分割的一部分,对本协议的签署构成了对背面通用条款的同意。		
委托方签单:		被委托方签单:		
经办人签字: 联系电话:	年 月 日	报关人员签名: 联系电话:	年 月 日	

(4)某进出口贸易公司拟成立报关行,按照海关现行规定,应向海关提出申请。

①某进出口贸易公司拟成立报关行,在向所在地海关提出备案登记申请时,应提交哪些材料?
【业务处理】

②王某希望成为报关行的报关人员,在申请备案时应提交哪些材料?
【业务处理】

③王某作为新来的报关人员,如何理解报关人员的职业规范和职业道德?
【业务处理】

项目 2
进出境报检业务办理

> 【学习目标】

知 识 目 标	技 能 目 标
（1）掌握出入境检验检疫制度的相关概念。 （2）熟悉进出境货物报检的范围。 （3）掌握出入境动物及其产品、植物及其产品、食品及化妆品、机电类产品检验检疫的基础知识	（1）能判断哪些商品需要报检。 （2）能准备齐全报检所需要的单据。 （3）能配合海关完成检验检疫工作。 （4）能顺利申领各类出入境检验检疫证单

> 【任务导入】

2021年7月，华田公司出口苹果汁到美国，从上海港运出，目的港是长滩港，装运时间是2021年7月8日早上10点；同时，从德国进口啤酒，卸货港在宁波港，货物到达宁波港的时间是2021年7月13日。如果你是该公司的报关人员，该如何操作这两笔进出口业务的报检？

> 【任务目标】

（1）根据任务导入的案例背景完成苹果汁的出口报检操作。
（2）根据任务导入的案例背景完成啤酒的进口报检操作。

> 【任务分析】

在以上案例背景中，涉及一笔出口货物出口报检操作（苹果汁出口）和一笔进口货物进口报检操作（啤酒进口）。不管是进口报检操作还是出口报检操作，大致都要经过以下5个环节的操作。
（1）判定商品是否属于报检范围。
（2）进行流程设计，从总体上理清工作思路。
（3）准备全套报检单据。
（4）报检、配合检验检疫。
（5）领取检验检疫证单。
在分析操作环节的基础上，将本项目的任务分解为4个部分：进出境报检范围的确定→进出境报检程序设计→准备报检单据→检验检疫证单的使用。

任务1 进出境报检范围的确定

【任务目标】

(1) 根据任务导入的案例背景判断苹果汁是否属于出口报检范围。
(2) 根据任务导入的案例背景判断啤酒是否属于进口报检范围。

【操作分析】

1. 判断苹果汁是否属于出口报检范围

该票出口货物的报检由公司报关人员小潘负责。她根据该批苹果汁的 HS 编码 20097100，查找了《目录》，确认该商品属于法检范围。海关监管条件是 B，检验检疫类别是 S/Q。

2. 判断啤酒是否属于进口报检范围

该票进口货物的报检由公司报关人员小胡负责。他根据该批啤酒的 HS 编码 22030000，查找了《目录》，确认该商品属于法检范围。海关监管条件是 A，检验检疫类别是 R。

【知识链接】

要完成以上任务，需要掌握进出境货物报检范围的相关知识。

一、进出境商品的报检范围

1. 法律、行政法规规定必须由检验检疫机构实施检验检疫的报检范围（法定检验）

法检商品必须进行强制性检验，否则不准出口。依据为《进出口商品检验法》及其实施条例、《中华人民共和国进出境动植物检疫法》（简称《进出境动植物检疫法》）及其实施条例、《中华人民共和国国境卫生检疫法》（简称《国境卫生检疫法》）及其实施细则、《中华人民共和国食品卫生法》等有关法律、行政法规的规定。法定检验包含以下范围的商品。

(1) 列入《目录》的货物。
(2) 进口旧机电产品。
(3) 出口危险货物包装容器。
(4) 进出境集装箱。
(5) 进境、出境、过境的动植物、动植物产品及其他检疫物。
(6) 装载动植物、动植物产品及其他检疫物的装载容器、包装物、铺垫材料；进境动植物性包装物、铺垫材料。
(7) 来自动植物疫区的运输工具；装载进境、出境、过境的动植物、动植物产品及其他检疫物的运输工具。
(8) 出入境人员、交通工具、运输设备及可能传播检疫传染病的行李、货物和邮包等物品。
(9) 旅客携带物（包括微生物、人体组织、生物制品、血液及其制品、骸骨、骨灰、废旧物品和可能传播传染病的物品及动植物、动植物产品及其他检疫物）和携带伴侣动物。
(10) 国际邮寄物（包括动植物、动植物产品及其他检疫物、微生物、人体组织、生物制品、血液及其制品及其他需要实施检疫的国际邮寄物）。
(11) 其他法律、行政法规规定须经检验检疫机构实施检验检疫的应检对象。

2. 输入国家（地区）规定必须凭检验检疫机构出具的证书方准入境的报检范围

有的国家发布法令或政府规定要求，对某些来自中国的入境货物须凭检验检疫机构签发的证书方可入境。如一些国家（地区）规定，对来自中国的动植物、动植物产品、食品，凭我国检验检疫机构签发的动植物检疫证书及有关证书方可入境；又如一些国家（地区）规定，从中国输入货物的木质包装，装运前要进行热处理、熏蒸或防腐等除害处理，并由我国检验检疫机构出具熏蒸/消毒证书，货到时凭熏蒸/消毒证书验放货物。因此，凡出口货物输入国家（地区）有此类要求的，报检人员须报经检验检疫机构实施检验检疫或进行除害处理，取得相关证书。

3. 有关国际条约规定必须经检验检疫的报检范围

随着加入WTO和其他一些区域性经济组织，我国已成为一些国际条约、公约和协定的成员方。此外，我国还与几十个国家（地区）缔结了有关商品检验或动植物检疫的双边协定、协议，认真履行国际条约、公约、协定或协议中的检验检疫条款是义务。因此，凡国际条约、公约或协定规定须经我国海关检验检疫机构实施检验检疫的进出境货物，报检人员须向海关报检，由检验检疫机构实施检验检疫。

4. 对外贸易合同约定凭检验检疫机构签发的证书进行交接、结算的报检范围

在国际贸易中，买卖双方相距遥远，难以做到当面点交货物，也不能亲自到现场察看履约情况。为了保证对外贸易的顺利进行，保障买卖双方的合法权益，通常需要委托第三方对货物进行检验检疫或鉴定，并出具检验检疫鉴定证书，以证明卖方已经履行合同，买卖双方凭证书进行交接、结算。此外，对某些以成分计价的商品，由第三方出具检验证书更是计算货款的直接凭据。因此，凡对外贸易合同、协议中规定以我国海关检验检疫机构签发的检验检疫证书为交接、结算依据的进出境货物，报检人员须向海关报检，由检验检疫机构按照合同、协议的要求实施检验检疫或鉴定，并签发检验检疫证书。

> **知识拓展**
>
> **筑牢口岸检疫防线　保障国门生物安全**
>
> 以习近平同志为核心的党中央高度重视生物安全问题，习近平总书记曾多次做出重要指示。党的十八大以来，加强进出境动植物检验检疫、健全国门生物安全查验机制、有效防范物种资源丧失和外来物种入侵等已纳入国家生态文明建设的整体工作部署。党的二十大报告更是明确提出，要健全生物安全监管预警防控体系。
>
> 海关作为把守国门的国家执法机关，依据相关法规，在口岸担负国门生物安全检疫监管职责。海关担负的国门生物安全主要职责有：出入境植物检疫监管；出入境动物检疫监管；出入境人员及特殊物品卫生检疫监管；进出口食品安全监管。

二、报检中海关监管条件代码和检验检疫类别代码

1. 海关监管条件代码

（1）A表示对应商品须实施进境检验检疫。

（2）B表示对应商品须实施出境检验检疫。

2. 检验检疫类别代码

（1）M表示对应商品须实施进口商品检验。

（2）N表示对应商品须实施出口商品检验。

（3）P表示对应商品须实施进境动植物、动植物产品检疫。

（4）Q 表示对应商品须实施出境动植物、动植物产品检疫。
（5）R 表示对应商品须实施进口食品卫生监督检验。
（6）S 表示对应商品须实施出口食品卫生监督检验。
（7）L 表示对应商品须实施民用商品入境验证。

"/"就是 AND 的意思。譬如 M/N，就是指这个货物既要进行进口商品检验，又要进行出口商品检验，就是进口和出口都要进行报检。

部分商品编码、名称及监管要求见表 2-1。

表 2-1 部分商品编码、名称及监管要求

商品编码	商品名称	监管要求
1905100000	黑麦脆面包片	A/B
2836300000	碳酸氢钠（小苏打）	A/B
6103420012	棉针织钩编男童非保暖背带工装裤	A/B

注：在实际操作中，有很多专门的网站可以查询商品的海关监管条件和检验检疫类别。

技能训练和巩固

（1）2021 年，华田公司进出口业务涉及的商品如下，请判断以下商品的监管要求。
进口：法国汽车、巴西铁矿、美国牛肉、韩国巧克力
出口：美的电风扇、海信电视机、华为手机、雅戈尔衬衫、奥康皮鞋
（2）请以华田公司报关人员的身份登录海关总署网站和宁波海关网站，学习相关报检案例，并总结学习心得。
（3）请以华田公司报关人员的身份查询 2021 年《目录》调整的内容，并做工作备忘录。

任务 2　进出境报检程序设计

【任务目标】

（1）根据任务导入的案例背景完成出境报检流程设计。
（2）根据任务导入的案例背景完成进境报检流程设计。

【操作分析】

1. 报关人员小潘对苹果汁出口报检流程的设计

第一，小潘已经明确苹果汁属于法检商品范围，需要报检。她查看了合同、发票和装箱单，确认装运时间是 2021 年 7 月 8 日。货物产地在宁波，从上海出运。她决定于 2021 年 6 月 18 日先在宁波申报，并在宁波完成检验检疫，然后委托货运代理公司在上海口岸的海关进行出境申报。

第二，根据这批货物的检验检疫类别，小潘确认这批货物报检需要合同、发票、装箱单、厂检合格单等单据。拿到合同、发票和装箱单后，2021 年 6 月 10 日，她向本企业的检验部门索要厂检合格单。

第三，2021年6月18日，小潘打开"中国国际贸易单一窗口"进入"货物申报"系统，选择"出口整合申报""出境检验检疫申报"填写申请并发送海关审核，上传外贸单据、厂检单等随附单据向海关申报。

第四，海关受理后，小潘根据回执里的电话，联系了实施检验的部门，确认了检验检疫机构6月22日来工厂检验。

第五，货物检验合格后运往出境口岸上海，货代公司2021年6月28日向上海口岸做出境申报，此次报检顺利完成。

2. 报关人员小胡对啤酒进口报检流程的设计

第一，小胡已经明确啤酒属于法检商品范围，需要报检。他查看了合同、发票和装箱单，确认货物到达宁波港的时间是2021年7月13日，应在入境时向宁波口岸海关申报。

第二，根据这批货物的检验检疫类别，小胡确认这批货物报检需要合同、发票、装箱单、提单、原产地证、进口食品中文标签样张、输出国相应的检测报告等。

第三，2021年7月13日，小胡根据合同、发票各单据的信息，在"中国国际贸易单一窗口"平台填制报关单向宁波北仑海关申报。

第四，检验检疫机构对进境运输工具和货物外包装进行了必要的卫生除害，海关查验人员在必要的情况下进行查验。

第五，小胡到海关仓库提货，提货后联系了实施检验的部门对货物进行检验，他负责配合检验检疫工作。

第六，检验检疫合格，检验检疫机构签发入境货物检验检疫证明，此次报检顺利完成。

【知识链接】

一、入境货物的报检

入境货物除了活动物，实施先通关放行再检验检疫的制度，包括申报、受理、卫生除害、检验检疫、签证5个环节。其中，申报为报检报关一步合并申报。

1. 申报

申报是指申请人按照法律法规或规章的规定向海关申报检验检疫工作的手续。

（1）申报的地点。

一般是在进境地口岸检验检疫机构报检。以下几种情况对申报地点有特殊规定。

① 审批、许可证等有关政府批文中规定检验检疫地点的，在规定的地点报检。

② 大宗散装商品、易腐烂变质商品、废旧物品及在卸货时发现包装破损、数量严重短缺的商品，必须在卸货口岸检验检疫机构报检。

③ 需结合安装调试进行检验的成套设备、机电仪器产品及在口岸开件后难以恢复包装的商品，应在收货人所在地检验检疫机构报检并检验。

（2）申报的时间。

一般是在入境时报检。以下情况需要入境前报检。

① 输入微生物、人体组织、生物制品、血液及其制品或种畜、禽及其精液、胚胎、受精卵的，应当在入境前30天报检。

② 输入其他动物的，应在入境前15天报检。

③ 输入植物、种子、种苗及其他繁殖材料的，应在入境前7天报检。

④ 入境货物需对外索赔出证的，应在索赔有效期前不少于20天内向到货口岸或货物到达地的检验检疫机构报检。

2. 受理

检验检疫机构工作人员审核报检人员提交的报关单内容填写是否完整、规范，应附的单据资料是否齐全、符合规定，索赔或出运是否超过有效期等，审核无误的，方可受理报检。对提交的材料不齐全或不符合有关规定的，检验检疫机构不予受理报检。

3. 卫生除害

按照《国境卫生检疫法》及其实施细则、《进出境动植物检疫法》及其实施条例的有关规定，海关对来自疫区的、可能传播检疫传染病、动植物疫情及可能夹带有害物质的入境货物的交通工具或运输包装实施必要的检疫、消毒、卫生处理。

4. 检验检疫

货物通关后，报关人员应及时与检验检疫机构联系检验检疫事宜，未经检验检疫的，不准销售、使用。检验检疫机构对已报检的入境货物，通过感官、物理、化学、微生物等方法进行检验检疫，以判定所检对象的各项指标是否符合有关强制性标准或合同及买方所在国官方机构的有关规定。目前，检验检疫的方式包括全数检验、抽样检验、型式试验、过程检验、登记备案、符合性验证、符合性评估、合格保证和免于检验9种。

5. 签证

经检验检疫机构检验检疫合格的，签发入境货物检验检疫证明，准予销售、使用；经检验检疫不合格的，检验检疫机构签发检验检疫处理通知书，货主或其代理人应在检验检疫机构的监督下进行处理。无法进行处理或处理后仍不合格的，做退运或销毁处理。需要对外索赔的，检验检疫机构签发检验检疫证书。

入境货物报检流程如图2.1所示。

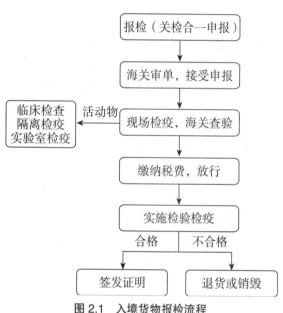

图2.1 入境货物报检流程

二、出境货物的报检

出境货物实施先检验检疫再通关放行的制度，包括申报、受理、检验检疫、签证等环节。

1. 申报

法定检验检疫的出境货物的报检人员应在规定的时限内持相关单证向海关报检。

（1）申报的地点。

法定检验检疫的货物，除了活动物需由口岸检验检疫机构检验检疫，原则上实施产地检验检疫。

（2）申报的时间。

出境货物最迟应在出口报关或装运前 7 天报检，对于个别检验检疫周期较长的货物，应留有相应的检验检疫时间；需隔离检疫的出境动物在出境前 60 天预报，隔离前 7 天报检。

2. 受理

检验检疫机构审核有关单证，符合要求的受理报检。

3. 检验检疫

施检部门实施检验检疫，对于经检验检疫不合格的货物，检验检疫机构签发出境货物不合格通知单，不准出口。

4. 签证

货物经检验检疫合格，检验检疫机构出具相应检验检疫证书。

出境货物报检流程如图 2.2 所示。

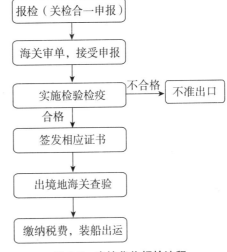

图 2.2　出境货物报检流程

> **技能训练和巩固**
>
> （1）华田公司于 2021 年 10 月 11 日出口一批全棉男士衬衫到美国，从上海港运出，目的港是洛杉矶。请以华田公司报关人员的身份设计该批衬衫出口的报检流程。
>
> （2）华田公司于 2021 年 1 月从浦东国际机场进口两批韩国产手机，共计 3.57 万台，价值 392.7 万元。2021 年 1 月 28 日，华田公司委托中外运空运发展股份有限公司（简称"中外运"），向上海浦东国际机场海关报检。该批货物的入境口岸为上海，目的地为宁波鄞州区，请以华田公司报关人员的身份设计该批手机进口的报检流程。
>
> （3）检验检疫业务中最重要的一个环节是现场检疫处理。在疫情影响深远的背景下，我国海关深入贯彻落实党的二十大报告提出的"统筹发展和安全"的要求，以党的二十大报告提出的"必须坚持问题导向"为指导，不断优化海关疫情防控流程，对进口冷链食品及进口高风险非冷链集装箱货物等开展口岸环节病毒检测和预防性消毒工作，在确保进口货物安全的同时，大力提升口岸通关效率，避免积压滞港，保障国际产业链供应链稳定。请对本地海关推出的筑牢口岸检疫防线严防疫情输入的措施进行调研。

任务 3　检验检疫证单的使用

【任务目标】

根据任务导入的案例背景领取检验检疫证单并正确使用。

【操作分析】

报关人员小潘分析了一下，明确苹果汁出口需要从施检部门领取的证单有卫生证书和健康证书。卫生证书适用于经检验符合卫生要求的出境食品及其他需要实施卫生检验的货物；

健康证书适用于食品及用于食品加工的化工产品、纺织品、轻工产品等与人、畜健康有关的出境货物。

报关人员小胡分析了一下,明确啤酒进口需要从检验检疫机构领取的证单有卫生证书。卫生证书适用于经检验符合卫生要求的出入境食品及其他需要实施卫生检验的货物。

【知识链接】

要完成以上任务,需要熟悉检验检疫证单的种类及作用。

一、检验检疫证单的作用

检验检疫证单是海关依据国家法律法规和多双边协议对涉及安全、卫生、健康、环境保护和反欺诈的进出境货物、包装、运输工具和进出境人员等进行检验、检疫、鉴定及监督管理后签发的证明文书。检验检疫证单的法律效用主要表现在以下7个方面。

1. 进出境货物通关的重要凭证

有些出境货物,尤其是涉及社会公益、安全、卫生、检疫、环保等方面的货物,入境国家(地区)海关根据国家法令或政府规定要求,凭检验检疫机构签发的证单(包括品质、植检、兽医、健康卫生、熏蒸消毒等证书)作为通关验放的重要凭证。

2. 海关征收和减免关税的有效凭证

有些国家海关在征收进出境货物关税时,不仅凭商业发票上的数(重)量计收,而且经常将检验检疫证单上的检验检疫结果作为据以征税的凭证。

因发货人责任造成残损、短缺或品质等问题的入境货物,发生换货、退货或赔偿等现象时往往涉及免征关税或退税,检验检疫机构签发的证书可作为通关免税或退税的重要凭证。

检验检疫机构签发的产地证书是进口国海关征收或减免关税的有效凭证。一般产地证是享受最惠国税率的有效凭证,普惠制原产地证书是正式享受给惠国减免关税的有效凭证。

3. 履行交接、结算及进口国准入的有效证件

凡对外贸易合同、协议中规定以检验检疫证书作为结算货款依据的进出境货物,检验检疫证书中所列的货物品质、规格、成分、数量等检验检疫结果是买卖双方计算货款的依据,检验检疫证书是双方结算货款的凭证。

有的国家法律或政府规定要求,某些入境货物须凭检验检疫机构签发的证书方可进境,如凭检验检疫机构出具的品质证书、木质包装的熏蒸证和植物检疫证、兽医证及农残证等证书入境,运输工具凭检验检疫机构出具的交通工具卫生证书及检疫证书入境等。

4. 议付货款的有效证件

在国际贸易中,签约中的买方往往在合同和信用证中规定,以检验检疫证书作为交货付款的依据之一。议付银行受开户银行的委托,审核信用证规定需要的证单及其内容,符合条件的方予结汇。

5. 明确责任的有效证件

承运人或其他贸易关系人申请检验检疫机构证明进出境货物的积载情况、验舱、舱口检

视、签封样品等，用以明确责任。在发生商务纠纷或争议时，检验检疫机构签发的证书是证明事实状态、明确责任归属的重要凭证。

6. 办理索赔、仲裁及诉讼的有效证件

对入境货物，经检验检疫机构检验检疫发现残损、短少或与合同、标准不符的，检验检疫机构签发检验证书。买方在合同规定的索赔有效期限内，凭检验检疫机构签发的检验证书，向卖方提出索赔或换货、退货，属保险人、承运人责任的，也可以凭检验检疫机构签发的检验证书提出索赔。有关方面也可以依据检验检疫机构签发的证书进行仲裁。检验检疫证书在诉讼时是有效的证明文件。

7. 办理验资的有效证明文件

在外商投资企业及各种对外补偿贸易方式中，境外包括我国港澳台地区投资者以实物作价投资的，或外商投资企业委托境外投资者用投资资金从境外购买的财产，检验检疫机构办理外商投资财产鉴定工作，按规定出具鉴定证书。各地会计师事务所凭检验检疫机构的价值鉴定证书办理外商投资财产的验资工作。

二、检验检疫证单的主要种类

1. 品质检验证书

品质检验证书适用于进出境货物（含食品）的品质、规格、数量、重量、包装等检验项目。

2. 卫生证书

卫生证书适用于经检验符合卫生要求的出入境食品及其他需要实施卫生检验的货物。

3. 健康证书

健康证书适用于食品及用于食品加工的化工产品、纺织品、轻工产品等与人、畜健康有关的进出境货物。

4. 兽医（卫生）证书

兽医（卫生）证书适用于符合输入国家（地区）与中国有检疫规定、双边检疫协定及贸易合同要求的出入境动物产品。

5. 动物卫生证书

动物卫生证书适用于符合输入国家（地区）与中国有检疫规定、双边检疫协定及贸易合同要求的出入境动物，出入境旅客携带的符合检疫要求的伴侣动物，符合检疫要求的供港澳动物。

6. 植物检疫证书

植物检疫证书适用于符合输入国家（地区）及贸易合同签订的检疫要求的出入境植物，植物产品，含有植物源性原材料产品及其他检疫物（植物性包装铺垫材料、植物性废弃物等）。

7. 熏蒸/消毒证书

熏蒸/消毒证书适用于经检疫处理的出入境动植物及其产品、包装材料、废旧物品、邮寄物、装载容器（包括集装箱）及其他需检疫处理的物品等。

品质检验证书示例

中华人民共和国出入境检验检疫
ENTRY-EXIT INSPECTION AND QUARANTINE
OF THE PEOPLE'S REPUBLIC OF CHINA

正本 ORIGINAL

编号: No.

品质检验证书
INSPECTION CERTIFICATE OF QUALITY

发货人 Consignor	NINGBO DONGYA IMP. AND EXP. CO., LTD.	
收货人 Consignee	SIL INDUSTRIAL CO., LTD.	
品名 Description of Goods	GARDEN TOOL SETS	
报检数量/重量 Quantity, Weight Declared 2,000 SETS		标记及号码 Marks & No. N/M
包装种类及数量 Number and Type of Packages 200 WOODEN CASES		
产地 Place of Origin NINGBO, CHINA		
到达口岸 Port of Destination SINGAPORE		
运输工具 Means of Conveyance S.S. BY VESSEL		检验日期 Date of Inspection JUNE 16, 2021
检验结果 Results of Inspection WE HEREBY STATE THE RESULTS OF INSPECTION ARE IN CONFORMITY WITH THE CHINESE STANDARD.		
签证地点 Place of Issue NINGBO	签证日期 Date of Issue 16/JUNE/2021	
授权签字人 Authorized Officer WANG××	签　名 Signature 王××	

卫生证书示例

中华人民共和国出入境检验检疫
ENTRY-EXIT INSPECTION AND QUARANTINE
OF THE PEOPLE'S REPUBLIC OF CHINA

正本 ORIGINAL

编号: No.310700110331784

卫生证书
SANITARY CERTIFICATE

收货人名称及地址 Name and Address of Consignee   宁波××实业有限公司
发货人名称及地址 Name and Address of Consignor   RUI PTY LTD.
品名 Description of Goods   金色玉液蜂蜜

续表

报检数量/重量 Quantity, Weight Declared 1,560 瓶	标记及号码 Marks & No. N/M
包装种类及数量 Number and Type of Packages 1 天然木托	
产地 Place of Origin 澳大利亚	
合同号 Contract No. FH-MK-031032	
到货地点 Port of Arrived 宁波	到货日期 Date of Arrived 2021 年 7 月 13 日
启运地 Port of Departure 墨尔本	卸毕日期 Date of completion of Discharge 2021 年 7 月 13 日
运输工具 Means of Conveyance BY VESSEL	检验日期 Date of Inspection JULY 13, 2021
检验结果 经检验，该批壶子峪纯蜂蜜（规格：500 克/瓶，数量：1,560 瓶，生产日期：2021 年 3 月 8 日，保质期：5 年）卫生项目符合国家卫生要求，标签检验合格，未加贴合格中文标签不得在中国境内销售。	
签证地点 Place of Issue NINGBO	签证日期 Date of Issue 13/JULY/2021
授权签字人 Authorized Officer WANG××	签 名 Signature 王××

熏蒸/消毒证书示例

中华人民共和国出入境检验检疫
ENTRY-EXIT INSPECTION AND QUARANTINE
OF THE PEOPLE'S REPUBLIC OF CHINA

正 本
ORIGINAL

编号：No.441120208457790

熏蒸/消毒证书
FUMIGATION/DISINFECTION CERTIFICATE

发货人名称及地址 Name and Address of Consignor NINGBO HENGHUA TRADING CO., LTD.	
收货人名称及地址 Name and Address of Consignee WORKENCH FURNITURE LTD.	
品名 Description of Goods EURNITURE COMPONENT PARTS CHAIR TABLE SOFA BED FOOTSTOOL	产地 Place of Origin ZHEJIANG, CHINA
报检数量/重量 Quantity, Weight Declared 320PKGS	标记及号码 Marks & No. N/M
启运地 Port of Departure NINGBO, CHINA	
到达口岸 Port of Destination BRIDGE TOWN	
运输工具 Means of Conveyance BY VESSEL	

续表

杀虫和/或灭菌处理 DISINFESTATION AND/OR DISINFECTION TREATMENT		
日期 Date 06-Sep.-2021	药剂及浓度 Chemical and Concentration	MEITHYL BROMIDE 80g/㎡
处理方法 Treatment FUNIGATION	持续时间及温度 Duration and Temperature	24h，25℃
附加声明 ADDITIONAL DECLARATION		
签证地点 Place of Issue NINGBO	签证日期 Date of Issue	13/JULY/2021
授权签字人 Authorized Officer WANG××	签 名 Signature	王××

技能训练和巩固

请以华田公司报关人员的身份绘制检验检疫证单领取及使用一览表（表2-2）。

表2-2 检验检疫证单领取及使用一览表

证单名称	签发部门	用 途

小 结

本项目主要介绍了进出境货物报检的基本知识，内容包括报检范围的确定、报检流程的设计、检验检疫证单的使用。本项目操作要点在于熟悉报检的范围、理清报检的流程、熟悉报检检疫证单的种类和作用。

训练题

【参考答案】

一、基础训练题

1. 单选题

（1）（　　）主管全国报检企业的管理工作。
A. 隶属海关　　　　　　　　　　B. 海关总署
C. 直属海关　　　　　　　　　　D. 主管海关

（2）出入境检验检疫局在（　　）正式并入中国海关。
A. 2015年4月20日　　　　　　　B. 2016年4月20日
C. 2017年4月20日　　　　　　　D. 2018年4月20日

（3）厦门一公司从国外进口一批货物，运抵香港后拟经深圳口岸入境并转运至东莞，该公司应向（　　）海关办理申报手续。
A. 厦门　　　　B. 深圳　　　　C. 广东　　　　D. 东莞

（4）入境货物报检时，应提供报关单和（　　）。
A. 外贸合同、提单或运单　　　　　B. 国外发票、品质保证书、提单或运单
C. 批文、装箱单、提单或运单　　　D. 外贸合同、国外发票、装箱单、提单或运单

（5）某企业进口一批货物（检验检疫类别为M/N），经检验检疫机构检验后发现该批货物不合格，该企业可向检验检疫机构申请签发（　　），用于对外索赔。
A. 退货通知单　　　　　　　　　　　B. 入境货物调离通知单
C. 检验检疫证书　　　　　　　　　　D. 入境货物处理通知书
（6）出境货物，最迟应在出口报关或装运前（　　）天报检。
A. 5　　　　　　B. 7　　　　　　C. 10　　　　　　D. 15
（7）某商品的海关监管条件为A/B，表示该商品（　　）。
A. 只有在入境的时候须实施检验检疫　　　B. 只有在出境的时候须实施检验检疫
C. 入境和出境时均须实施检验检疫　　　　D. 入境和出境时都不用实施检验检疫
（8）经检验检疫合格的入境货物签发（　　）放行。
A. 入境货物检验检疫证明　　　　　　　B. 检验检疫处理通知书
C. 检验检疫证书　　　　　　　　　　　D. 以上答案都不对
（9）检验检疫机构对出境货物的工作程序一般是（　　）。
A. 受理报检——签证放行——检验检疫——合格评定
B. 受理报检——检验检疫——合格评定——签证放行
C. 检验检疫——合格评定——受理报检——签证放行
D. 检验检疫——受理报检——合格评定——签证放行

2. 判断题

（1）出入境法定检验检疫货物，也就是通常所说的法检货物就是列入《目录》的货物。（　　）
（2）检验检疫机构只受理列入《目录》的进出口商品的报检业务。（　　）
（3）法定检验检疫的入境货物转异地检验的，口岸海关不作检疫处理。（　　）
（4）关检合一后，通关作业实现了"一次申报""一次查验""一次放行"的"三个一"标准。（　　）
（5）某公司进口一批动物疫苗，该公司应在货物入境前20天报检。（　　）
（6）法定检验检疫的进口货物的货主或其代理人应当在规定的时间和地点向报关地的海关报检，未经检验检疫的，不准销售、使用。（　　）
（7）出口法检货物，除活动物须由口岸检验检疫外，原则上实施产地检验检疫，产地报检。（　　）
（8）最终目的地不在进境口岸检验检疫机构管辖区的入境货物，可在通关后，调往目的地进行检验。（　　）
（9）运输动植物、动植物产品和其他检疫物过境的应当在进境时报检。（　　）

二、综合技能训练题

（1）厂址在宁波的某企业在2021年1—3月出口了5批塑胶玩具。由于交货时间紧迫，该企业来不及送样至辖区海关进行检验，便委托上海的货代公司以该企业的名义在当地的海关报检。请分析该企业的行为是否符合报检的规定。
【业务处理】_____
_____

（2）宁波海关在执法中发现，某冷藏公司报检一批出口至韩国的水产品，经检验检疫合格后放行，后因国外客户对包装及数量提出要求，该公司将水产品包装由15千克/箱改为12.5千克/箱，并购买补充了1250千克水产品，向海关报关。
请分析该公司的行为有无违法？如违法，应该怎么做才合法？
【业务处理】_____
_____

（3）浙江某玩具制造企业出口某种智力玩具到挪威，从上海港运出，目的港是奥斯陆。进口方是"×× Trading Co., Ltd."。该玩具企业具有进出口经营权。该企业应先向哪个海关报检？报检时应提交什么单据？
【业务处理】_____
_____
_____

项目 3
具体商品报检业务办理

> 【学习目标】

知 识 目 标	技 能 目 标
（1）了解法检商品（动检和植检）的报检要求。 （2）了解需标签、需认证、需鉴定商品（机电产品等）的报检要求。	（1）能办理动植物及其产品的报检。 （2）能办理需标签、需认证、需鉴定商品的报检

> 【任务导入】

2021年上半年，华田公司发生了以下进出口业务。
（1）2021年1月15日，从澳大利亚进口一批羊毛，进口口岸在宁波。
（2）2021年2月1日，从德国进口一批小家电，进口口岸在宁波。
（3）2021年2月20日，向日本出口一批蔬菜，出口口岸在上海。
（4）2021年3月16日，从美国进口浓缩橙汁，进口口岸在宁波。
（5）2021年4月9日，从韩国进口BB霜，进口口岸在宁波。
以上业务都由报关人员小胡来负责。如果你是小胡，以上业务应该如何操作？

> 【任务目标】

（1）根据任务导入的案例背景完成羊毛（动物产品/法检）进口报检操作。
（2）根据任务导入的案例背景完成小家电（需认证/法检）进口报检操作。
（3）根据任务导入的案例背景完成蔬菜（植物产品/法检）出口报检操作。
（4）根据任务导入的案例背景完成橙汁（需标签/法检）进口报检操作。
（5）根据任务导入的案例背景完成BB霜（需标签/法检）进口报检操作。

> 【任务分析】

在以上案例背景中，涉及动物产品的进境报检、植物产品的出境报检、机电产品的进境报检、食品的进境报检、化妆品的进境报检。以上产品都是我国目前进出口商品结构里比重较大的产品。不管是操作什么产品的报检，报关人员都必须把握一个工作原则：进出境商品的报检工作流程是基础。在熟悉基本流程的基础上，先根据不同商品报检的特殊要求在流程中增添部分环节，然后判别不同商品需要提交的特殊单据。也就是说，大部分商品的报检流程基本上框架是一样的，所需提交的基本单据也是一样的，区别就在于流程的细节要求不同，提交的特殊单据不同。

对于承担多项报检业务的报关人员而言，要完成以上情景的报检，必须综合运用前几个项目所学到的知识及培养起来的技能，可以采用设计报检方案的方式。根据各个报检方案的指导来完成各商品的进出口报检，具体包括以下4个操作环节。

（1）判断商品是否属于报检范围。
（2）根据不同商品的特殊要求设计报检工作流程，理清思路。
（3）开展报检（包括填制报关单及准备相关单据、在规定时间规定地点提交单据报检、配合检验检疫机构工作人员开展检验检疫等）。
（4）领取检验检疫证单。

在分析操作环节的基础上，将本项目的任务分解为两个部分：法检商品报检业务办理（动检和植检）→需认证和需标签审核商品报检业务办理。

任务1　法检商品报检业务办理——以动检和植检为例

【任务目标】

（1）根据任务导入的案例背景完成进口羊毛报检方案设计。
（2）根据任务导入的案例背景完成出口蔬菜报检方案设计。

【操作分析】

1. 报关人员小胡制订的进口羊毛报检方案

进口羊毛报检方案

报检人：×××
联系电话：1354503×××
报检流程：
报检工作备忘事项如下所列。
（1）签合同前的检疫审批手续。在签订合同前要取得准许入境的中华人民共和国进境动植物检疫许可证。
（2）加工羊毛的企业必须到海关注册，取得卫生注册登记证书。
（3）报检时间为进境时，报检地点为北仑口岸检验检疫机构。
（4）现场查验时要配合检验检疫工作人员做好进口羊毛集装箱数量、箱号、铅封号和进出口货物数量、唛头等信息的核对工作，并做

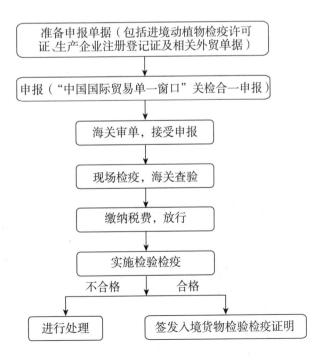

好相应的记录;要对卫生消毒处理全过程进行监控,以检查是否达到要求;要协助工作人员提取货样送实验室进行检验检疫。

(5)检验检疫合格,领取入境货物检验检疫证明;若不合格,要求检验检疫机构出具兽医卫生证书,用以索赔。

2. 报关人员小胡制订的出口蔬菜报检方案

出口蔬菜报检方案

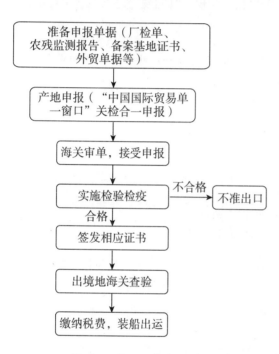

报检人:×××

联系电话:1354503××××

报检流程:

报检工作备忘事项如下所列。

(1)出口蔬菜的种植基地及加工厂(库)须进行登记备案,报检时提交出口蔬菜加工厂(库)的备案登记证书及出口蔬菜种植基地登记表复印件。

(2)报检时间为出境前10天左右;报检地点为产地检验检疫机构。

(3)出境新鲜/保鲜蔬菜检验有效期:叶菜类、食用菌类为3天;花菜类、豆类为5天;根茎菜类、瓜果菜类为7天;检疫有效期为14天。其他加工蔬菜(冷冻蔬菜、脱水蔬菜/干制蔬菜、盐渍蔬菜)的检验有效期为60天,检疫有效期一般为21天。超过有效期未出运的,要重新报检。

(4)出口蔬菜企业要对蔬菜有害生物、农药残留等进行自检,无自检能力的,应委托有资质的检验机构检验,并出具有效检验报告。

【知识链接】

要完成以上任务,需要掌握进出境动植物产品的报检知识。

一、动物产品的报检

1. 动物产品的定义

动物产品是指动物的肉、生皮、原毛、绒、脏器、脂、血液、精液、卵、胚胎、骨、蹄、头、角、筋及可能传播动物疫病的奶、蛋等。

动物及动物产品与人的生活密切相关,许多疫病是人畜共患。动物检疫对保护人民身体健康具有非常重要的现实意义。

2. 进境动物产品报检

(1)报检前审批。

《进出境动植物检疫法》规定:输入动物、动物产品、植物种子、种苗及其他繁殖材料的,必须事先提出申请,办理检疫审批手续。由于输出动物及其产品的国家(地区)的动物疫情比较复杂，在引进动物及动物产品的同时，不可避免地伴随着传入动物疫情的风险，所以需要事先进行风险分析，根据不同的情况决定是否准许进口经输出国检疫合格的产品，以保护我国人民生命和畜牧业的安全。因此，进口商在签订动物、动物产品的进口合同时应注意以下两点。

① 在签订进口合同前应到检验检疫机构办理检疫审批手续，取得准许入境的进境动植物检疫许可证后再签进口合同。

② 应当在合同或协议中订明我国法定的检疫要求，并订明必须附有输出国家（地区）政府动植物检疫机构出具的检疫证书。

海关总署经过风险评估，取消了一部分风险较小的动物产品进境检疫审批规定。以下动物产品无须申请办理检疫审批手续：蓝湿（干）皮，已鞣制皮毛，洗净羽绒，洗净毛，碳化毛，毛条，贝壳类，水产品，蜂产品，蛋制品（不含鲜蛋），奶制品（鲜奶除外），熟制肉类产品（如香肠、火腿、肉类罐头、食用高温炼制动物油脂）。

（2）注册登记。

入境动物产品如用于加工，货主或其代理人需申请办理注册登记。检验检疫机构检查考核其用于生产、加工、存放的场地，符合防疫条件的发给注册登记证。

（3）报检时间及地点。

① 报检时间。应在入境时向口岸检验检疫机构报检，约定检疫时间。

② 报检地点。货主或其代理人应在检疫审批单规定的地点向检验检疫机构报检。进境动物产品一般向入境口岸检验检疫机构报检，由口岸检验检疫机构实施检疫。

（4）报检应提供的单据。

货主或其代理人在办理进境动物、动物产品及其他检疫物报检手续时，除了填写进口货物报关单，还需按检疫要求出具下列有关证单。

① 外贸合同、发票、装箱单、海运提单或空运/铁路运单、产地证等。

② 输出国家（地区）官方出具的检疫证书（正本）。

③ 进境动植物检疫许可证。

④ 加工厂注册登记证书。

⑤ 以一般贸易方式进境的肉鸡产品报检时，还需提供由商务主管部门签发的自动登记进口证明；外商投资企业进境的肉鸡产品，还需提供商务主管部门或省级外资管理部门签发的外商投资企业特定商品进口登记证明复印件。

（5）现场查验。

查验该批货物的启运时间、港口、途经国家（地区），查看运行日志；核对集装箱号、封识与所附单证是否一致；核对单证与货物的名称、数（重）量、产地、包装、唛头标记是否相符；查验有无腐败变质，容器、包装是否完好。合格则允许卸货，同时根据有关规定抽取样品，送实验室检验检疫；不合格则出具检验检疫处理通知书，作退回或销毁处理，现场检疫后应进行消毒处理。

（6）实验室检验检疫及出证。

实验室检验检疫合格的，出具入境货物检验检疫证明，允许加工、使用；不合格的，出具兽医卫生证书及检验检疫处理通知单等，通知报检代理人或收货人进行检疫处理，经无害化处理合格后准予销售使用。无有效处理方法的，作退货或销毁处理。

3. 出境动物产品的报检

（1）卫生注册登记。

国家对生产出境动物产品的企业（包括加工厂、屠宰厂、冷库、仓库）实施卫生注册登记制度。货主或其代理人向检验检疫机构报检的出境动物产品，必须产自经注册登记的生产企业并存放于经注册登记的冷库或仓库。

（2）报检时间及地点。

① 报检时间。出境动物产品，应在出境前7天报检；须做熏蒸消毒处理的，应在出境前15天报检。

② 报检地点。出境动物产品一般向产地检验检疫机构报检，由产地检验检疫机构实施检疫。

（3）报检应提供的单据。

① 按规定填写出口货物报关单并提供相关外贸单据：合同或销售确认书、发票、装箱单等。

② 出境动物产品生产企业（包括加工厂、屠宰厂、冷库、仓库）的卫生注册登记证书。

③ 特殊单证：如果出境动物产品来源于国内某种属于国家级保护或濒危物种的动物、濒危野生动植物种国际贸易公约中的中国物种的动物，报检时必须递交国家濒危物种进出口管理办公室（简称"国家濒管办"）出具的允许出口证明书。

（4）产地检疫。

① 现场检验检疫。

A. 检查发货单位是否按合同要求将货配齐；唛头标识是否清晰；商品品名、规格、数量、重量、包装要求是否与单证相符。

B. 检查出口动物产品的生产、加工过程是否符合相关要求。

C. 检查产品储藏情况是否符合相关规定。存储仓库应做到清洁干燥、保持通风、温度适宜，并有防腐、防虫措施。

D. 采样。

② 实验室检验检疫。实验室检验项目应依据输入国家（地区）和我国有关动物检验检疫规定、双边检疫协定及贸易合同的要求确定。检验方法、操作程序及判定标准应执行国家标准、行业标准，无国标、行标的，可参照国际通行做法进行。进口方有明确要求并已订入有关协议或合同的，可按进口方要求进行。

（5）出证。

现场检验检疫和实验室检验检疫合格，出具兽医卫生证书。

二、活动物的报检

1. 进境活动物的报检

（1）报检范围。

报检范围为入境活动物。

（2）报检前审批。

同动物产品入境的要求。输入活动物（如猪、马、牛、羊、狐狸、鸵鸟等种畜、禽）的，海关总署根据输入数量、输出国家（地区）的情况和这些国家（地区）与我国签订的《检验检疫和卫生条件议定书》的要求确定是否需要进行境外产地检疫。需要进行境外检疫的，要在进口合同中加以明确。海关总署派出的兽医与输出国的官方兽医共同制订检疫计划，挑选动物，进行农场检疫、隔离检疫和安排动物运输环节的防疫等。

（3）报检时间。

进境活动物应在入境15日前报检。

（4）报检地点。

向入境口岸检验检疫机构报检，由口岸检验检疫机构实施检疫。

（5）报检应提供单据。

① 外贸合同、发票、装箱单、海运提单或空运/铁路运单、产地证等。

② 输出国家（地区）官方出具的检疫证书（正本）。

③ 进境动植物检疫许可证。

④ 隔离场审批证明。

（6）检疫及出证。

进境活动物必须先在口岸实施检疫，检疫合格，签发检验检疫证明。经检验检疫不合格的，签发检疫处理通知单，在检验检疫机构的监督下，作退回、销毁或无害化处理。

2. 出境活动物的报检

（1）报检范围。

根据《进出境动植物检疫法》的规定，出境的动物依规定实施检疫。在这里，"动物"是指饲养、野生的活动物，如畜、禽、兽、蛇、龟、鱼、虾、蟹、贝、蚕、蜂等。

（2）报检时间和地点。

① 需隔离检疫的出境动物，应在出境前60天预报，隔离前7天报检。

② 出境观赏动物，应在出境前30天到出境口岸检验检疫机构报检。

（3）报检应提供的单据。

① 提供出口货物报关单，并提供合同或销售确认书或信用证（以信用证方式结汇时提供）、发票、装箱单等相关外贸单据。

② 出境观赏动物，应提供贸易合同或展出合约、产地检疫证书。

③ 输出国家（地区）规定的保护动物，应有国家濒管办出具的许可证。

④ 输出非供屠宰用的畜禽，应有农牧部门品种审批单。

⑤ 输出实验动物，应有中国生物工程开发中心的审批单。

⑥ 输出观赏鱼类，应提供养殖场出具的出口观赏鱼供货证明、养殖场或中转包装场注册登记证和委托书等。

⑦ 实行检疫监督的输出动物，需出示生产企业的输出动物检疫许可证。

三、植物产品的报检

1. 植物产品的定义

植物产品是指来源于植物未经加工或虽经加工但仍有可能传播病虫害的产品，包括粮谷类（含粮食加工品），豆类（包括各种豆粉），木材类（包括各种木制品、垫木、木箱），竹藤柳草类，饲料类，棉花类，麻类（包括麻的加工品），籽和油类，烟草类，茶叶和其他饮料原料类，糖和制糖原料类，水果类，干果类，蔬菜类（包括速冻、盐渍蔬菜和食用菌），干菜类，植物性调料类，药材类，其他类等。

2. 入境植物产品的报检

（1）检疫审批。

进口植物和植物产品在签约前须先经过审批，获取进境动植物检疫许可证。

（2）报检时间及地点。

① 报检时间。入境植物产品，应在入境时报检。

② 报检地点。入境植物产品一般向口岸检验检疫机构报检，由口岸检验检疫机构实施检疫。

（3）报检应提供的单据。

① 进境动植物检疫许可证。

② 输出国（地区）官方植物检疫证书。

③ 产地证。

④ 贸易合同或协议。

⑤ 装箱单。

⑥ 发票。

⑦ 提单。

（4）现场检疫。

现场检疫是指检验检疫人员在船上、码头及检验检疫机构认可的场所实施检疫，并按规定抽取样品的过程。入境植物、植物产品的现场检疫一般在卸货前及卸货时进行。

检验检疫人员按照下列规定实施现场检疫。

① 植物、植物产品。检查货物、包装物及运输工具上有无病、虫、杂草、土壤，并按规定抽取样品。

② 植物性包装、铺垫材料。检查是否携带病、虫、杂草籽，粘带土壤，并抽取样品。

③ 其他检疫物。检查包装是否完好及是否被病虫害污染。需实验室检验的货物，将样品移送实验室作进一步检验。现场检疫是实验室检疫的基础，现场采集的样品是否合理是影响实验室检验结果准确性的主要因素之一。因此，现场检疫一定要仔细，抽取的样品要有代表性。经检疫发现病虫害并有扩散可能的，应及时对该批货物、运输工具和装卸现场采取必要的防疫措施。

（5）实验室检验检疫及出证。

① 植物检疫。对送检的样品和现场发现的可疑有害生物，分清情况并按生物学特性及形态学特性，进行检疫鉴定。

② 安全卫生检验。对抽取的样品按卫生标准及国家有关规定进行安全卫生项目检验。

③ 品质检验。列入《目录》的进口植物及其产品，按照国家技术规范的强制性要求进行检验；尚未制定国家技术规范强制性要求的，可以参照海关总署指定的国外有关标准进行检验。未列入《目录》的进出口商品申请品质检验的，按合同规定的检验方法进行，合同没有规定检验方法的按我国相关检验标准进行检验。

④ 样品保存。一般样品保存6个月（易腐烂的样品除外），需对外索赔的保存到索赔期满方可处理。

检验检疫合格的，出具入境货物检验检疫证明、卫生证书或检验证书。检疫发现疫情，或发现该批货物不符合合同规定，或不符合双边协定中的检疫要求时，检验检疫机构签发检验检疫处理通知书，报检人要求或需对外索赔的，出具植物检疫证书。

3. 出境植物产品的报检

（1）报检时间及地点。

① 报检时间。出境植物产品，应在出境前10天报检。

② 报检地点。出境植物产品一般向产地检验检疫机构报检，由产地检验检疫机构实施检疫。

（2）报检应提供的单据。
① 报关单。
② 贸易合同或协议。
③ 发票。
④ 箱单。
⑤ 信用证。
⑥ 生产企业检验报告或检验检疫机构出具的产地证书。
⑦ 国家濒管办或其授权的办事机构出具的允许出境证明文件（出境濒危和野生动植物资源）。

（3）现场检验检疫。
① 外观检查。打开货物包装，通过肉眼或手持放大镜，直接观察货物有无害虫、软体动物、杂草籽或病斑、蛀孔等有害生物的危害状；有无掺杂掺假、发霉、腐败变质、土块及其他质量明显低劣的情况。
② 倒包检查。按规定从抽样件中取一定数量进行倒包检查，仔细检查包装内货物的品质等情况，检查缝隙有无隐藏害虫等。
③ 过筛检查。根据不同的货物特点，采用不同孔径的规格筛进行筛检，在筛下物和筛上物中仔细检查有无害虫、菌瘿、杂草籽、掺杂物、杂质等，发现有害生物时，装入指形管，送实验室作进一步鉴定。
④ 剖开检查。需要时，可用解剖刀或剪子剖开受害的可疑部分，检查虫体、菌核、菌瘿或品质情况等。
⑤ 抽样调查。针对一批货物抽取样品作进一步检查。所谓"一批"货物，是指同一品名、同一商品规格，以同一运输工具，运往同一地点，同一收货、发货人的出境检疫物，应按每批进行检查、放行或处理。

（4）实验室检验检疫。
① 检疫鉴定。检疫鉴定是检验检疫物是否附带、混杂、污染有害生物，并对发现的有害生物进行种类鉴定，为判定检验检疫物是否合格或为检疫处理提供科学依据。检疫鉴定主要对现场检疫取回的代表样品和病、虫、杂草籽样本，在实验室作进一步检验鉴定。检验鉴定的技术和方法因不同病、虫、杂草的种类和不同的植物、植物产品而异，应结合有害生物的分布、寄生（危害对象）、主要鉴定特征、生活习性（生物学特征）、传播途径等。检疫鉴定力求准确、快速，这一工作的技术性、政策性强，必须认真按照有关检疫规程和鉴定技术的标准、方法进行。对送检的有害生物，有标准规定的，按照有关国家、行业标准进行检疫鉴定；无标准规定的，按生物学特性、形态特征及参照有关病虫杂草鉴定资料进行检疫鉴定。
② 安全卫生项目及品质项目检验。依据输入国家（地区）强制性检验要求、我国法律、行政法规和海关总署规定的检验要求及贸易合同或信用证约定的检验检疫依据对相关项目进行检验。

（5）出证。
现场检验检疫和实验室检验检疫合格的，签发植物检疫证书或检验证书、卫生证书、熏蒸/消毒证书等。

四、植物的报检

1. 入境植物的报检
（1）种子、苗木。
① 检疫审批。入境植物种子、种苗，货主或其代理人应按照我国引进种子的审批规定，

事先向农业农村部、国家林业和草原局、各省植物保护站等有关部门申请办理引进种子、苗木检疫审批单。入境后需要进行隔离检疫的，还要向检验检疫机构申请隔离场或临时隔离场。转基因产品需到农业农村部申领许可证。

② 报检要求。在植物种子、种苗入境前，货主或其代理人应持有关资料向检验检疫机构报检，预约检疫时间。入境时检验检疫机构实施现场检疫或处理。

③ 报检提供的单据。

A. 进口货物报关单并随附合同、发票、提单。

B. 引进种子、苗木检疫审批单及输出国官方植物检疫证书。

C. 产地证。

D. 来自美国、日本、韩国及欧盟的货物，应按规定提供有关包装情况的证书或声明。

（2）水果、烟叶和茄科蔬菜。

① 检疫审批。进口水果，烟叶和茄科蔬菜（主要有番茄、辣椒、茄子等）须事先提出申请，办理检疫审批手续，取得进境动植物检疫许可证。转基因产品需要到农业农村部申领许可证。我国对进口水果原产地有明确的规定，详见《获得我国检验检疫准入的新鲜水果种类及输出国家/地区名录》。

② 报检要求。货物入境前，货主或其代理人应持有关材料向口岸检验检疫机构报检，约定检疫时间。入境时检验检疫机构实施现场检疫或处理。

③ 报检提供的单据。

A. 进口货物报关单并随附合同、发票、提单。

B. 进境动植物检疫许可证及输出国（地区）官方植物检疫证书。

C. 产地证。

D. 来自美国、日本、韩国及欧盟的货物，应按规定提供有关包装情况的证书或声明。

（3）粮食和饲料。

① 报检范围。入境的粮食和饲料。"粮食"指禾谷类、豆类、薯类等粮食作物的籽实及其加工产品；"饲料"指粮食、油料经加工后的副产品。

② 检疫审批。有些产品的疫病风险比较低，无须进行入境检疫审批。无须进行检疫审批的植物产品有粮食加工品（大米、面粉、米粉、淀粉等），薯类加工品（马铃薯细粉等），植物源性饲料添加剂，乳酸菌，酵母菌。海关总署对其他入境粮食和饲料实行检疫审批制度。货主或其代理人应在签订进口合同前办理检疫审批手续。货主或其代理人应将进境动植物检疫许可证规定的入境粮食和饲料的检疫要求在贸易合同中列明。转基因产品需要到农业农村部申领许可证。

③ 报检要求及应提供的单据。货主或其代理人应当在粮食和饲料入境前向入境口岸检验检疫机构报检，并提供以下单据。

A. 进口货物报关单并随附合同、发票、提单。

B. 进境动植物检疫许可证。

C. 输出国官方植物检疫证书。

D. 约定的检验方法标准或成交样品。

E. 产地证及其他有关文件。

2. 出境植物的报检

（1）报检范围。

植物是指栽培植物、野生植物及其种子、种苗及其他繁殖材料等。其报检范围包括：贸易性出境植物;作为展出、援助、交换、赠送等的非贸易性出境植物;出境植物的装载容器、包装物及铺垫材料。

(2)报检提供的单据。

① 出口货物报关单和合同/销售确认书或信用证(以信用证方式结汇时提供)及有关单证、函电等相关贸易单据。

② 特殊单证。濒危和野生动植物资源,应出示国家濒管办或其授权的办事机构签发的允许出境证明文件。

③ 输往欧盟、美国、加拿大等国家(地区)的出境盆景,应提供出境盆景场/苗木种植场检疫注册证。

技能训练和巩固

2021年3月上旬,华田报关公司接受了以下几笔进出境业务的委托报检和委托报关,请你以该公司报关人员的身份设计这些业务的报检方案。

(1)台州某水产公司出口一批鲜贝,出境地在宁波。

(2)宁波某花圃从荷兰进口一批郁金香种苗,进境地在宁波。

(3)宁波某公司从泰国进口一批新鲜芒果,进境地在宁波。

任务2 需认证和需标签审核商品报检业务办理

【任务目标】

(1)根据任务导入的案例背景完成进口小家电产品报检方案的设计。

(2)根据任务导入的案例背景完成进口美国浓缩橙汁报检方案的设计。

(3)根据任务导入的案例背景完成进口韩国化妆品报检方案的设计。

【操作分析】

1.报关人员小胡制订的进口小家电产品报检方案

进口小家电报检方案

报检人:×××

联系电话:1354503××××

报检流程:

报检工作备忘事项如下所列。

(1)查阅进口的小家电是否属于我国《强制性产品目录》中的产品,如果在目录内,则需要进行强制性认证。

(2)判断海关监管条件是否为"L",如果监管条件是"L",应当提供有关进口许可的证明文件。

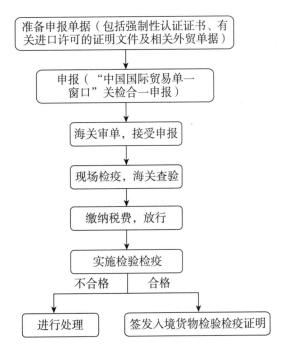

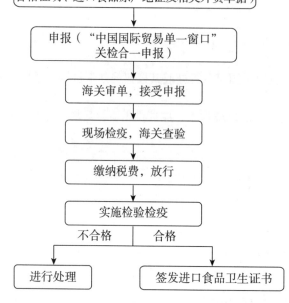

2. 报关人员小胡制订的进口美国浓缩橙汁报检方案

进口美国浓缩橙汁报检方案

报检人：×××

联系电话：1354503××××

报检流程：

报检工作备忘事项如下所列。

（1）预包装食品进口前由进口商进行标签审核，提交合格证明。进口预包装食品被抽中现场查验或实验室检验的，进口商应当向海关人员提交其合格证明材料、进口预包装食品的标签原件和翻译件、中文标签样张及其他证明材料。

（2）转内地销售的换证办理。持口岸签发的卫生证书正本或副本，到当地检验检疫机构换发卫生证书。

3. 报关人员小胡制订的进口韩国化妆品报检方案

进口韩国化妆品报检方案

报检人：×××

联系电话：1354503××××

报检流程：

报检工作备忘事项如下所列。

销售包装化妆品成品的，应当提交中文标签样张和外文标签及翻译件。

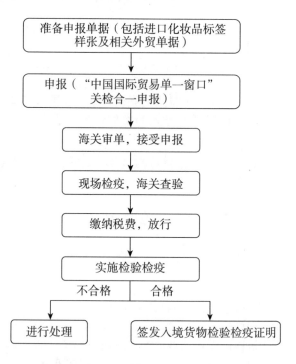

【知识链接】

要完成以上任务，需要掌握进出境机电产品、食品及化妆品的报检知识。

一、机电产品的报检

1. 机电产品的报检范围

进出口机电产品的检验是指对列入《目录》的检验检疫类别为 M/N 的进出口机电类产品实施法定检验。

2. 入境机电产品的报检

入境机电产品的报检范围包括列入《强制性产品目录》的商品、旧机电产品、进口电池产品。

（1）强制性认证的相关规定。

国家对涉及人类健康、动植物生命和健康，以及环境保护和公共安全的产品实行强制性认证制度。凡列入《强制性产品目录》的商品，必须经过指定的认证机构认证合格，取得指定认证机构颁发的认证证书并加施认证标志后，方可进口。实施强制性产品认证商品的收货人或其代理人在报检时，除了填写进口货物报关单并随附有关外贸证单，还应提供认证证书复印件并在产品上加施认证标志。

> **知识拓展**
>
> **"3C"认证**
>
> "3C"认证英文全称为China Compulsory Certification，即中国强制性产品认证制度。凡列入强制性产品认证目录内的产品，必须经国家指定的认证机构认证合格，取得相关证书并加施认证标志后，方能出厂、进口、销售和在经营服务场所使用。截至目前，实施强制性认证的产品目录内产品种类为17类103种。17类产品种类分别为电线电缆、电路开关及保护或连接用电器装置、低压电器、小功率电动机、电动工具、电焊机、家用和类似用途设备、音视频设备、信息技术设备、照明设备、机动车辆及安全附件、机动车辆轮胎、安全玻璃、电信终端设备、安全技术防范产品、装饰装修产品、玩具。

《强制性产品目录》中产品的生产者、销售者和进口商可以作为申请人，向指定认证机构提出产品认证申请。申请人也可委托国家认监委注册的强制性产品认证代理申请机构代为申请。认证的程序一般包括认证申请和受理、型式试验、工厂审查、抽样检测、认证结果评价和批准、获得认证后的监督。

申请时提供以下材料。

① 申请人的证明文件。

② 总装图、电气原理图、线路图。

③ 关键元器件和主要原材料清单。

④ 其他申请人需要说明的文件。

⑤ 申请人为销售者、进口商时，应当向指定认证机构同时提交销售者和生产者或进口商和生产者订立的相关合同副本。

⑥ 申请人委托他人申请《强制性产品目录》中产品认证的，应当与受委托人订立认证、检测、检查和跟踪检查等事项的合同，受委托人应当同时向指定认证机构提交委托书、委托合同的副本和其他相关合同的副本。

具体产品所需提交的技术文件可参见该产品的《强制性产品目录》实施规则的要求。

强制性产品认证流程如图3.1所示。

（2）进口许可证民用商品入境验证。

民用商品入境验证是指对国家实行强制性产品认证的民用商品，在通关入境时由检验检疫机构核查其是否取得必需的证明文件。在《目录》的检验检疫类别中，标有"L"标记的进口商品的收货人或其代理人，在办理进口报检时，应当提供有关进口许可的证明文件。口岸检验检疫机构对其认证文件进行验证，必要时对其货证的相符性及认证标记进行查验。

（3）报检时间及地点。

① 报检时间。应在入境时向口岸检验检疫机构报检，约定检验检疫时间。

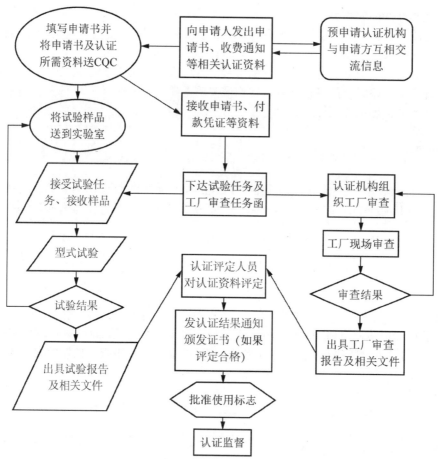

图例：▭ 表示认证机构和申请人共同完成；▭ 表示由认证机构完成；◯ 表示由申请人完成；▱ 表示由实验室完成；⬡ 表示由标志发放机构完成。

图 3.1　强制性产品认证流程

② 报检地点。货主或其代理人应在入境口岸检验检疫机构报检，由口岸检验检疫机构实施检验检疫。但如果属于需要结合安装调试进行检验的成套设备、机电仪器产品，应在收货人所在地检验检疫机构报检并检验。

（4）报检应提供的单据。

① 报关单及外贸单据。

② 强制性认证证书。

③ 有关进口许可的证明文件（进口许可证民用商品入境）。

3. 出境机电产品的报检

为了降低机电产品的出口成本，我国调整了大部分机电产品的海关监管条件，实施出口免检政策。对于出口机电产品的企业来说，不能因免检政策而降低质量要求，同时要关注境外国家（地区）对于家电类产品的强制性认证要求，属于进口国家（地区）要求要进行强制性认证的机电产品，在出境通关的时候除了要提交报关单及相关外贸单据，还要提供强制认证证书和认证标志。

> **知识拓展**
>
> **国外与家电产品有关的强制性认证**
>
> 美国 FCC 认证：FCC 是美国联邦通信委员会（Federal Communication Commission）的缩写。FCC 认证主要对无线电、通信等进行管理与控制，是美国电磁兼容 EMC 强制性认证，主要针对 9kHz～3000GHz 的电子电器产品，内容涉及无线电、通信等方面。电子电器类产品销往美国需要申请 FCC 认证。
>
> 欧盟 CE 认证：CE（Conformite Europeenne）标志是一种安全认证标志，被视为制造商打开并进入欧洲市场的护照。CE 代表欧洲统一。凡是贴有 CE 标志的产品就可在欧盟各成员方销售，无须符合每个成员方的要求，从而实现了商品在欧盟成员方范围内的自由流通。在欧盟市场，CE 标志属强制性认证标志，无论欧盟内部企业生产的产品，还是其他国家生产的产品，要想在欧盟市场上自由流通，就必须加贴 CE 标志，以表明产品符合欧盟《技术协调与标准化新方法》指令的基本要求。

二、食品的报检

1. 食品的报检范围

食品是指各种供人食用或饮用的成品和原料，以及按照传统习惯来分既是食品又是药品的物品，但不包括以治疗为目的的物品。

2. 入境食品的报检

除了食品，食品添加剂、食品容器、食品包装容器、食品包装材料、食品用工具及设备都属于报检范围。

（1）报检需提交的单据。

① 报关单和外贸单据。

② 进口食品原产地证书。

③ 预包装食品应提供进口食品标签审核证书。

④ 输出国使用的农药、化肥、除草剂、熏蒸剂及生产食品的原料、添加剂、加工方法等有关资料及标准。

（2）进口食品换证。

① 进口食品经营企业（指进口食品的批发、零售商）在批发和零售进口食品时，应持有当地检验检疫机构签发的进口食品卫生证书。

② 进口食品在口岸检验合格取得卫生证书后再转运内地销售时，持口岸检验检疫机构签发的进口食品卫生证书正本或副本到当地检验检疫机构换取卫生证书。

（3）进口食品包装容器、包装材料。

进口食品包装容器、包装材料（简称"食品包装"）是指已经与食品接触或预期会与食品接触的进口食品内包装、销售包装、运输包装及包装材料。海关总署对食品包装进口商实施备案管理，对进口食品包装产品实施检验。

作为商品直接进口的与食品接触的材料和制品及已盛装进口食品的食品包装，应向到货地口岸检验检疫机构报检。报检时应填写进口货物报关单，同时随单提供提单、合同、发票、装箱单等，还应提交出入境食品包装备案书（复印件）。经检验合格出具入境货物检验检疫证明。

3. 出境食品的报检

出境食品报检范围包括所有出口食品与用于出口食品的食品添加剂等，包括各种供人食用、饮用的成品和原料，以及按照传统习惯加入药物的食品。

（1）出境食品生产企业卫生注册登记。

在中华人民共和国境内生产、加工、储存出口食品的企业（简称"出口食品生产企业"），必须取得卫生注册证书或卫生登记证书后方可生产、加工、储存出口食品。未经卫生注册或登记企业的出口食品，出入境检验检疫机构不予受理报检。国家认证认可监督管理委员会主管全国出口食品生产企业卫生注册、登记工作。直属海关负责所辖地区出口食品生产企业的卫生注册、登记工作。

实施出口食品生产企业卫生注册登记管理的产品目录如下所列。

① 食品卫生注册产品见表3-1。

表3-1 食品卫生注册产品

分类号	产品类别
Z01	罐头类
Z02	水产品类（不包括活品和晾晒品）
Z03	肉及肉制品
Z04	茶叶类
Z05	肠衣类
Z06	蜂产品类（不包括蜂蜡）
Z07	蛋制品类（不包括鲜蛋）
Z08	速冻果蔬类、脱水果蔬类（不包括晾晒品）
Z09	糖类（指蔗糖、甜菜糖）
Z10	乳及乳制品类
Z11	饮料类（包括固体饮料）
Z12	酒类
Z13	花生、干果、坚果制品类（不包括炒制品）
Z14	果脯类
Z15	粮食制品及面、糖制品类
Z16	食用油脂类
Z17	调味品类（不包括天然的香辛干料及粉料）
Z18	速冻方便食品类
Z19	功能食品类
Z20	食品添加剂类（专指食用明胶）
Z21	腌渍菜类

② 食品卫生登记产品。除注册产品目录以外的食品。

③ 列入HACCP体系评审的产品。罐头类，水产品类（活品、冰鲜、晾晒、腌制品除外），肉及肉制品，速冻蔬菜，果蔬汁，含肉或水产品的速冻方便食品。

> **知识拓展**
>
> HACCP 管理体系
>
> HACCP（Hazard Analysis and Critical Control Point）是一个国际认可的，保证食品免受生物性、化学性及物理性危害的预防体系。该体系可以保证食品的卫生、安全与质量，可以使餐饮服务、食品加工企业的从业人员更加有责任提供安全的食品给广大消费者。HACCP 管理体系强调识别并预防食品污染的风险及隐患，改变在食品安全控制方面仅依赖检验的传统方法，采取对食物安全的预防措施，从而达到更经济更有效地保障食品安全的目的。
>
> 随着全世界对食品安全卫生的日益关注，食品工业及其消费者已经成为企业申请 HACCP 体系认证的主要推动力。在美国、英国、澳大利亚和加拿大等国家，越来越多的法规和消费者要求将 HACCP 认证变为市场的准入要求。
>
> 2002 年 3 月 20 日，国家认证认可监督管理委员会发布 2002 年 3 号公告，即《食品生产企业危害分析与关键控制点（HACCP）管理体系认证管理规定》，指出国家鼓励从事生产、加工出口食品的企业建立并实施 HACCP 管理体系，列入《出口食品卫生注册需要评审 HACCP 管理体系的产品目录》的企业必须建立和实施 HACCP 管理体系。

申请卫生注册登记的出口食品生产企业应向所在地直属海关提交出口食品生产企业卫生注册登记申请书，一式三份，并随附企业法人营业执照复印件、卫生质量体系文件和厂区平面图、车间平面图、工艺流程图及生产工艺关键部位的图片资料。直属海关组织评审组对申请材料和申请单位的出口食品生产、加工、储存条件进行现场评审，准予许可的，于 10 日内颁发卫生注册证书或卫生登记证书，有效期为 3 年。

直属海关对注册企业实施日常监督管理和定期监督检查。如发现有对产品安全卫生质量构成严重威胁的因素，包括原料、辅料和生产加工用水（冰）等，或经出口检验检疫发现产品安全卫生质量不合格，且情况严重的，直属海关应书面通知企业限期整改，并暂停其出口报检。

（2）报检需提交的单据。
① 出境货物报关单。
② 外贸合同（确认书或函电）或信用证（复印件）。
③ 申报食品的外销发票和装箱单（复印件）。
④ 生产企业卫生注册登记证。
⑤ 出口食品生产企业厂检单（原件）。
⑥ 有外包装的需出境货物包装性能检验结果单（原件）；食品直接接触的内包装如果是木桶、罐子、瓶子或塑料袋，则需要提供相应内包装的出境货物包装性能检验结果单（原件）。

三、化妆品的报检

1. 化妆品的报检范围

化妆品指以涂、擦散布于人体表面任何部位（皮肤、毛发、指甲、口唇等）或口腔黏膜，以达到清洁、护肤、美容和修饰目的的产品。

2. 进口化妆品检验检疫

进口化妆品由口岸海关实施检验检疫。海关总署根据便利贸易和进口检验工作的需要，可以指定在其他地点检验。进口化妆品在取得检验检疫合格证明之前，应当存放在海关指定或认可的场所，未经海关许可，任何单位和个人不得擅自调离、销售、使用。

（1）应提交的报检单据。
① 入境货物报关单。
② 相关外贸单据，如合同、发票、装箱单、提（运）单等。

③ 首次进口的化妆品应当提交：实施卫生许可的化妆品，提交国家相关主管部门批准的进口化妆品卫生许可批件；实施备案的化妆品，提交备案凭证；没有实施卫生许可或备案的化妆品，提交安全性评估资料、在生产国家（地区）允许生产、销售的证明文件或原产地证明。

④ 中文标签样张和外文标签及翻译件。

（2）检验检疫及出证。

海关受理报检后，对进口化妆品进行检验检疫，包括现场查验、抽样留样、实验室检验、出证等。

现场查验内容包括货证相符情况、产品包装、标签版面格式、产品感官性状、运输工具、集装箱或存放场所的卫生状况。进口化妆品成品的标签标注应当符合我国相关的法律、行政法规及国家技术规范的强制性要求。海关对化妆品标签内容是否符合法律、行政法规规定要求进行审核，对与质量有关的内容的真实性和准确性进行检验。

需要进行实验室检验的，海关应当确定检验项目和检验要求，并将样品送至具有相关资质的检验机构。检验机构应当按照要求实施检验，并在规定时间内出具检验报告。

进口化妆品经检验检疫合格的，海关出具入境货物检验检疫证明，并列明货物的名称、品牌、原产国家（地区）、规格、数（重）量、生产批号/生产日期等。进口化妆品取得入境货物检验检疫证明后，方可销售、使用。

进口化妆品经检验检疫不合格，涉及安全、健康、环境保护项目的，由海关责令当事人销毁，或出具退货处理通知单，由当事人办理退运手续。其他项目不合格的，可以在海关的监督下进行技术处理，经重新检验检疫合格后，方可销售、使用。

3. 出口化妆品检验检疫

出口化妆品生产企业应当保证其出口化妆品符合进口国家（地区）标准或合同要求。进口国家（地区）无相关标准且合同未有要求的，可以由海关总署指定相关标准。出口化妆品由产地海关实施检验检疫，口岸海关实施口岸查验。

（1）出口化妆品生产企业备案管理制度。

海关总署对出口化妆品生产企业实施备案管理。出口化妆品生产企业应当建立质量管理体系并持续有效运行。海关对出口化妆品生产企业质量管理体系及运行情况进行日常监督检查。

出口化妆品生产企业应当建立原料采购、验收、使用管理制度，要求供应商提供原料的合格证明。出口化妆品生产企业应当建立生产记录档案，如实记录化妆品生产过程的安全管理情况。出口化妆品生产企业应当建立检验记录制度，依照相关规定要求对其出口化妆品进行检验，确保产品合格。上述记录应当真实，保存期不得少于两年。

（2）应提交的报检单据。

① 出境货物报关单。

② 相关外贸单据。合同或销售确认书、发票、装箱单等。

③ 首次出口的化妆品应当提供：出口化妆品生产企业备案材料；自我声明，声明企业已经取得化妆品生产许可证，且化妆品符合进口国家（地区）相关法规和标准的要求，正常使用不会对人体健康产生危害等内容；外文标签样张和中文翻译件。

（3）检验检疫及出证。

海关受理报检后，对出口化妆品进行检验检疫，包括现场查验、抽样留样、实验室检验、出证等。

现场查验内容包括货证相符情况、产品感官性状、产品包装、标签版面格式、运输工具、集装箱或存放场所的卫生状况。需要进行实验室检验的，海关应当确定检验项目和检验要求，并将样品送至具有相关资质的检验机构。检验机构应当按照要求实施检验，并在规定时间内出具检验报告。

出口化妆品经检验检疫合格，进口国家（地区）对检验检疫证书有要求的，应当按照要求同时出具有关检验检疫证书。出口化妆品经检验检疫不合格的，可以在海关的监管下进行技术处理，经重新检验检疫合格的，方准出口。不能进行技术处理或技术处理后重新检验仍不合格的，不准出口。

技能训练和巩固

华田公司向日本出口花露水，拟从宁波港启运。公司报关人员小张是第一次办理报检业务，当公司业务经理要求小张安排报检事宜时，小张认为，报检时应提交进出口化妆品标签审核申请书及相关资料；申请标签审核时应提供产品配方；产品经检验合格后，要加贴检验检疫标志。你认为小张思考得正确吗？如果你是小张，该如何操作该笔报检业务？

小　结

本项目主要介绍了各类常见进出口商品如何报检，内容包括动物及其产品报检、植物及其产品报检、机电产品报检、食品报检、化妆品报检。本项目操作要点是在理解进出境货物报检一般流程的基础上能设计不同商品的报检方案，熟悉各类商品报检应提交的单据。

训练题

一、基础训练题

1. 单选题

（1）某公司从澳大利亚进口一批羊毛，在马来西亚转船后运抵我国，报检无须提供（　　）。
A. 进境动植物检疫许可证　　　　　B. 澳大利亚官方出具的检疫证书
C. 关于包装的证书或声明　　　　　D. 产地证书

（2）进出口食品标签审核适用于对进出口（　　）食品标签的审核。
A. 内包装　　　　　　　　　　　　B. 预包装
C. 外包装　　　　　　　　　　　　D. 固定包装

（3）报检入境动物时，除了提供合同、发票、装箱单等贸易单证，还应按要求提供（　　）。
A. 入境动植物检疫许可证　　　　　B. 输出国（或地区）官方出具的检疫证书
C. 产地证书　　　　　　　　　　　D. 前面3项

（4）出境动物产品，应在出境前（　　）日报检。
A. 5　　　　　B. 7　　　　　C. 10　　　　　D. 1

（5）以下货物出口时，须由口岸检验检疫机构实施检验检疫的是（　　）。
A. 活牛　　　　　　　　　　　　　B. 家用电器
C. 冻鸡肉　　　　　　　　　　　　D. 烟花爆竹

（6）某公司向日本出口一批纸箱包装的羽绒服（检验检疫类别为N），报检时无须提供的单据是（　　）。
A. 合同、发票、装箱单　　　　　　B. 无木质包装声明
C. 出境货物运输包装性能检验结果单　D. 厂检结果单

（7）出口小家电产品生产企业实行登记制度，首次登记的企业应将样品送至（　　）指定的实验室进行型式试验。
A. 直属海关　　　　　　　　　　　B. 生态环境部
C. 国家认监委　　　　　　　　　　D. 海关总署

（8）下列关于化妆品表述错误的是（　　）。

【参考答案】

A. 出口化妆品应在产地检验
B. 进口化妆品由进境口岸检验检疫机构检验
C. 检验检疫机构对检验合格的化妆品实施后续监督管理
D. 安全卫生指标不合格的化妆品,必须在检验检疫机构监督下进行技术处理,经重新检验合格后,方可销售、使用。

（9）以下各项进口商品需要入境植物及其产品检疫审批的是（　　）。
A. 烟叶　　　　B. 甘薯　　　　C. 麦麸　　　　D. 以上都是

2. 多选题

（1）某公司从巴西进口了一船大豆,报检时须提供（　　）。
A. 海关总署签发的进境动植物检疫许可证　　B. 出口国签发的品质和重量证书
C. 巴西官方的植物检疫证书　　D. 进出口食品标签审核证书

（2）某公司从比利时进口一批罐头,报检时提供的单据包括（　　）。
A. 卫生证书　　B. 进口食品标签样张
C. 原产地证书　　D. 合同、发票、装箱单

（3）从日本进口动物及其产品报检时,除了提供合同、发票、装箱单、各运程提单等贸易单证,还应按要求提供（　　）。
A. 输出国官方检验检疫机构出具的检疫证书
B. 进境动植物检疫许可证
C. 装船前检验证书
D. 相关的木质包装声明或官方出具的植物检疫证书

（4）进境动物及动物产品未经检验检疫机构实施检验检疫,不得（　　）。
A. 报检　　　　B. 加工　　　　C. 使用　　　　D. 销售

（5）下列表述正确的是（　　）。
A. 进口商在签订进口动物、动物产品的外贸合同时,在签订外贸合同前应到检验检疫机构办理检疫审批手续,取得准许入境的进境动植物检疫许可证后再签外贸合同
B. 进口商签订进口动物、动物产品的外贸合同,在合同或协议中订明我国法定的检疫要求,并订明必须附有输出国家（地区）政府动植物检疫机关出具的检疫证书
C. 输入动物产品进行加工的货主或代理人需申请办理注册登记,经出入境检验检疫机构检查考核其用于生产、加工、存放的场地,符合规定防疫条件的发给注册登记证
D. 输入动物、动物产品,经检验检疫机构实施现场检疫合格的,允许卸离运输工具,对运输工具、货物外包装、污染场地进行消毒处理,将货物运往指定存放地点

（6）下列入境种子、种苗报检的表述正确的是（　　）。
A. 入境植物种子、种苗,入境后需要进行隔离检疫的,要向出入境检验检疫机构申请隔离或临时隔离场
B. 入境植物种子、种苗,带介质土的不需办理特许审批
C. 在植物种子、种苗入境前,货主或其代理人应持有关资料向出入境检验检疫机构报检,预约检疫时间
D. 入境植物种子、种苗属于转基因产品,需到农业农村部申领许可证

（7）下列对进口化妆品表述正确的是（　　）。
A. 进口化妆品必须经过标签审核,标签审核合格后方可报检
B. 海关总署对进出口化妆品实施分级监督检验管理制度
C. 进口化妆品经营单位应到其营业地检验检疫机构登记备案
D. 经检验合格的进口化妆品,必须在检验检疫机构监督下加贴检验检疫标志

（8）下列需进行出境植物及其产品报检的有（　　）。
A. 出口到日本的菠菜
B. 参加法国农业博览会的优良大豆样品
C. 通过快递方式向日本出口的种子
D. 供应新加坡的蔬菜

（9）向日本出口家庭用微波炉（检验检疫类别为LM/N）,报检时须提交的单据包括（　　）。
A. 出口产品质量许可证　　B. 厂检结果单

C. 有关型式实验的证明文件　　　　　　　　D. 强制性产品认证证书

（10）某公司办理一批出口至美国的番茄罐头（检验检疫类别为R/Q）和一批出口至美国的鲜花（检验检疫类别为P/Q）的报检手续，两批货物都以纸箱包装，（　　）是办理两批货物报检时都必须提供的单据。

A. 合同、发票、装箱单　　　　　　　　　　B. 进出口食品标签审核证书
C. 无木质包装声明　　　　　　　　　　　　D. 卫生注册证书副本或复印件

（11）下列关于出口玩具的表述正确的有（　　）。
A. 我国对出口玩具及其生产企业实行质量许可制度
B. 我国对出口玩具及其生产企业实行注册登记制度
C. 出口玩具检验不合格的，但符合双方合同要求也可先出口
D. 检验检疫机构凭出口玩具质量许可证接受报检

（12）法定检验检疫的入境货物到货后，收货人应向海关办理报检。未报经检验检疫的（　　）。
A. 不准销售　　　　　　　　　　　　　　　B. 不准使用
C. 可以使用，但不准销售　　　　　　　　　D. 既可销售，又可使用

二、综合技能训练题

（1）宁波某苗木公司拟从德国进口一批花卉苗木。该公司于2021年7月与外商签订合同，①合同签订后，该公司立即到检验检疫机构办理检疫审批手续；②提交材料申请办理标签审核，同时，该公司通知外方公司；③即使货物是裸装的，也需由出口商出具无木质包装声明；④如果种苗上带有土壤，应立即清理干净。请分析该公司①②③④的做法是否符合检验检疫的有关规定。

【业务处理】_____

（2）宁波口岸为我国第一批进口植物种苗指定入境口岸。近年来，随着城市建设和花木产业化的迅速发展，宁波口岸的进口苗木数量剧增。2021年5月，来自意大利20个品种的进口苗木及2批次来自日本的鸡爪槭种苗即将抵达宁波口岸苗木查验场地。请列出该批苗木的检验检疫内容。如果该批苗木经检疫发现有害生物，应如何处理？

【业务处理】_____

（3）宁波余姚某蔬菜生产企业拟申报出口植物源性食品种植基地，请你以该企业负责人的身份自查申报条件及要求，并完成基地的申报。

【业务处理】_____

（4）泉州是我国龙眼主要产区之一，其中仅南安市的龙眼种植面积就达1.22万公顷，年产量在1.2万～1.5万吨。根据中美两国签署的《中国龙眼输往美国的植物检疫工作计划》，龙眼要出口美国，必须符合以下条件：果园及加工厂注册（国家及出口注册备案）；龙眼要进行适当包装、标识及冷储；出口前必须实施特定的蒸汽与冷冻处理；果园病虫害（主要针对艾纹细蛾）防治及农残要过关；加工厂最好有出口卫生注册，要有一定规模及良好的配套设施；出口前检验；出具检疫证书；进境检疫；等等。泉州海关经实地考察与评估，认为南安市某果蔬公司的龙眼出口前加工处理（蒸汽、冷冻）有关设施，加工规模，技术实力及相关龙眼基地在病虫害防治等标准化管理方面已具备出口美国的条件，并推荐这家企业向海关申请备案。

请完成下列业务的办理。
①出口报检前，龙眼出口企业应做哪些准备工作？
【业务处理】_____

②报检时间如何确定？
【业务处理】_____

③ 经检疫合格后，龙眼出口企业应向泉州海关申领哪些证书？检疫证书有无有效期？
【业务处理】

（5）请到纺织产品生产企业参观调研，了解产品的品质及包装要求及进出口报检情况，并写出调研报告。

项目 4
一般进出口货物报关业务办理

>【学习目标】

知 识 目 标	技 能 目 标
（1）理解报关流程基本知识。 （2）掌握外贸管制证件的相关知识。 （3）掌握商品编码的查找方法及编码查找规则。 （4）掌握进出口报关单的填制方法、申报的日期和地点的正确选择相关知识。 （5）了解配合查验的主要工作任务。 （6）掌握完税价格的确定、原产地的认定方法、税率的选择运用、税费的计算公式	（1）能进行进出口报关总体流程的设计，理清工作思路。 （2）能判断哪些商品需要申领外贸管制证件。 （3）能快速、准确地查找商品编码。 （4）能准确填制进出口报关单，同时准备齐全报关单证并完成申报。 （5）能配合海关工作人员完成查验工作。 （6）能准确计算各种所要缴纳的税费并完成税费的缴纳

>【任务导入】

2021年，华田公司业务部有这样两笔进出口业务：一笔是从新加坡进口氨纶纱线10吨，进口价格6546美元/吨，装载该批氨纶纱线的货轮"××号"于9月4日进境；另一笔是2021年向美国出口全棉男士衬衫20000件，出口价格5美元/件，预计装船时间是2021年9月10日上午9点。这两笔业务的报关分别由公司的两位报关人员小王和小李负责。

>【任务目标】

（1）根据任务导入的案例背景，完成氨纶纱线的进口报关操作。
（2）根据任务导入的案例背景，完成全棉男士衬衫的出口报关操作。

>【任务分析】

在以上案例背景中，涉及一笔一般进口货物进口报关操作（氨纶纱线进口）和一笔一般出口货物（全棉男士衬衫）出口报关操作。无论进口报关操作还是出口报关操作，大致要经过以下7个环节的操作。

（1）进行流程设计，从总体上理清工作思路。
（2）到相关主管部门申领相关的许可证件（非必要环节，如果进出口货物不涉及我国外贸管制的规定，可省略此步骤）。
（3）查找并确定进出口商品编码。

（4）填制进出口报关单并准备其他报关单据进行申报。
（5）配合海关查验。
（6）缴纳税费。
（7）提取货物（进口）或装运货物（出口）。

在分析操作环节的基础上，将本项目的任务分解为5个部分：一般进出口货物报关流程设计→外贸管制证件申领→查找商品编码→准备申报单证及申报→税费缴纳及结关。

任务1 一般进出口货物报关流程设计

【任务目标】

（1）根据任务导入的案例背景，进行氨纶纱线进口报关流程的设计。
（2）根据任务导入的案例背景，进行全棉男士衬衫出口报关流程的设计。

【操作分析】

1. 报关人员小王对氨纶纱线的进口报关工作设计

（1）小王判断氨纶纱线不属于国家外贸管制的范围，也不属于国家法检范围，因此不需要进行报检和申领相关的许可证件。

（2）装载氨纶纱线的货轮是2021年9月4日进境，9月4日是星期六，根据申报期限的规定，为了不产生滞报金，小王认为这批氨纶纱线的进口申报应该在9月19日前进行。接着，小王翻看了日历，发现9月18日正好也是星期六，根据规定，申报最迟可以在9月21日前进行。

（3）确定了最迟申报期限后，小王认为接下来就要准备整套报关单据，其中最重要的任务就是查找氨纶纱线的编码并根据单证员提供的发票、提单、箱单等资料规范填制进口报关单并进行电子申报。小王查看了自己的工作日程表，决定在9月8日进行电子申报。

（4）小王还考虑到海关有可能对这批氨纶纱线进行查验，因此，他决定事先熟悉一下这批进口氨纶纱线的基本情况，以便配合海关查验。

（5）小王认为还要到海关总署相关网站去查看我国关税实施表，看看国家有没有对进口氨纶纱线的进口税率进行调整，并据此计算这批氨纶纱线应该要缴纳的进口关税和进口环节税，并及时结清税款。查看后，小王确认进口氨纶纱线的关税税率是50%，进口环节增值税税率是13%。

（6）结清税款后，小王凭海关的放行信息去提货了。至此，这票货物的进口报关完成。

2. 报关人员小李对全棉男士衬衫的出口报关工作设计

（1）根据自己对服装纺织品出口相关政策的了解，自2009年1月1日起将不再实行输美纺织品出口数量及许可证管理和输欧纺织品出口许可证管理，因此，小李确认出口美国的全棉衬衫不需要领取纺织品出口许可证。另外，这批全棉男士衬衫出口不需要报检。

（2）这批衬衫预计装船时间是2021年9月10日（星期五）上午9点，根据申报期限的规定，小李认为这批衬衫最迟不得超过9月9日上午9点。

（3）确定了最迟申报期限后，小李查找全棉男士衬衫的编码并根据单证员提供的发票、提单、箱单等资料规范填制出口报关单草单,并在"中国国际贸易单一窗口"进行电子申报。

(4)小李还考虑到海关有可能对这批全棉男士衬衫进行查验,因此,他决定事先熟悉一下这批出口全棉男士衬衫的基本情况,以便配合海关查验。

(5)小李认为还要到海关总署相关网站去查看我国关税实施表,看看国家有没有调整服装纺织品出口关税政策,并据此确认是否应该缴纳出口关税。查看后,小李确认我国目前对服装纺织品出口实行"零关税"。

(6)海关查验无误后,小李凭海关的放行信息去安排装船了。至此,这票货物的出口报关完成。

【知识链接】

要完成以上任务,需要掌握一般进出口货物报关的基本知识。

一、一般进出口货物的含义

一般进出口货物是指在货物进出境环节缴纳了应征的进出口税费,并办结了所有必要的海关手续,海关放行后不再进行监管的进出口货物。

二、一般进出口货物的特征

1. 在进出境时缴纳进出口税费

一般进出口货物的收发货人按规定缴纳税费。

2. 进出口时提交相关的许可证

需要提交许可证的,要提交许可证。

3. 海关放行即办理结关手续

对于一般进出口货物,海关放行即结关。

三、一般进出口货物的报关流程

一般进出口货物报关的程序包括4个环节:进出口申报→配合查验→缴纳税费→提取或装运货物。

1. 进出口申报

(1)申报的地点。

① 进口货物一般在进境地海关申报。

② 出口货物一般在出境地海关申报。

(2)申报的期限。

① 进口货物。运载进口货物的运输工具申报进境之日起14天内(期限的最后一天是法定节假日或休息日的,顺延到节假日或休息日后的第一个工作日)。

② 出口货物。货物运抵海关监管区后、装货的24小时以前。

(3)滞报金的规定。进口货物没有按规定的期限申报的,由海关按规定征收滞报金。

① 计征起始日为运输工具申报进境之日起第15日,海关接受申报之日为截止日。

② 滞报金的日征收金额:按完税价格的0.5‰征收。

③ 以元为单位,不足1元的部分免征。

④ 起征点:人民币50元。

（4）申报单证。有两类单证，即主要单证、随附单证。

① 主要单证：报关单。

② 随附单证：基本单证、特殊单证、预备单证。

其中，基本单证包括货运单据和商业单据（报关必须提交基本单证），如进口提货单、出口装货单、商业发票、装箱单等。

特殊单证主要涉及外贸管制、税收优惠等政策证明文件，如进出口许可证、原产地证明、进出口货物征免税确认通知书等。

预备单证是海关审单、征税时可能需调阅或收取备案的单证，如贸易合同、进出口企业的有关证明文件。

（5）申报方式。我国目前实行的海关申报有两种方式，分别是电子申报和纸质申报。采用电子申报方式的，进口货物的收货人、出口货物的发货人或其代理人在海关规定的期限内，使用连接海关计算机系统的计算机终端录入报关单内容，直接向海关发送报关单电子数据，接收到海关发送的"接受申报"电子报文后，就表示电子申报成功；如果接收到海关发送的不接受申报信息，则应当根据信息提示修改报关单内容后重新申报。纸质报关单申报形式是指进出口货物的收发货人、受委托的报关企业，按照海关的规定填制纸质报关单，备齐随附单证，向海关当面递交的申报方式。

近年来，海关深入推进通关作业无纸化工作，电子申报成为海关申报的主要方式，通关便利化水平不断提升，充分体现了党的二十大报告中"深入推进改革创新，坚定不移扩大开放"的精神。

2. 配合查验

（1）查验内容。主要是对进出境货物的性质、价格、数量、原产地、货物状况等是否与报关单填报内容相符进行查验。

（2）查验地点。查验地点主要在海关监管区或装卸现场；因货物易受温度、静电、粉尘等自然因素影响，不宜在海关监管区内实施查验，或因其他特殊原因，需要在海关监管区外查验的，经进出口货物收发货人或其代理人书面申请，海关可以派员到海关监管区外实施查验。

（3）查验方式。海关实施查验可以是彻底查验，也可以是抽查。彻底检查，即对货物逐件开箱（包）查验，对货物品种、规格、数量、重量、原产地货物状况等逐一与报关单进行核对。抽查，即按一定比例对货物有选择地开箱抽查，但必须卸货，卸货程度和开箱（包）比例以能够确定货物的品名、规格、数量、重量等查验指令的要求为准。

查验操作可以分为人工查验和设备查验。海关可以根据货物情况及实际执法需要，确定具体的查验方式。人工查验包括外形查验、开箱查验。外形查验是指对外部特征直观、易于判定基本属性的货物的包装、运输标志和外观等状况进行验核；开箱查验是指将货物从集装箱、货柜车厢等箱体中取出并拆除外包装后对货物实际状况进行验核。设备查验是指以利用技术检查设备为主对货物实际状况进行验核。

（4）查验时间。当海关决定查验时，即将查验的决定以书面通知的形式通知进出口货物收发货人或其代理人，约定查验的时间。查验时间一般约定在海关正常工作时间内。

在一些进出口业务繁忙的口岸，海关也可接受进出口货物收发货人或其代理人的请求，在海关正常工作时间以外实施查验。

对于危险品或鲜活、易腐、易烂、易失效、易变质等不宜长期保存的货物，以及因其他特殊情况需要紧急验放的货物，经进出口货物收发货人或其代理人申请，海关可以优先实施查验。

（5）复验。有下列情形之一的，海关可以对已查验货物进行复验。

① 经初次查验未能查明货物的真实属性，需要对已查验货物的某些性状作进一步确认的。

② 货物涉嫌走私违规，需要重新查验的。

③ 进出口货物收发货人对海关查验结论有异议，提出复验要求并经海关同意的。

④ 其他海关认为必要的情形。

已经参加过查验的查验人员不得参加对同一票货物的复验。

（6）径行开验。径行开验是指海关在进出口货物收发货人或其代理人不在场的情况下，对进出口货物进行开拆包装查验。有下列情形之一的，海关可以径行开验。

① 进出口货物有违法嫌疑的。

② 经海关通知查验，进出口货物收发货人或其代理人未到场的。

海关径行开验时，存放货物的海关监管场所经营人、运输工具负责人应当到场协助，并在查验记录上签名确认。

> **知识拓展**
>
> **宁波海关查验模式**
>
> 宁波海关查验指挥中心实行"一站式办公——365天两班制查验"模式，通过合理整合现有监管资源、搭建网络化视频监控平台、引入电子叫号排队系统，创建了机检查验、港务实货放行及缴费的"一站式"办公模式。同时，在机检报关大厅设置多媒体查询系统、丰富政务公开手段，并建立青年文明号服务台、业务咨询窗口，为企业提供便捷服务，提高查验效率。
>
> 据宁波海关统计，宁波海关查验指挥中心成立以来累计机检查验报关单2.8万票，查验自然箱5.2万个，折合标箱9.5万个，同比分别增长40.21%、30.39%、30.71%；日过机量从原来的120标箱提高到日均401标箱，同比增长234%；机检查验时效由原来的4.24小时缩减到2.13小时，同比减少49.76%。

3. 缴纳税费

目前，海关推行"自报自缴"，以企业诚信管理为前提，由进出口企业、单位依法如实、规范、正确申报报关单税收要素，利用预录入系统的海关计税（费）服务工具计算应缴纳的相关税费，确认并申报后，自行办理相关税费缴纳手续。

4. 提取或装运货物

在无纸化通关模式下，企业可以直接凭海关放行信息提取或发运货物，海关不再加盖放行章，节省企业来往于海关业务现场和监管场所的人力与时间成本。对于一般进出口货物来说，海关放行后，对进出口货物不再进行监管，放行即结关。

注意： 对于一般进出口货物来说，海关放行后，对进出口货物不再进行监管，放行即结关。

5. 报关单证明联问题

为进一步深化海关通关作业无纸化改革，减少纸质单证流转，减轻企业负担，海关总署决定全面取消打印纸质报关单证明联（含用于外汇服务的报关单收、付汇证明联，以及用于加工贸易核销的海关核销联、出口退税专用的报关单证明联）。企业办理货物贸易外汇收付和加工贸易核销业务，按规定须提交纸质报关单的，可通过中国电子口岸自行以普通A4纸打印报关单并加盖企业公章。

> **技能训练和巩固**
>
> 2021年2月，华田公司向阿拉伯联合酋长国出口一批太阳能设备，型号：TY-056A；价格USD378.00/PC FOB NINGBO；数量：1000台；毛重：0.090KGS/PC；包装1PC/CTN。生产厂家：宁波××家具厂；最迟装运期：2021年2月8日；启运港：宁波港；目的港：迪拜港；支付方式：不可撤销信用证。
>
> 作为该公司的报关人员，请设计该批出口货物的报关流程，并列明报关注意事项。

任务 2　外贸管制证件申领

【任务目标】

根据任务导入的案例背景，判断是否需要申领外贸管制证件并能顺利完成相关外贸管制证件的申领。

【操作分析】

接上例，氨纶纱线目前不属于我国外贸管制的范围，不需要申领外贸管制证件。而全棉男士衬衫的出口市场为美国，根据对服装纺织品出口相关政策的了解，自 2009 年 1 月 1 日起将不再实行输美纺织品出口数量及许可证管理（2006 年 1 月 1 日开始实施）和输欧纺织品出口许可证管理（2008 年 1 月 1 日开始实施），因此，报关人员小李确认出口美国的全棉衬衫不需要领取纺织品出口许可证。

> **知识拓展**
>
> **纺织品出口进入自由贸易阶段**
>
> 根据我国加入 WTO 有关规定，纺织品特限措施于 2008 年年底到期，中美、中欧双边纺织品谅解备忘录也将同时结束。根据规定，自 2009 年 1 月 1 日起不再实行输美纺织品出口数量及许可证管理和输欧纺织品出口许可证管理，我国纺织品出口将进入自由贸易阶段。

【知识链接】

要完成以上任务，需要掌握我国对外贸易管制制度的相关规定。

一、我国对外贸易管制制度的构成及目的

对外贸易管制又称为进出口贸易管制，即对外贸易的国家管制，是指一国政府从国家的宏观经济利益、国内外政策需要，以及为履行所缔结或加入国际条约的义务出发，为对本国的对外贸易活动实现有效的管理而颁布实行的各种制度及所设立的相应机构及其活动的总称，简称贸易管制。

我国对外贸易管制制度是一种综合制度，主要由海关制度、关税制度、进出口许可制度、出入境检验检疫制度、进出口货物收付汇管理制度及贸易救济制度等构成。

实行对外贸易管制可以集中力量对国际市场的价格波动及世界经济危机作出迅速反应，防止这些因素对我国经济建设产生不良影响；实行对外贸易管制有利于加强我国在国际市场的竞争能力，提高国际贸易中的谈判地位；实行对外贸易管制还有助于更好地实现国家职能。政府通过对外贸易管制，对外可及时根据我国在国际竞争中的政策和策略，调整外贸结构和格局，全面发展与世界各国的贸易往来，为维护世界和平、促进全球经济繁荣作出贡献；对内则可以达到维护正常的国内经济秩序，保障经济建设的顺利进行，不断提高人民生活水平，丰富人民群众不断增长的物质文化生活需要的目的。

二、我国贸易管制的主要管理措施及报关规范

贸易管制措施有关报关规范由两个方面构成。一是如实申报，所谓如实申报是指进出口货物收发货人在向海关申请办理通关手续时，按照规定的格式（进出口货物报关单）真实、

准确地填报与货物有关的各项内容。二是按照政策规定，主动向海关提交有关许可证件及其他有关证明文件，即通过进出口货物类别，准确认定其所应适用的国家贸易管制政策，对其中属于国家实行许可证件管理的货类，向海关申请办理通关手续时应主动递交相应的许可证件；对涉及多项国家贸易管制措施的货类，依据国家贸易管制措施相对独立的原则，应分别递交相应的许可证件。准确理解和执行上述两个规范，是做好报关工作的前提条件。

1. 禁止进出口货物

（1）禁止进口的货物。

① 列入《禁止进口货物目录》的商品。

A.《禁止进口货物目录》第一批，是为了保护我国的自然生态环境和生态资源，从我国国情出发，履行我国所缔结或参加的与保护世界自然生态环境相关的一系列国际条约和协定而发布的。例如，国家禁止进口属于破坏臭氧层物质的四氯化碳，禁止进口属于世界濒危物种管理范畴的犀牛角、麝香、虎骨等。

B.《禁止进口货物目录》第二批，旧机电产品类。

C.《禁止进口货物目录》第三批、第四批、第五批，所涉及的是对环境有污染的固体废物类。

D.《禁止进口货物目录》第六批，为了保护人的健康，维护环境安全，淘汰落后产品，履行《关于在国际贸易中对某些危险化学品和农药采用事先知情同意程序的鹿特丹公约》（简称《鹿特丹公约》）和《关于持久性有机污染物的斯德哥尔摩公约》（简称《斯德哥尔摩公约》）而颁布。例如，长纤维青石棉、二噁英等。

E.《禁止进口货物目录》第七批，为履行《斯德哥尔摩公约》《关于汞的水俣公约》（简称《水俣公约》）而颁布。例如，氯丹、灭蚁灵等。

② 国家有关法律法规明令禁止进口的商品。

A. 来自动植物疫情流行的国家（地区）的有关动植物及其产品和其他检疫物。

B. 动植物病原及其他有害生物、动物尸体、土壤。

C. 带有违反一个中国原则内容的货物及其包装。

D. 以氯氟烃物质为制冷剂、发泡剂的家用电器产品和以氯氟烃物质为制冷工质的家用电器用压缩机。

E. 滴滴涕、氯丹等。

F. 莱克多巴胺和盐酸莱克多巴胺。

③ 其他。

A. 以 CFC-12 为制冷工质的汽车及以 CFC-12 为制冷工质的汽车空调压缩机。

B. 旧衣服。

C. Ⅷ因子制剂等血液制品。

D. 氯酸钾、硝酸铵。

（2）禁止出口的货物。

① 列入《禁止出口货物目录》的商品。

A.《禁止出口货物目录》第一批，是为了保护我国自然生态环境和生态资源，从我国国情出发，履行我国所缔结或参加的与保护世界自然生态环境相关的一系列国际条约和协定而发布的。例如，国家禁止出口属于破坏臭氧层物质的四氯化碳，禁止出口属于世界濒危物种管理范畴的犀牛角、虎骨、麝香，禁止出口有防风固沙作用的发菜和麻黄草等植物。

B.《禁止出口货物目录》第二批，旨在保护我国的森林资源。例如，禁止出口木炭。

C.《禁止出口货物目录》第三批，旨在保护人的健康，维护环境安全，淘汰落后产品。例如，禁止出口长纤维青石棉、二噁英等。

D.《禁止出口货物目录》第四批，主要包括硅砂、石英砂及其他天然砂。

E.《禁止出口货物目录》第五批，包括无论是否经化学处理过的森林凋落物及泥炭（草炭）。

F.《禁止出口货物目录》第六批，为履行《斯德哥尔摩公约》《水俣公约》而颁布。例如，六氯苯、紧凑型热阴极荧光灯等。

② 国家有关法律法规明令禁止出口的商品。

A. 未定名的或新发现并有重要价值的野生植物。

B. 原料血浆。

C. 商业性出口的野生红豆杉及其部分产品。

D. 劳改产品。

E. 以氯氟烃物质为制冷剂、发泡剂的家用电器产品和以氯氟烃物质为制冷工质的家用电器用压缩机。

F. 滴滴涕、氯丹等。

G. 莱克多巴胺和盐酸莱克多巴胺。

2. 进出口许可证管理

（1）主管部门及发证部门。

进出口许可证主管部门是商务部，进出口许可证发证部门是商务部配额许可证事务局、商务部驻各地特派员办事处、各省、自治区、直辖市、计划单列市及商务部授权的地方商务主管部门。

（2）管理范围。

① 2021 年实施进口许可证管理的货物为消耗臭氧层物质（在京央企由配额许可证事务局发证，其他由各地商务主管部门发证）和重点旧机电产品（由配额许可证事务局发证），具体实施内容和发证机关见表 4-1。

表 4-1 进口许可证实施内容和发证机关

	具体内容	发证机关
消耗臭氧层物质	三氯氟甲烷 CFC-11、三氯二氟甲烷 CFC-12 等商品	进口许可证由各地发证机构发证；在京中央管理企业的进口，由配额许可证事务局签发
重点旧机电产品	旧化工设备类、起重运输设备、旧金属冶炼设备类、旧工程机械类、旧造纸设备类、旧电力电器设备类、旧农业机械类、旧纺织机械类、旧印刷机械类、旧食品加工包装设备、旧船舶类、旧硒鼓等	商务部配额许可证事务局负责进口许可证的发证工作

② 2021 年实施出口许可证管理的货物。2021 年实行出口许可证管理的货物包括以下内容。

A. 小麦，玉米，煤炭，原油，成品油（不含一般贸易方式出口润滑油、润滑脂及润滑油基础油），棉花等货物的出口单位申领的出口许可证和在京属于国务院国资委管理企业申领的出口许可证，由许可证事务局签发。

B. 活牛、活猪、活鸡、大米、小麦粉、玉米粉、大米粉、药料用人工种植麻黄草、甘草及甘草制品、蔺草及蔺草制品、天然砂、磷矿石、镁砂、滑石块（粉）、锡及锡制品、钨及钨制品、锑及锑制品、锯材、白银、铂金（铂或白金）、铟及铟制品等货物的出口单位申领的出口许可证，由商务部驻有关地方特派员办事处签发。

C. 牛肉，猪肉，鸡肉，矾土，萤石（氟石），稀土，钼及钼制品，焦炭，成品油（仅限一般贸易方式出口润滑油、润滑脂及润滑油基础油)、石蜡、部分金属及制品、硫酸二钠、碳化硅、消耗臭氧层物质、柠檬酸、摩托车(含全地形车)及其发动机和车架、汽车(包括成套散件)及其底盘等货物的出口单位申领的出口许可证,由省级地方商务主管部门或副省级城市商务主管部门签发。

D. 以陆运方式出口活牛、活猪、活鸡的出口单位申领的出口许可证,由商务部驻广州特派员办事处和驻深圳特派员办事处签发。

E. 药料用人工种植麻黄草出口单位申领的出口许可证,由商务部驻天津特派员办事处签发。

F. 福建省行政区域内天然砂出口单位申领的出口许可证和标准砂出口单位申领的出口许可证,由商务部驻福州特派员办事处签发。海南省行政区域内天然砂出口单位申领的出口许可证,由商务部驻海南特派员办事处签发。福建省和海南省行政区域以外天然砂出口单位申领的出口许可证,由商务部驻广州特派员办事处签发。

(3) 进出口许可证办理程序。

在组织该类进出口认证商品前,经营者应事先向主管部门申领进出口许可证,可通过网上(商务部网站)和书面 [提交进(出)口商品的进(出)口合同复印件、加盖公章的进(出)口许可证申请表、企业首次领证时应出具进出口企业资格证书] 两种形式申领。具体办理程序如下所列。

① 申请。由申领单位或个人(简称"领证人")向发证机关提出书面申请函件。申请的内容包括进出口商品(货物)名称、规格、输往国别地区、数量、单价、总金额、交货期、支付方式(即出口收汇方式)等项目。

② 审核、填表。发证机关收到上述有关申请材料后进行审核。经同意后,由领证人按规定要求填写进出口许可证申请表。

③ 输入计算机。填好的进出口许可证申请表,由申请单位加盖公章后送交发证机关,经审核符合要求的,由发证机关将申请表各项内容输入计算机。

④ 发证。发证机关在申请表送交后的3个工作日内,签发进出口许可证。

为方便企业申领许可证,降低企业经营成本,商务部网站开设了"限制进出口货物的许可证审批"栏目,企业可以直接进入相应栏目进行网上申请。以重点旧机电产品为例,进口许可证申请流程如图4.1所示。

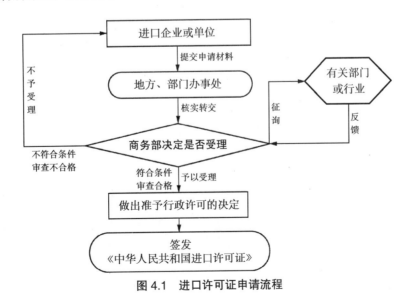

图4.1 进口许可证申请流程

⑤ 进出口许可证网上申领操作请扫左侧二维码知悉。

（4）报关规范。

① 进口许可证有效期1年，当年有效，需跨年度使用时，最长不得超过次年3月31日。

【海关口岸验核监管证件：进出口许可证和自动进口许可证】

② 出口许可证的有效期最迟不得超过6个月，且有效期截止时间不得超过当年12月31日。

③ 不得擅自更改许可证证面内容。

④ 进出口许可证实行"一证一关"，一般情况下实行"一批一证"制度。如要实行"非一批一证"，发证机关在签发许可证时在许可证的备注栏中注明"非一批一证"字样，但最多不超过12次。

⑤ 对于大宗、散装货物，溢装数量不超过进口许可证所列进口数量的5%，其中，原油、成品油溢装数量不超过其进出口许可证所列数量的3%。

3. 自动进口许可证管理

（1）主管部门及发证部门。

自动进口许可证主管部门是商务部。

自动进口许可证发证部门是商务部配额许可证事务局、商务部驻有关地方特派员办事处和受商务部委托的各省、自治区、直辖市、计划单列市、新疆生产建设兵团商务主管部门，以及地方、部门机电产品进出口办公室或法律、行政法规规定的机构。

（2）商品范围。

① 2021年实施自动进口许可管理的商品包括非机电类商品、机电类商品。列入自动进口许可管理货物目录的商品，在办理报关手续的时候，要向海关提交自动进口许可证。

实施自动进口许可管理的商品具体见表4-2。

表4-2 自动进口许可管理商品目录

非机电类商品	牛肉、猪肉及副产品、羊肉、肉鸡、鲜奶、奶粉、木薯、大麦、高粱、大豆、油菜籽、植物油、食糖、玉米酒糟、豆粕、烟草、二醋酸纤维丝束、铜精矿、煤、铁矿石、铝土矿、原油、成品油、氧化铝、化肥、钢材
机电类商品	烟草机械、移动通信产品、卫星广播、电视设备及关键部件、汽车产品、飞机、船舶、游戏机、汽轮机、发动机（非第87章车辆用）及关键部件、水轮机及其他动力装置、化工装置、食品机械、工程机械、造纸及印刷机械、纺织机械、金属冶炼及加工设备、金属加工机床、电气设备、铁路机车、汽车产品、医疗设备

② 免交自动进口许可证的情形。

A. 加工贸易项下进口并复出口的（原油、成品油除外）。

B. 外商投资企业作为投资进口或投资额内生产自用的（旧机电产品除外）。

C. 货样广告品、实验品进口，每批次价值不超过5000元人民币的。

D. 暂时进口的海关监管货物。

E. 国家法律法规规定其他免领自动进口许可证的。

（3）办理程序。

① 进口属于自动进口许可管理的货物，收货人在办理海关报关手续前，应向所在地或相应的发证机构提交自动进口许可证申请，并取得自动进口许可证。

② 自2018年10月15日起，在全国范围内对属于自动进口许可管理的货物实行自动进口许可证件申领和通关作业无纸化。收货人应当先到省级商务主管部门申领用于收货人身份

认证的电子认证证书和电子钥匙,之后使用电子钥匙登录有关系统办理申请。申请时,登录相关网站,进入相关申领系统,按要求如实在线填写自动进口许可证申请表等资料。同时,向发证机构提交有关材料。发证机构自收到符合规定的申请后,应当予以签发自动进口许可证,最多不超过 10 个工作日。

③ 对于已申领的自动进口许可证,如未使用,应当在有效期内交回发证机构,并说明原因。

④ 自动进口许可证如有遗失,应书面报告挂失。原发证机构经核实无不良后果的,予以重新补发。

⑤ 对于自动进口许可证自签发之日起 1 个月后未领证的,发证机构予以收回并撤销。

自动进口许可证申领事项见表 4-3。

表 4-3　自动进口许可证申领事项

申请(领)形式		材料上交时间	申请材料	时 效
自动进口许可证	网上	收货人应先到发证机构申领用于企业身份认证的电子钥匙。申请时,登录网站,填写资料,提交有关材料	从事货物进出口的资格证书、备案登记文件或外商投资批准证书;自动进口许可证申请表;货物进口合同	最多不超过 10 个工作日;对于自动进口许可证签发之日起 1 个月未领证的,发证机构可予以收回并撤销

(4)报关规范。

① 自动进口许可证的有效期为 6 个月,仅限公历年度内有效。

② 原则上实行"一批一证"管理,对部分可实行"非一批一证"管理,在有效期内可以分批次累计报关使用,但累计使用不得超过 6 次。

③ 对于散装货物溢短装数量在货物总量 ±5% 以内予以验放。

④ 对原油、成品油、化肥、钢材的散装货物,溢短装数量在货物总量 ±3% 以内予以验放。

4. 两用物项和技术进出口许可证管理

(1)主管部门及发证部门。

主管部门是商务部。

发证机构是商务部配额许可证事务局和受商务部委托的省级商务主管部门。

(2)管理范围。

《两用物项和技术进出口许可证管理目录》内列明的商品,包括敏感物项,如核、核两用品及相关技术,导弹及相关物项和技术,生物两用品及相关设备和技术,监控化学品等。

(3)办理程序。

自 2021 年 1 月 1 日起,对两用物项和技术进出口许可证申领和通关实行无纸化。进出口相关物项和技术的对外贸易经营者应经主管部门审查批准后,向商务部或受商务部委托的机构申领两用物项和技术进出口许可证电子证件,发证机构收到相关行政主管部门批准文件和相关材料并经核对无误后,应在 3 个工作日内签发两用物项和技术进口或出口许可证。

(4)报关规范。

① 通关程序中可免于提交许可证纸质证件,海关通过联网核查验核许可证电子证件,不再进行纸面签注。

② 当海关对于进出口的货物是否属于两用物项和技术进出口提出疑问,经营者应按规定向主管部门申请进口或出口许可,或向商务主管部门申请办理不属于管制范围的相关证明。

③ 两用物项和技术进口许可证实行"非一批一证"和"一证一关"制。

两用物项和技术出口许可证实行"一批一证"和"一证一关"制。

④ 两用物项和技术进出口许可证有效期一般不超过 1 年，跨年度使用时，在有效期内只能使用到次年 3 月 31 日，逾期发证机构将根据原许可证有效期换发许可证。

5. 废物进口管理

随着中国经济从重速度到重质量的转变，我国对生态环境的保护显得愈加重要。党的二十大报告提出，必须牢固树立和践行绿水青山就是金山银山的理念，明确"五位一体"总体布局，建设人与自然和谐共生的美丽中国，到 2035 年，美丽中国目标基本实现。

2022 年，生态环境部、商务部、国家发展和改革委员会、海关总署发布《关于全面禁止进口固体废物有关事项的公告》，自 2022 年 1 月 1 日起施行。该公告明确，禁止以任何方式进口固体废物；禁止我国境外的固体废物进境倾倒、堆放、处置。这标志着从过去的限制固废进口到 2022 年起全面禁止固废进口，一步步地贯彻和落实着国家逐步实现固体废物零进口的宏观目标，充分表明了我们党加强生态文明建设、建设美丽中国的坚定意志和坚强决心。

生态环境部停止受理和审批限制进口类可用作原料的固体废物进口许可证的申请；2022 年已发放的许可证，应在证书载明的 2022 年有效期内使用，逾期自行失效。

6. 濒危野生动植物种进出口管理

（1）主管部门及发证部门。

国家濒管办及北京、天津、上海、成都、福州、广州 6 个办事处可以签发《中华人民共和国濒危野生动植物种国际贸易公约允许进出口证明书》（简称"公约证明"）和《中华人民共和国濒危物种进出口管理办公室野生动植物允许进出口证明书》（简称"非公约证明"）。

（2）非公约证明管理范围及报关规范。

① 管理范围。非公约证明是用来证明对外贸易经营者经营列入《进出口野生动植物种商品目录》中属于我国自主规定管理的野生动植物及其产品合法进出口的证明文件，是海关验放该类货物的重要依据。

② 报关规范。无论以何种方式进出口列入上述目录的野生动植物及其产品，均须事先申领非公约证明。非公约证明实行"一批一证"制度。

（3）公约证明管理范围及报关规范。

① 管理范围。公约证明是用来证明对外贸易经营者经营列入属于《濒危野生动植物种国际贸易公约》成员方应履行保护义务的物种合法进出口的证明文件。

② 报关规范。无论以何种方式进出口列入上述管理范围的野生动植物及其产品，均须事先申领公约证明。公约证明实行"一批一证"制度。

（4）物种证明管理范围及报关规范。

① 管理范围。物种证明适用于未列入《进出口野生动植物种商品目录》的动植物物种的进出口，以及列入该目录的非《濒危野生动植物种国际贸易公约》附录植物物种的进口。

② 报关规范。

A. 一次使用的。有效期自签发之日起不得超过 6 个月。

B. 多次使用的。只适用同一物种、同一货物类型、同一报关口岸多次进出口的野生动植物，有效期截至发证当年 12 月 31 日。持证者须于 1 月 31 日之前将上一年度使用多次物种证明进出口有关野生动植物标本的情况汇总上报发证机关。

C. 需按物种证明规定范围进出口野生动植物，超越许可范围的申报行为，海关不予受理。

7. 进出口药品管理

（1）主管部门及发证部门。

进出口药品管理的主要部门是国家药品监督管理局。

（2）管理范围。

进出口药品实行分类和目录管理，进出口药品从管理角度可分为进出口麻醉药品、进出口精神药品、进出口兴奋剂及进口一般药品。

（3）报关规范。

① 麻醉药品和精神药品进出口管理范围及报关规范。《麻醉药品和精神药品品种目录》所列药品进出口时，货物所有人或其合法代理人在办理进出口报关手续前，均须取得国家药品监督管理局核发的麻醉精神药品进出口准许证。进口准许证和出口准许证实行"一证一关""一批一证"制度，进口准许证的有效期是1年，可以跨自然年使用。出口准许证的有效期是3个月，不得跨自然年使用。

② 兴奋剂进出口管理范围及报关范围。国家药品监督管理局及其授权发证机关依法对列入兴奋剂目录的蛋白同化制剂、肽类激素等供医疗使用及教学、科研需要的兴奋剂实施进出口准许证管理，签发药品进出口准许证。药品进出口准许证实行"一证一关"管理，只能在有效期内一次性使用，证面内容不得更改。

③ 一般药品进口管理范围及报关规范。国家对一般药品进口管理实行目录管理。国家药品监督管理局授权的口岸药品检验所以签发进口药品通关单的形式对列入目录管理的药品实行进口限制管理。向海关申报进口列入《进口药品目录》中的药品，应向海关提交进口药品通关单。进口药品通关单仅限在该单注明的口岸海关使用，并实行"一批一证"制度。一般药品出口目前暂无特殊规定。

> **知识拓展**
>
> **药品进口指定口岸管理**
>
> 我国目前只有19个口岸可以进口药品，即北京、天津、上海、大连、青岛、成都、武汉、重庆、厦门、南京、杭州、宁波、福州、广州、深圳、珠海、海口、西安、南宁。

8. 密码产品和含有密码技术的设备进口许可证管理

国家对密码产品和含有密码技术的设备实行限制进口管理。国家密码管理局会同海关总署公布了《密码产品和含有密码技术的设备进口管理目录》，以签发密码进口许可证的形式，对该类产品实施进口限制管理。

（1）管理范围。

列入目录内及虽暂未列入目录但含有密码技术的进口商品。

2021年列入目录内的6类商品包括加密传真机、加密电话机、加密路由器、非光通信加密以太网络交换机、密码机、密码卡。

（2）报关规范。

在组织进口前应事先向国家密码管理局申领密码进口许可证。

免于提交密码进口许可证的情形有：加工贸易项下为复出口而进口的；由海关监管，暂时进口后复出口的；从境外进入特殊监管区域和保税监管场所的；特殊区域保税监管场所之间进出的。

从海关特殊监管区域、保税监管场所进入境内地区，需交验密码进口许可证。

进口单位知道或应当知道其所进口商品含有密码技术，但暂未列入目录的，也应当申领密码进口许可证。

在进口环节发现应当提交而未提交密码进口许可证的，海关按有关规定进行处理。

9. 美术品进出口管理

为加强对美术品进出口经营活动、商业性美术品展览活动的管理，促进中外文化交流，丰富人民群众文化生活，国家对美术品进出口实施监督管理。文化和旅游部负责美术品进出口经营活动的审批管理，海关负责对美术品进出境环节进行监管。

美术品进出口管理是我国进出口许可管理制度的重要组成部分，属于国家限制进出口管理范畴。文化和旅游部委托美术品进出口口岸所在地省、自治区、直辖市文化行政部门负责本辖区美术品的进出口审批。文化和旅游部对各省、自治区、直辖市文化行政部门的审批行为进行监督、指导，并依法承担审批行为的法律责任。美术品进出口单位应当在美术品进出口前，向美术品进出口口岸所在地省、自治区、直辖市文化行政部门申领进出口批件，凭此向海关办理通关手续。

（1）管理范围。

① 艺术创作者以线条、色彩或其他方式，经艺术创作者以原创方式创作的具有审美意义的造型艺术作品，包括绘画、书法、雕塑、摄影等作品，以及艺术创作者许可并签名的，数量在200件以内的复制品。

② 批量临摹的作品、工业化批量生产的美术品、手工艺品、工艺美术产品、木雕、石雕、根雕、文物等均不纳入美术品进行管理。

③ 我国禁止进出境含有下列内容的美术品：违反宪法确定的基本原则的；危害国家统一、主权和领土完整的；泄露国家秘密、危害国家安全或损害国家荣誉和利益的；煽动民族仇恨、民族歧视，破坏民族团结，或侵害民族风俗习惯的；宣扬或传播邪教迷信的；扰乱社会秩序，破坏社会稳定的；宣扬或传播淫秽、色情、赌博、暴力、恐怖或教唆犯罪的；侮辱或者诽谤他人，侵害他人合法权益的；蓄意篡改历史、严重歪曲历史的；危害社会公德或有损民族优秀文化传统的；我国法律、行政法规和国家规定禁止的其他内容的。

（2）办理程序。

我国对美术品进出口实行专营，经营美术品进出口的企业必须是在商务部门备案登记，取得进出口资质的企业。美术品进出口单位应当在美术品进出口前，向美术品进出口口岸所在地省、自治区、直辖市文化行政部门提出申请，并报送以下材料。

① 美术品进出口单位的企业法人营业执照、对外贸易经营者备案登记表。

② 进出口美术品的来源、目的地、用途。

③ 艺术创作者名单、美术品图录和介绍。

④ 审批部门要求提供的其他材料。

文化行政部门应当自受理申请之日起15日内作出决定。批准的，发给批准文件，批准文件中应附美术品详细清单。申请单位持批准文件到海关办理手续。不批准的，文化行政部门书面通知申请人并说明理由。

（3）报关规范。

① 向海关申报进出口管理范围内的美术品，报关单位应主动向海关提交有效的进出口批准文件及其他有关单据。

② 美术品进出口单位向海关递交的批准文件不得擅自更改。如有更改，应当及时将变更事项向审批部门申报，经审批部门批准确认后，方可变更。

③ 文化行政部门的批准文件，不得伪造、涂改、出租、出借、出售或以其他任何形式转让。

④ 同一批已经批准进口或出口的美术品复出口或复进口，进出口单位可持原批准文件正本到原进口或出口口岸海关办理相关手续，文化行政部门不再重复审批。上述复出口或复进口的美术品如与原批准内容不符，进出口单位则应当到文化行政部门重新办理审批手续。

技能训练和巩固

（1）请以华田公司报关人员的身份绘制各类外贸管制证件使用一览表（表4-4）。

表4-4　各类外贸管制证件使用一览表

序　号	证件名称	适用范围	发证部门	报关规范

（2）请到许可证事务局查找各类许可证件申领的培训手册，制作培训PPT，并以华田公司报关主管的身份在公司内部做一次讲座培训。

（3）国家有关法规明令禁止进口"带有违反一个中国原则内容的货物及其包装"，请结合党的二十大报告中提出的"坚定不移推进祖国统一大业"的精神，结合实际案例，谈谈这条规定的重要意义。

任务3　查找商品编码

【任务目标】

根据任务导入的案例背景完成相关商品编码的查找，为填制报关单作准备。

【操作分析】

接上例，在判断氨纶纱线和全棉衬衫无须申领外贸管制证件后，报关人员小王和小李的下一步工作就是填制进出口报关单并准备其他的报关单证。在填制进出口报关单前，小王和小李首先要确定各自负责的货物的商品编码。

小王和小李拿出《中华人民共和国海关进出口税则》（简称《税则》），开始查找商品编码。

1. 氨纶纱线编码的查找

首先，小王根据自己的经验，判断氨纶纱线属于第十一类，即纺织原料及纺织制品；其次，这一类共有14章（第50～63章），细心的小王还快速浏览了类注、章注，看看有无排他性条款的规定，确定没有排他性条款后小王接着判定氨纶纱线属于54章（化学纤维长丝）；再次，小王查找第54章的品目条文，确认氨纶纱线属于合成纤维长丝纱线，由此确定编码前4个数字为5402；最后，小王在5402这一品目下依次确定一级、二级、三级和四级子目，确认氨纶纱线的商品编码5402.6920。

2. 男士全棉衬衫编码的查找

小李也采用相似的方法,即先确定商品所属的类、章,再查阅类注和章注看看有无排他性条款,然后查阅相应章中的品目条文和品目注释,之后依次确定一级、二级、三级和四级子目,最后查出来男士全棉衬衫的编码为 6205.2000。

【知识链接】

要完成以上任务,需要掌握《商品名称及编码协调制度》(简称《协调制度》)的相关知识。

一、《协调制度》的知识

1.《协调制度》的产生和发展

《协调制度》也称 HS 编码制度,是当今国际贸易中用途最广泛、应用国家(地区)最多、最完整的国际贸易商品分类体系。

HS 编码于 1988 年 1 月 1 日正式生效,经过两年的过渡期,于 1990 年 1 月 1 日起全面实施。现在世界上有 100 多个国家(地区)以其作为编制本国税则的基础。我国海关于 1992 年 1 月 1 日开始以 HS 编码为基础编制《税则》。

世界海关组织(World Customs Organization,WCO)每五年会对《协调制度》进行一次大范围的修订,以满足新生事物的发展需要。中国作为《商品名称及编码协调制度的国际公约》的缔约国之一,在 WCO 调整《协调制度》之后,也相应地需要进行新增(删减)或调整部分商品的 HS 编码、税目等。自 1992 年 1 月 1 日起,我国正式采用《协调制度》后,分别按时实施了 1992 版、1996 版、2002 版、2007 版、2012 版、2017 版、2022 版《协调制度》。

2.《协调制度》的结构、内容及编排规律

(1)《协调制度》的结构与内容。

《协调制度》主要由税(品)目和子目构成,前四位为税(品)号,第五位开始为子目号。为了避免各税(品)目和子目所列商品发生交叉归类,在许多类、章下有类注、章注和子目注释,设在类、章之首,是解释类、章、税(品)目、子目的文字说明。《协调制度》设有归类总规则,作为指导整个分类目录商品归类的总原则。

《协调制度》将国际贸易涉及的各种商品按照生产部类、自然属性和不同功能用途等分为 21 类、97 章,其内容结构安排如下所述。

第一类:活动物;动物产品(第 1~5 章)。

第二类:植物产品(第 6~14 章)。

第三类:动植物或微生物油、脂及其分解产品;精制的食用油脂;动植物蜡(第 15 章)。

第四类:食品、饮料、酒及醋;烟草、烟草及烟草代用品的制品;非经燃烧吸用的产品,不论是否含有尼古丁;其他供人体摄入尼古丁的含尼古丁的产品(第 16~24 章)。

第五类:矿产品(第 25~27 章)。

第六类:化学工业及相关工业的产品(第 28~38 章)。

第七类:塑料及其制品;橡胶及其制品(第 39、40 章)。

第八类:生皮、皮革、毛皮及其制品;鞍具及挽具;旅行用品及类似容器;动物肠线(蚕胶丝除外)制品(第 41~43 章)。

第九类：木及木制品；木炭；软木及软木制品；稻草、秸秆、针茅或其他编结材料制品；栏筐及柳条制品（第44～46章）。

第十类：木浆及其他纤维状纤维素浆；回收（废碎）纸和纸板；纸、纸板及其制品（第47～49章）。

第十一类：纺织原料及纺织制品（第50～63章）。

第十二类：鞋、帽；伞、杖、鞭及其零件；已加工过的羽毛及其制品；人造花；人发制品（第64～67章）。

第十三类：石料、石膏、水泥、石棉及类似材料的制品；陶瓷产品；玻璃及其制品（第68～70章）。

第十四类：天然或养殖珍珠，宝石或半宝石，贵金属，包贵金属及其制品；仿首饰；硬币（第71章）。

第十五类：贱金属及其制品（第72～83章）。

第十六类：机器、机械器具；电气设备及其零件；录音机及放声机、电视图像、声音的录制和重放设备及其零件、附件（第84、85章）。

第十七类：车辆、航空器、船舶及有关运输设备（第86～89章）。

第十八类：光学、照相、电影、计量、检验、医疗或外科用仪器及设备、精密仪器及设备；钟表；乐器；上述物件的零件、附件（第90～92章）。

第十九类：武器、弹药及其零件、附件（第93章）。

第二十类：杂项制品（第94～96章）。

第二十一类：艺术品、收藏品及古物（第97章）。

《协调制度》的前6位数是HS国际标准编码。由于商品种类和性质的复杂性，HS不可能穷尽所有的商品分类，所以HS规定了"6位码以上的海关编码及对应商品由各国自定"的兜底条款。我国采用的《协调制度》分类目录，前6位数是HS国际标准编码，第7、8位是根据我国关税、统计和贸易管理的需要加列的本国子目；同时，还根据代征税、暂定税率和贸易管制的需要对部分税号增设了第9、10位附加代码。

（2）《协调制度》的编排规律。

《协调制度》所列商品名称的分类和编排是有一定规律的。

从类来看，它基本上按社会生产的分工分类，将属于同一生产部类的商品归在同一类，如农业产品在第一类、第二类；化学工业产品在第六类；冶金工业产品在第十五类；机电产品在第十六类；等等。

从章来看，基本上按照商品的自然属性或用途（功能）来划分的。第1～83章（第64～66章除外）基本上是按照自然属性来划分的，而每章的前后顺序是按照动物、植物、矿物质和先天然后人造的顺序排列的。例如，第1～5章是活动物和产品；第6～14章是活植物和植物产品；第25～27章是矿产品。又如，第十一类包括动、植物和化学纤维的纺织品原料及其产品。商品之所以按自然属性分类，是因为其种类、成分或原材料比较容易区分，也是因为商品价值的高低往往取决于商品本身的原材料。再如，第64～66章和第84～97章是按照用途或功能来划分的。商品之所以按功能和用途来分，一是因为这些商品往往由多种材料构成，难以将这些物品作为某一种材料制成的物品来分类；二是因为商品的价值主要体现在生产该物品的社会必要劳动时间，如一台机器，其价值主要看生产这台机器所耗费的社会必要劳动时间，而不是机器用了多少贱金属。

> **知识拓展**
>
> **2022版《协调制度》修订解读**
>
> 2022版《协调制度》的修订内容主要涉及《联合国禁毒公约》《鹿特丹公约》《巴塞尔公约》等国际公约涉及产品,以及因科技发展和国际贸易中比较重要的、未单独列名的产品。主要修订方式包括标题、条文修改,对注释(包括类注、章注、子目注释)、品目、子目进行新增、删除或修改等。新版共有351组修订,修订后的《协调制度》共有6位数子目5609个,较2017年版增加了222个。修订较多的类目为:第十六类(机电产品)修订52组、第六类(化工品)修订47组、第一类(动物产品)、第九类(木及木制品)均为31组。
>
> 自实施《协调制度》以来,中国海关参加了WCO归类技术委员会的历次会议,积极参与国际交流与合作,从最初的完全被动接受WCO的归类决议,到现在逐步掌握游戏规则,在充分尊重《协调制度》原则的基础上积极争取有利于本国经济利益的商品归类结论,正以一个大国海关的姿态在《协调制度》的国际舞台上发挥越来越重要的作用。在本轮修订中,中国海关45组提案及修订意见获采纳,创历史新高。其中,"玻璃车窗""通信天线""无人机""不锈钢真空保温容器"等被列入新版《协调制度》,解决归类争议,助力我国优势产品走出去。同时,为明确"微生物油脂""3D打印机""集成电路检测设备"等产品归类提供的"中国方案"获得通过,并将北斗导航系统等中国元素及"单板层积材"国家标准纳入《协调制度注释》。

二、商品编码查找基本方法

在查找商品的过程中,一定要首先确定它的类,其次是章,最后确定它的一级子目、二级子目,以此类推。商品的8位数编码(如0105.9994)前两位表示商品所在章(01指的是第一章),第三、四位表示商品在该章的排列顺序号,第五位表示的是一级子目,第六位表示二级子目,以此类推。

在商品名称前面都有横杠,"—"表示一级子目;"— —"表示二级子目;"— — —"表示三级子目;"— — — —"表示四级子目。

(1)商品编码查找方法。

① 确定所给出的商品名称的中心词,判断所归入的类、章(21类、97章)。

② 查阅类注、章注,尤其关注其中的排他性条款、定义性条款和优先性条款。

③ 查阅相应章中品目条文和注释,如可见该商品则确定品目。接下来确定一级子目,有二级子目则继续往下查,依次确定二、三、四级子目。

④ 如无规定则运用归类总规则来确定品目。

(2)举例:重量为1kg的活火鸡(供食用),其编码查找过程。

第一步,找到所在的类、章。火鸡是活动物,归第一类第一章。

第二步,查阅第一类的类注和第一章的章注,不属于本章不包括的情形,因此可归入第一章。

第三步,查阅第一章4位数品目条文。活火鸡属于家禽类,在0105就可以找到家禽。

第四步,进一步确定它的8位数编码,0105.9994。

三、《协调制度》归类总规则

归类总规则是《协调制度》中所规定的最为基本的商品归类规则,规定了6条基本规则。

1. 规则一

具体条文:类、章及分章的标题,仅为查找方便而设。具有法律效力的归类,应按税(品)目条文和有关类注或章注确定,如税(品)目、类注或章注无其他规定,按以下规则确定。

规则一解决的是类、章、分章的标题，对商品归类没有法律效力，而对商品归类有法律效力的注释，首先是税（品）目条文（子目注释），其次是章注及类注。

例如，第一类的标题是"活动物；动物产品"，按标题它应包括所有的活动物、动物产品，但第一类中不包括税（品）目9508中流动马戏团及流动动物园或其他类似巡回展出用的活动物，也不包括第八类中的生皮、毛皮、第十一类的蚕丝、羊毛、动物细毛或粗毛，第十四类中的天然养殖珍珠。

2. 规则二

规则二（一）具体条文：税（品）目所列货品，应视为包括该项商品的不完整品，只要在进口或出口时该不完整品或未制成品具有完整品或制成品的基本特征；还应视为包括该项货品的完整品或制成品（或按本款可作为完整品或制成品归类的货品）在进口或出口时的未组装件或拆散件。

税（品）目条文不仅仅限于税（品）目条文本身，还应扩大到以下内容。

（1）不完整品（缺少某些部分，不完整）。例如，缺少轮子的轿车。

（2）未制成品（尚未完全制成，需进一步加工才成为制成品）。例如，做手套用已剪成手套形状的针织棉布归入6116.9200。

（3）未组装件或拆散件（尚未组装或已拆散）通过简单组装即可装配起来。例如，多功位组合机床归入8457.3000。

规则二（二）具体条文：税（品）目中所列材料或物质，应视为包括该种材料或物质与其他材料或物质混合组合的物品，税（品）目所列某种材料或物质构成的货品，应视为包括全部或部分由该种材料或物质的货品，由一种以上材料或物质构成的货品，应按规则三归类。

依据规则二（二），规定税（品）目所列材料或物质，还应该扩大到该材料或物质中可以加入其他材料或物质；但条件是加入材料或物质并不改变原来材料或物质或其所构成货品的基本特征。例如，4503是天然软木制品，对于外边包纱布的热水瓶塞子，虽然包了纱布，但是并没有改变这个瓶塞的基本特征，因此还是归入4503.1000的品目。

3. 规则三

当货品按规则二（二）或由于其他原因看起来可归入两个或两个以上税（品）目时，应按以下规则归类。

（1）规则三（一）具体条文：列名比较具体的税（品）目，优先于列名一般的税（品）目。但是，如果两个或两个以上税（品）目都仅述及混合或组合货品所含的某部分材料或物质，或零售的成套货品中的某些货品，即使其中某个税（品）目对该货品描述得更为全面、详细，这些货品在有关品目的列名应视为同样具体。

规则三（一）可概括为，具体列名优先于一般列名（简称"具体列名原则"）。

一般来说，列出品名的比列出类名更为具体，例如，塑料碗就比塑料制品更为具体；又如，汽车用电动刮雨器比汽车零件更为具体。

（2）规则三（二）具体条文：混合物、不同材料构成或不同部件组成的组合物及零售的成套货品，如果不能按照规则三（一）归类时，在本款可适用的条件下，应按构成货品基本特征的材料或部件归类。

规则三（二）可概括为"基本特征原则"。

例如，"碗装的方便面，由面饼、调味包、塑料小叉构成"，在这个商品中，就属于混合物，由于面饼构成了这个商品的基本特征，所以应该按面饼归类。

适用于规则三（二）的4种情况：混合物、不同材料的组合物品、不同部件的组合物品、零售的成套物品。

规则三（二）"零售成套货品"，必须同时具备3个条件：零售包装；由归入不同税（品）目号的货品组成；用途上相互补充、配合。

又如，一个成套的理发工具，由一个电动理发推子［税（品）目号为8510］、一把梳子［税（品）目号为9615］、一把剪子［税（品）目号为8213］、一把刷子［税（品）目号为9603］及一条毛巾［税（品）目号为6302］，装于一个皮匣子［税（品）目号为4202］组成，按照本规则该货品应该归入税（品）目号8510。

（3）规则三（三）具体条文：货品不能按照规则三（一）（二）归类时，应按号列顺序归入其可归入的最后一个税（品）目。

规则三（三）可概括为"从后归类"原则。

例如，"由200g奶糖和200g巧克力糖果混合而成的一袋400g的糖果"，由于其中奶糖和巧克力糖果的含量相等，"基本特征"无法确定，所以应从后归类，奶糖是归入税（品）目1704，巧克力糖果是归入税（品）目1806，那么就归入后一个税（品）目1806。

在规则三里面一共有3个条款，需要注意是：只有规则三（一）和规则三（二）都不能用的时候才用规则三（三）；在运用规则三时，必须按其中（一）（二）（三）款的顺序逐条运用。

4. 规则四

具体条文：根据上述规则无法归类的货品，应归入与其最相类似的货品的税（品）目。

对某个未列名的商品（无论是一种还是多种材料混合制作），根据上述规则无法归类的，按此商品的类似品的编码归类。

例如，手推购物车。

（1）可归入第87章车辆。

（2）由于此章注释并无相关解释，所以查阅税（品）目标题。

（3）可归入非机械驱动车辆8716。

（4）此目录中又没有具体列名。

因此，"手推购物车"归入"其他车辆"8716.8000。

5. 规则五

除了上述规则，本规则适用于下列货品的归类。

（1）规则五（一）具体条文：制成特殊形状仅适用于盛装某个或某套物品并适合长期使用的照相机套、乐器盒、枪套仪器、绘图仪器盒、项链盒及类似容器，如果与所装物品同时进口或出口，并通常与所装物品一同出售的，应与所装物品一并归类。但本款不适用于本身构成整个货品基本特征的容器。

例如，装有金首饰的木制首饰盒归入税（品）目7113，其品目条文是"贵金属或包贵金属制的首饰及其零件"，即首饰盒与所装首饰一并归类。

但本款规则不适用于已构成了物品基本特征的容器。

又如，装有茶叶的银制茶叶罐，银罐本身价值昂贵，已构成了整个货品的基本特征，应按银制品归入税（品）目号7114，而不是和茶叶一并归类。

（2）规则五（二）具体条文：除了规则五（一）的规定，与所装货品同时进口或出口的包装材料或包装容器，如果通常是用来包装这类货品的，应与所装货品一并归类。但明显可重复使用的包装材料和包装容器不受本款限制。

规则五（二）实际上是对规则五（一）的补充，它适合于明显不能重复使用的包装材料和包装容器，当货物开拆后，包装材料和容器一般不能再作原用途使用。例如，包装大型机械的木板箱，装着玻璃器皿的纸板箱等。但本款不适用于明显可重复使用的包装材料或包装容器，如装压缩或液化气体的钢铁容器。

6. 规则六

具体条文：货品在某一税（品）目项下各子目的法定归类，应按子目条文或有关的子目注释及以上各条规则来确定，但子目的比较只能在同一数级上进行。除《协调制度》另有规定的，有关的类注、章注都适用于本规则。

规则六包括以下两层含义。

（1）子目归类首先按子目条文和子目注释确定，在子目条文和子目注释没有规定的情况下，才按类注、章注的规定进行归类。例如，第71章注释四（二）和子目注释所包含的范围不同，前者比后者范围大，在解释子目7110.11和7110.19的"铂"的范围时，应采用子目注释二的规定而不是章注四（二）的规定。

（2）比较哪个子目描述得更为详细具体时，只能在同一级子目上相互比较，不能在不同级别的子目上比较。

例如，中华绒螯蟹种苗。

先确定一级子目：活、鲜或冷的

再确定二级子目：蟹

最后确定三级子目：种苗、其他

因此，"中华绒螯蟹种苗"应归入"种苗"三级子目0306.3310，而不能归入"其他"里面的四级子目中华绒螯蟹0306.3391。

四、"商品归类方法"举例详解

1. 列名优先原则：有列名归列名

根据《归类总规则》规则三（一）所示，列名比较具体的税（品）目，优先于列名一般的税（品）目，即本节所称的列名优先的原则。列名优先原则是进出口商品归类的第一原则，也是首选的归类方法。

因此，在进行商品归类时，首先要根据所归类商品的特征，如商品的主要成分、加工方式、规格、用途、等级、包装方式、功能作用等进行综合分析，再根据分析结果找出其相适合的税（品）目，最后以"列名优先"的原则进行归类。

例如，纯棉妇女用针织紧身胸衣归类步骤如下所列。

（1）商品分析。

成分：纯棉

用途：妇女用

加工方式：针织

品名：紧身胸衣

（2）品目归类。根据对成分及加工方式的分析，可能会将该项商品归入第61章：针织或钩编的服装及衣着附件。但仔细阅读第61章注释二（一），可以发现本章不包括62.12税（品）目的商品。62.12税（品）目条文：胸罩、束腰带、紧身胸衣、吊裤带、吊袜带……因此，可以初步将"紧身胸衣"归入62.12税（品）目。

（3）方法适用。根据"列名优先"的原则，查看 62.12 税（品）目中所包含的子目 6212.3090，可以看出，该税号符合所需归类商品的特定意义。

因此，"纯棉妇女用针织紧身胸衣"应归入税号 6212.3090。

2. 没有列名归用途

没有列名是指所需归类商品的描述不能与《税则》中税（品）目、子目条文列名的内容相吻合。在这种情况下，应将归类方法顺序转为第二种方法——按用途归类的方法，即按照该商品的主要用途进行归类。该归类方法应从对商品的用途分析入手，使之产生《税则》所认可的描述。

这种方法特别适用于所归类商品已构成商品的基本特征的各类商品，如动植物类、机器、电气、仪器仪表类。例如，第 1 章：活动物，如归类的商品是马戏团表演用的马，分析商品得知，虽然马戏团的马肯定是活动物，理该归入第 1 章，但由于第 1 章所述马的用途仅限定在种用或食用、服役马，而马戏团的马其用途在于表演，所以不能将该种活动物——马戏团的马归入第 1 章，而应根据其章注归入第 95 章，税号 9508.1000。

例如，盥洗用醋（美容盥洗用，带香味）归类步骤如下所列。

（1）商品分析。

成分：醋、香味剂

用途：盥洗用

（2）品目归类。根据成分和用途，该种醋可能会被归入税号 2209.0000，其为醋及用醋制得的醋代用品。根据《进出口税则商品及品目注释》，醋及其代用品可用于食物的调味和腌制，也可用调味香料增加香味，同时注明"本品目不包括品目 33.04 的'盥洗用醋'"。显然，其应当归入品目 33.04。

（3）方法适用。查阅品目 33.04 条文，并没有具体的"盥洗用醋"列名。此时，应当按照没有列名归用途的方法进行归类。根据该商品最大的用途特征为"盥洗用"，也就是保护皮肤用，将其归入"护肤品"，即税号 3304.9900。

3. 没有用途归成分

成分一般是指化合物或组合物中所含有物质（元素或化合物）的种类。没有用途归成分的归类方法是指某种商品既没有具体列名，用途特征也不明显时，应按其主要"成分"归类。也就是要按《归类总规则》二（二）、三（二）所示规则进行归类，并且应当按照"列名""用途""成分"归类方法的先后次序归类。

（1）在实际操作中，可以按照成分归类的商品基本分为两大类。

① 由某种材料制成的商品。

如针叶木制、阔叶木制、钢铁制、铝制、铜制、塑料制、纸制、化学纤维制、天然动物纤维制、天然植物纤维制等，对于这一类的商品，应当理解为完全由该类物质加工而成；或以该类物质占有绝对比例的物质构成，如木制门窗、钢铁制螺母、塑料制螺母、铝制牛奶桶、化纤制香烟过滤嘴等。

② 按重量计含某种材料与其他材料混合的制成品。举例如下。

A. 女式针织毛衣（按重量计，含羊毛 70%、兔毛 20%、腈纶 10%）。

B. 含铅 99.9%、含银 0.01%、含其他金属 0.09% 的精炼铝。

C. 按重量计含棉 90%、含化学短纤维 10% 的棉纱线。

但是，在运用该方法归类时，不可打乱"列名""用途""成分"三者的先后次序，而应按序使用。也就是在"列名""用途"的归类方法无法找到商品编码时，才能使用按"成分"的方法归类,而不可将按"成分"的归类方法,优先于其他两种方法使用。例如,塑料制中国象棋,若未按先后次序选择使用归类方法,而优先选择按材料归类,即会产生错误的商品归类,误将其归入第 39 章——塑料制品。正确方法应按"列名优先"的原则,将其归入税号 9504.9030。又如,不锈钢制外科手术用锯,经对其分析得知,该商品的最大特征是外科手术时所使用的锯。其虽然从结构上与普通钳工所使用的锯相同,但从其加工工艺材料的选择上又不同于普通钳工锯。若按第一顺序,"列名优先"的原则进行选择时,很可能会归入税号 8202.1000。但是,税号 8202.1000 条文显示的是"金属制的手工锯",与需要归类的商品不相吻合。若按第三顺序,"归成分"的方法进行选择时,仍会将其错误归入税号 8202.1000;若按第二顺序,"归用途"的方法进行选择时,会将其正确归入税号 9018.9099。从而可知,简易商品归类方法的适用,必须按照"列名""用途""成分"的先后顺序进行,千万不可颠倒;否则,将无法产生正确的归类,也就是无法产生子目条文与商品归类相吻合的语言。

(2)一次性纸制厨师帽归类步骤。

① 商品分析。

成分:纸

特征:一次性使用

品目:厨师帽

② 品目归类。通过对商品的分析得知,该项商品是由纸制成的,并且是供厨师一次性使用的专用帽子。通过《税则》得知,《税则》中包含各种帽类的章分别是:第 48 章的"纸制衣着附件"、第 63 章的"旧帽类"、第 68 章的"石棉制的帽类"及第 95 章的"玩偶帽类或狂欢节用的帽类"。"一次性纸制厨师帽"在以上各章均无具体列名,所以不能依第一顺序"列名优先"的方法归类。依次按第二顺序"按用途"归类。由于该商品的用途特征仅为"厨师用的帽子",虽然已经显示出该商品的专用性特征,但其中缺少"成分"内容,所以并未完全表达出需要归类的商品全部定义。再依次按第三顺序"按成分"归类。该商品的成分为纸,根据"一次性纸制厨师帽"的特定含义可知,该帽子应该是与厨师的职业服装同时使用的,因此,应将其归入纸制的衣着附件类。在第 48 章中查找与之相适应的品目,即税(品)目 48.18:衣服及衣着附件。因此,"一次性纸制厨师帽"应该归入该品目。

③ 方法适用。根据"列名""用途""成分"的先后顺序,"一次性纸制厨师帽"应该以其成分归类,归入纸制品类。查找品目 48.18,归入税号 4818.5000。

技能训练和巩固

请以华田公司报关人员的身份完成下列商品的归类。

(1)粮油食品类。燕麦片,大豆粉,人造黄油,食用调和油(豆油 70%、菜油 20%、棕榈油 10%),食品罐头(牛肉 15%、茄子 55%、鱼块 25%、猪肉 5%),雀巢咖啡,啤酒,未加糖的可可粉,猪肉松,马铃薯淀粉。

(2)矿产品类。锰精矿、辰砂、高岭土、润滑油、白水泥、云母片、药材用琥珀、无烟煤、食用盐。

(3)机电产品类。立式数控机床、多头自动绣花机、静电纺纱机、塑料注塑机、真空吸尘器、纸浆干燥器、轿车空调用压缩机、激光打印机、制燕麦片机、面包房用烤炉。

(4)纺织类。混纺漂白纱线(60% 棉、30% 亚麻、30% 苎麻),凡立丁,聚氯乙烯涂布织物后制成的成匹人造革,套头羊毛衫,全棉制针织婴儿服装,棉制男士 T 恤,棉条,山羊绒原料,涤纶长丝丝束,宽 4mm 的丙纶长扁条。

任务 4　准备申报单证及申报

【任务目标】

根据任务导入的案例背景完成进出口报关单的填制,并准备全套报关单证进行申报。

【操作分析】

接上例,报关人员小王和小李下一步就是准备全套报关单证进行申报。小王要准备的全套报关单证包括进口报关单、商业发票、装箱单、进口提货单据。小李要准备的全套报关单据包括出口报关单、商业发票、装箱单、出口装货单据。除了进出口报关单,其他的单证已准备好,因此,小王和小李下一步的工作就是填制进出口报关单,并进行电子申报。

1. 进口报关单的填报

以下是本票氨纶纱线进口的发票、提单和箱单,小王以这3张单据为基础填制进口报关单。

【单据1】发票

COMMERCIAL INVOICE

Seller: SINGAPORE INTERNATIONAL TRADE CO. ××SOUTH××TH STREET		Invoice No. and Date: EX80320 5th JAN. 2021 L/C No. and Date:		
Consignee: NINGBO HUATIAN INTERNATIONAL TRADE CO. ××ZHONGSHAN RD.HAISHU NINGBO,CHINA		Buyer: AS PER CONSIGNEE		
Departure Date: ETD:1th SEP. 2021		Terms of Deliver and Payment: T/T NINGBO T/T 60 DAYS FROM B/L DATE		
Vessel:××'s 229		Other Reference: CONTRACT NO. SPEC/KCC803-01		
From:SINGAPORE　　To:NINGBO				
Shipping Marks	Goods Description	Quantity	Unit Price	Amount
N/M	Spandex Yarns, Not for Retail Sale Origin:SINGAPORE (计量单位:千克)	5,000KGS	USD6.546 FOB SINGAPORE	USD32,730

【单据 2】提单

BILL OF LADING

Shipper： SINGAPORE INTERNATIONAL TRADE CO. ××SOUTH ××TH STREET	B/L No.：MISC200000537	
Consignee of Order： NINGBO HUATIAN INTERNATIONAL TRADE CO. ××ZHONGSHAN RD.HAISHU NINGBO，CHINA	Carrier： AMERICAN PRESIDENT LINES	
Notify Party/Address： SAME AS CONSIGNEE	Place of Receipt： SINGAPORE CY	
Vessel and Voy No.：××'s 229	Place of Delivery： NINGBO CY	
Port of Loading：SINGAPORE		
Port of Transhipment：	Port of Discharge：NINGBO	
Marks & Nos.	Number & Kind of Packages	Description of Goods	Gross Weight	Measurement
N/M	TOTAL PACKED IN 250 CARTONS	Spandex Yarns，Not for Retail Sale	5,020KGS	

【单据 3】装箱单

PACKING LIST

Seller： SINGAPORE INTERNATIONAL TRADE CO. ××SOUTH ××TH STREET	Invoice No. and Date： EX80320 5th JAN. 2021	
Consignee： NINGBO HUATIAN INERNATIONAL TRADE CO. ××ZHONGSHAN RD.HAISHU NINGBO，CHINA	Buyer： AS PER CONSIGNEE	
Departure Date： ETD：1th SEP. 2021	Other Reference： CONTRACT NO. SPEC/KCC803-01	
Vessel：××'s 229		
From：SINGAPORE To：NINGBO		
Shipping Marks	Number & Kind of Packages	Goods Description	Quantity	N.W.	G.W.	Measurement
N/M	250 CARTONS	Spandex Yarns，Not for Retail Sale	5,000KGS	5,020KGS		

【单据4】报关单

中华人民共和国海关进口货物报关单

预录入编号： 海关编号： 页码/页数：

境内收货人 宁波华田国际贸易有 限公司 3312961121	进境关别 北仑海关 3104	进口日期 20210904		申报日期	备案号	
境外发货人 SINGAPORE INTERNATIONAL TRADE CO.	运输方式 水路运输	运输工具名称及航次号 ××'s/229		提运单号 MISC2000 00537	货物存放地点 北仑海关仓库	
消费使用单位 宁波华田国际贸易有 限公司 3312961121	监管方式 一般贸易 0110	征免性质 一般征税 101		许可证号	启运港 新加坡 SGP012	
合同协议号 SPEC/KCC803-01	贸易国（地区） 新加坡 SGP	启运国（地区） 新加坡 SGP		经停港	入境口岸 宁波北仑港区 380101	
包装种类 22	件数 250	毛重（千克） 5020	净重（千克） 5000	成交方式 FOB	运费 美元/1800/3	保费	杂费
随附单证 随附单证1：			随附单证2：			
标记唛码及备注　　N/M						
项号	商品编号	商品名称规格型号	数量及单位	单价/总价/币制	原产国（地区）	最终目的国（地区）	境内目的地	征免
1	54026920	氨纶纱线，非零售	5000 千克	6.546/32730/美元	新加坡 SGP	中国 CHN	33129	照章征税
2								
3								
4								
5								
6								
7								
特殊关系确认：否　　价格影响确认：否　　支付特权使用费确认：否　　自报自缴：是								
报关人员　　报关人员证号　　电话　　兹申明以上内容承担如实申报、依法纳税之法律责任							海关批注及签章	
申报单位　　　　　　　　　　　　　申报单位（签章）								

2. 出口报关单的填报

以下是本票全棉男士衬衫出口的发票、提单和箱单，小李以这3张单据为基础填制出口报关单。

【单据 1】发票

COMMERCIAL INVOICE

Seller： NINGBO HUATIAN INTERNATIONAL TRADE CO. ××ZHONGSHAN RD.HAISHU NINGBO, CHINA	Invoice No. and Date： EX80320 15th NOV. 2021 L/C No. and Date： 1820SL802158 20th NOV.2021
Consignee： WASHINGTON INTERNATIONAL TRADE CO. ××SOUTH ××TH STREET KENT WASHINGTON 98032 USA	Buyer： AS PER CONSIGNEE
Departure Date： ETD：10th JAN. 2021	Terms of Payment： L/C
Vessel：STELLA FAIRY 106	Other Reference： CONTRACT NO. ABC-1001
From：NINGBO To：LOS ANGELES	

Shipping Marks	Goods Description	Quantity（PCS）	Unit Price	Amount
N/M	Men's Cotton Shirts TMTW5106	24,000	USD5 FOB NINGBO	USD120,000

【单据 2】提单

BILL OF LADING

Shipper： NINGBO HUATIAN INTERNATIONAL TRADE CO. ××ZHONGSHAN RD.HAISHU NINGBO, CHINA	B/L No.：LAXSHP643105
Consignee of Order： WASHINGTON INTERNATIONAL TRADE CO. ××SOUTH ××TH STREET KENT WASHINGTON 98032 USA	Carrier： COSCO CONTAINER LINES
Notify Party/Address： SAME AS CONSIGNEE	Place of Receipt： NINGBO CY
Vessel and Voy No.：STELLA FAIRY 106	Place of Delivery： LOS ANGELES CY
Port of Loading：NINGBO	
Port of Transshipment：	Port of Discharge： LOS ANGELES

Marks & Nos.	Number & Kind of Packages	Description of Goods	Gross Weight	Measurement
N/M	Men's Cotton Shirts TMTW5106 2,000 DOZENS TOTAL PACKED IN 800 CARTONS		500KGS	

【单据 3】装箱单

PACKING LIST

Seller： NINGBO HUATIAN INTERNATIONAL TRADE CO. ××ZHONGSHAN RD.HAISHU NINGBO，CHINA	Invoice No. and Date： EX80320 15th NOV. 2021
Consignee： WASHINGTON INTERNATIONAL TRADE CO. ××SOUTH ××TH STREET KENT WASHINGTON 98032 USA	Buyer： AS PER CONSIGNEE
Departure Date： ETD：10th SEP. 2021	Other Reference： CONTRACT NO. ABC-1001
Vessel：STELLA FAIRY 106	
From：NINGBO To：LOS ANGELES	

Shipping Marks	Number & Kind of Packages	Goods Description	Quantity	N.W.	G.W.	Measurement
N/M	Men's Cotton Shirts TMTW5106 800 CARTONS		24,000PCS 2,000 DOZENS	9,500KGS	10,000KGS	

【单据 4】报关单

中华人民共和国海关出口货物报关单

预录入编号：	海关编号：	页码／页数：

境内发货人 宁波华田国际贸易有限公司 3312961121	出境关别 北仑海关 3104	出口日期		申报日期	备案号
境外收货人 WASHINGTON INTERNATIONAL TRADE CO.	运输方式 水路运输	运输工具名称及航次号 STELLA FAIRY /106		提运单号 LAXSHP643105	
生产销售单位 宁波华田国际贸易有限公司 3312961121	监管方式 一般贸易 0110	征免性质 一般征税 101		许可证号	
合同协议号 ABC-1001	贸易国（地区） 美国 USA	运抵国（地区） 美国 USA		指运港 洛杉矶 USA264	离境口岸 宁波北仑港区 380101
包装种类 22	件数 800	毛重（千克） 10000	净重（千克） 9500	成交方式 FOB	运费	保费	杂费

| 随附单证 |
| 随附单证 1：   随附单证 2： |

| 标记唛码及备注   N/M |

续表

项号	商品编号	商品名称及规格型号	数量及单位	单价/总价/币制	原产国（地区）	最终目的国（地区）	境内货源地	征免
1	62052000	全棉男士衬衫/TMTW5106	24000 件 9500 千克 2000 打	5/12000/美元	中国 CHN	美国 USA	33129	照章征税
2								
3								
4								
5								
6								
7								
特殊关系确认：		价格影响确认：		支付特权使用费确认：		自报自缴：		
报关人员	报关人员证号	电话	兹申明以上内容承担如实申报、依法纳税之法律责任				海关批注及签章	
申报单位			申报单位（签章）					

【知识链接】

要完成以上任务，需要掌握报关单填制的相关知识。

一、填制进出口报关单涉及的单证——发票、装箱单、提（运）单

1. 发票

（1）发票的出票人（发票的最右下方）一般为出口人，是判断进口货物中转时是否发生买卖关系的指标之一。"是否发生买卖关系"在填制进口报关单的时候，是用来判断"启运国（地区）"这一栏应该要填哪个地方的一个非常重要的标准。

（2）发票的收货人栏前通常印有"To""Sold to Messers"等字样，是判断出口货物中转时是否发生买卖关系的指标之一。"是否发生买卖关系"在填制出口报关单的时候，是用来判断"运抵国（地区）"这一栏应该要填哪个地方的一个非常重要的标准。

（3）在发票里还可以查找成交方式、合同协议号、启运地及目的地、唛头及编码、品名和货物描述、数量、单价和总价等相关信息。

2. 装箱单

查找件数、包装种类、净重、毛重、规格型号、数量等信息。

3. 提（运）单

查找进出境关别、运输方式、运输工具名称、提（运）单号、启运国（地区）/运抵国（地区）、经停港/指运港等信息。

二、报关单规范填制方法

1. 预录入编号

预录入编号指预录入报关单的编号，一份报关单对应一个预录入编号，由系统自动生成。

报关单预录入编号为18位,其中第1~4位为接受申报海关的代码(海关规定的《关区代码表》中相应海关代码),第5~8位为录入时的公历年份,第9位为进出口标志("1"为进口,"0"为出口;集中申报清单"I"为进口,"E"为出口),后9位为顺序编号。

2. 海关编号

海关编号指海关接受申报时给予报关单的编号,一份报关单对应一个海关编号,由系统自动生成。

报关单海关编号为18位,其中第1~4位为接受申报海关的代码(海关规定的《关区代码表》中相应海关代码),第5~8位为海关接受申报的公历年份,第9位为进出口标志("1"为进口,"0"为出口;集中申报清单"I"为进口,"E"为出口),后9位为顺序编号。

3. 进境关别/出境关别

进境关别/出境关别是指货物实际进(出)我国关境口岸海关的名称。本栏目应根据货物实际进(出)境的口岸海关选择关区代码表中相应的口岸海关名称及代码填报。进口转关运输货物填报货物进境地海关名称及代码,出口转关运输货物填报货物出境地海关名称及代码。按转关运输方式监管的跨关区深加工结转货物,出口报关单填报转出地海关名称及代码,进口报关单填报转入地海关名称及代码。在不同海关特殊监管区域或保税监管场所之间调拨、转让的货物,填报对方海关特殊监管区域或保税监管场所所在的海关名称及代码。其他无实际进出境的货物,填报接受申报的海关名称及代码。

4. 备案号

填报进出口货物收发货人、消费使用单位、生产销售单位在海关办理加工贸易合同备案或征、减、免税审核确认等手续时,海关核发的《加工贸易手册》、海关特殊监管区域和保税监管场所保税账册、征免税确认通知书或其他备案审批文件的编号。

一份报关单只允许填报一个备案号。具体填报要求如下所列。

(1)加工贸易项下货物,除少量低值辅料按规定不使用《加工贸易手册》及以后续补税监管方式办理内销征税的外,填报《加工贸易手册》编号。

(2)涉及征、减、免税审核确认的报关单,填报征免税确认通知书编号。

(3)减免税货物退运出口,填报海关进口减免税货物准予退运证明的编号;减免税货物补税进口,填报减免税货物补税通知书的编号;减免税货物进口或结转进口(转入),填报征免税确认通知书的编号;相应的结转出口(转出),填报海关进口减免税货物结转联系函的编号。

(4)免税品经营单位经营出口退税国产商品的,免予填报。

5. 进口日期/出口日期

进口日期指运载所申报货物的运输工具申报进境的日期。本栏目填报的日期必须与相应的运输工具进境日期一致。出口日期是指运载出口货物的运输工具办结出境手续的日期,在申报时免予填报。

6. 申报日期

指海关接受进(出)口货物的收、发货人或其代理人申请办理货物进(出)口手续的日期。以电子数据报关单方式申报的,申报日期为海关计算机系统接收申报数据时记录的日期。以纸质报关单方式申报的,申报日期为海关接受纸质报关单并对报关单进行登记处理的日期。本栏目在申报时免予填报。本栏目为8位数,顺序为年4位,月、日各两位。

7. 境内收发货人

境内收发货人指对外签订并执行进出口贸易合同的中国境内企业或单位。本栏目填报在海关备案的对外签订并执行进出口贸易合同的中国境内法人、其他组织名称及编码。编码填报18位法人和其他组织统一社会信用代码，没有统一社会信用代码的，填报其在海关的备案编码。

特殊情况下填报要求如下所列。

（1）进出口货物合同的签订者和执行者非同一企业的，填报执行合同的企业。

（2）外商投资企业委托进出口企业进口投资设备、物品的，填报外商投资企业，并在标记唛码及备注栏注明"委托某进出口企业进口"，同时注明被委托企业的18位法人和其他组织统一社会信用代码。

（3）有代理报关资格的报关企业代理其他进出口企业办理进出口报关手续时，填报委托的进出口企业。

（4）海关特殊监管区域收发货人填报该货物的实际经营单位或海关特殊监管区域内经营企业。

（5）免税品经营单位经营出口退税国产商品的，填报免税品经营单位名称。

8. 运输方式

运输方式指载运货物进出关境所使用的运输工具的分类。海关将运输方式分为两大类：实际运输方式和无实际进出境运输方式（特殊运输方式）。

海关规定的实际运输方式专指用于载运货物实际进出关境的运输方式，主要的运输工具有船舶、火车、飞机、汽车、驮畜等。与运输工具相对应，海关为其定义规定了如下的运输方式并对应有代码：水路运输（2）、铁路运输（3）、公路运输（4）、航空运输（5）、邮件运输（6）、其他运输（9）。

无实际进出境的，根据实际情况选择填报《运输方式代码表》中运输方式"0"（非保税区运入保税区和保税区退区）、"1"（境内存入出口监管仓库和出口监管仓库退仓）、"7"（保税区运入非保税区）、"8"（保税仓库转内销）或"9"（其他运输）。

9. 运输工具名称及航次号

填报载运货物进出境的运输工具名称或编号及航次号。填报内容应与运输部门向海关申报的舱单（载货清单）所列相应内容一致。

运输工具名称具体填报要求如下所列。

（1）水路运输：填报船舶编号（来往港澳小型船舶为监管簿编号）或船舶英文名称。

（2）公路运输：启用公路舱单前，填报该跨境运输车辆的国内行驶车牌号，深圳提前报关模式的报关单填报国内行驶车牌号 + "/" + "提前报关"。启用公路舱单后，免予填报。

（3）铁路运输：填报车厢编号或交接单号。

（4）航空运输：填报航班号。

（5）邮件运输：填报邮政包裹单号。

（6）其他运输：填报具体运输方式名称，如管道、驮畜等。

（7）进口转关运输填报转关标志"@"及转关运输申报单编号，出口转关运输只需填报转关运输标志"@"（本关区内转关不列入此范围）。

（8）采用"集中申报"通关方式办理报关手续的，报关单填报"集中申报"。

（9）免税品经营单位经营出口退税国产商品的，免予填报。

（10）无实际进出境的货物，免予填报。

航次号具体填报要求如下所列。

（1）水路运输：填报船舶的航次号。

(2) 公路运输：启用公路舱单前，填报运输车辆的8位进出境日期[顺序为年（4位）、月（2位）、日（2位），下同]。启用公路舱单后，填报货物运输批次号。

(3) 铁路运输：填报列车的进出境日期。

(4) 航空运输：免予填报。

(5) 邮件运输：填报运输工具的进出境日期。

(6) 其他运输方式：免予填报。

10. 提运单号

提运单号指进出口货物提单或运单的编号。本栏目填报的内容应与运输部门向海关申报的载货清单所列相应内容一致。一份报关单只允许填报一个提运单号，一票货物对应多个提运单时，应分单填报。具体填报要求如下所列。

(1) 水路运输填报进出口提单号，如有分提单的，填报进出口提单号+"*"+分提单号。

(2) 铁路运输填报运单号。

(3) 公路运输：启用公路舱单前，免予填报；启用公路舱单后，填报进出口总运单号。

(4) 航空运输填报总运单号+"_"+分运单号，无分运单的填报总运单号。

(5) 邮件运输填报邮运包裹单号。

(6) 无实际进出境的，本栏目为空。进出口转关运输免于填报。

11. 消费使用单位/生产销售单位

消费使用单位指已知的进口货物在境内的最终消费、使用单位，包括自行从境外进口货物的单位、委托进出口企业进口货物的单位。

生产销售单位指出口货物在境内的生产或销售单位，包括自行出口货物的单位、委托进出口企业出口货物的单位。

本栏目应填报单位中文名称及编码。减免税货物报关单的消费使用单位/生产销售单位应与征免税确认通知书的"减免税申请人"一致；保税监管场所与境外之间的进出境货物，消费使用单位/生产销售单位填报保税监管场所的名称[保税物流中心（B型）填报中心内企业名称]。

12. 监管方式

本栏目应根据实际情况，并按海关规定的监管方式代码表选择填报相应的监管方式简称及代码。一份报关单只允许填报一种监管方式。主要的监管方式如下所列。

(1) 一般贸易（代码0110）。

① 以正常交易方式成交的进出口货物。

② 来料养殖、来料种植进出口货物。

③ 旅游宾馆、酒店进口营业用的食品和餐佐料等。

④ 贷款援助的进出口货物。

⑤ 外商投资企业用国产原材料加工产品出口或经批准自行收购国内产品出口的货物。

⑥ 国内经营租赁业务的企业购进供出租用的货物。

⑦ 经营保税仓库业务的企业购进供自用的货物。

⑧ 经营免税品和免税外汇商品的企业购进自用的手推车、货架等货物。

⑨ 外商投资企业进口供加工内销产品的进口料件。

⑩ 外籍船舶在我国境内添加的国产燃料。

⑪ 对台间接贸易进出口货物。

(2) 来料加工（代码0214）。指由外商提供全部或部分原材料、辅料、零部件、元器件、配套件和包装物料（简称"料件"），由我方按对方的要求进行加工装配，成品交对方销售，我方收取工缴费的交易形式。

（3）进料对口（代码0615）。进料对口0615是为另一种形式的加工贸易而设定的监管方式。进料对口和来料加工不同的是，加工贸易经营单位自主从国外购买料件，加工后的产品自行销售给国外。

（4）合资合作设备（代码2025）。指中外合资企业、中外合作企业在投资总额内（属于投资的）进口的机器设备、零部件和其他物料。

（5）外资设备物品（代码2225）。指外商独资企业在投资总额内（属于投资的）进口的机器设备、零部件和其他物料。

（6）不作价设备（代码0320）。指专用于加工贸易的设备，由外方免费提供。

（7）进出境展览品（代码2700）。指境外来华或我国为到境外举办经济、文化、科技等展览或参加博览会而进出口的展览品及展览品有关的宣传品、布置品、招待品、小卖品和其他物品。

（8）货样广告品（代码3010）。指经批准有进出口经营权的企业进出口货样广告品。

（9）无代价抵偿（代码3100）。指进口货物经海关征税或免税放行后，发现货物残损、缺少或品质不良，而由国外承运人、发货人或保险公司免费补偿或更换的同类货物。

（10）加工贸易特殊情况填报要求。

A. 少量低值辅料（即5000美元以下78种以内的低值辅料）。按规定不使用《加工贸易手册》的，辅料进口报关单填报"低值辅料"；使用《加工贸易手册》的，按《加工贸易手册》上的贸易方式填报。使用《加工贸易手册》是指已在《加工贸易手册》中备案的，如果是进料《加工贸易手册》，则贸易方式应该填"进料对口"。如果使用的是来料《加工贸易手册》，则贸易方式填写"来料加工"。

B. 外商投资企业为加工内销产品而进口的料件，进口报关单填报"一般贸易"。外商投资企业为加工出口产品全部使用国内料件的出口合同，成品出口的报关单填报"一般贸易"。

C. 加工贸易料件转内销货物及按料件办理进口手续的转内销制成品、残次品、未完成品，应填制进口报关单。本栏目填报"来料料件内销（0245）"或"进料料件内销（0644）"，相关联的还有"来料边角料内销（0845）""进料边角料内销（0844）"。

加工贸易成品凭征免税确认通知书转为享受减免税进口货物的，应分别填制进、出口报关单。出口报关单本栏目填报"来料成品减免（0345）"或"进料成品减免（0744）"。

加工贸易出口成品因故退运进口的，分别按不同贸易方式填报"来料成品退换（4400）"或"进料成品退换（4600）"。

13. 征免性质

征免性质是指海关对进出口货物实施征、减、免税管理的性质类别。本栏目应按照海关核发的征免税确认通知书中批注的征免性质填报，或根据实际情况按海关规定的征免性质代码表选择填报相应的征免性质简称及代码。

一份报关单只允许填报一种征免性质。常见征免性质及代码如下所列。

① 一般征税（101）。适用于依照《海关法》《中华人民共和国进出口关税条例》（简称《关税条例》）《税则》及其他法律、行政法规和规章所规定的税率征收进出口关税、进口环节增值税和其他税费的进出口货物，包括除其他征免性质另有规定者外的一般照章（包括按照公开暂定税率）征税或补税的进出口货物。

② 其他法定（299）。适用于依照《海关法》《关税条例》，对除无偿援助进出口物资外的其他实行法定减免税的进出口货物，以及根据有关规定非按全额货值征税的部分进出口货物。

具体适用范围：无代价抵偿进出口货物（照章征税的除外）；无商业价值的广告品和货样；进出境运输工具装载的途中必需的燃料、物料和饮食用品；因故退还的境外进口货物；因故退还的我国出口货物；在境外运输途中或在起卸时遭受损坏或损失的货物；起卸后海关放行前，因不可抗力遭受损坏或损失的货物；海关查验时已经破漏、损坏或腐烂，经证明不是保管不慎造成的货物；我国缔结或参加的国际条约规定减征、免征关税的货物、物品；暂准进出境货物；出料加工项下的出口料件及复进口的成品；进出境的修理物品；租赁期不满1年的进出口货物；边民互市进出境货物；非按全额货值征税的进出口货物（如按租金、修理费征税的进口货物）。

③保税区（307）。适用于对保税区单独实施征减免税政策的进口自用物资，包括保税区用于基础设施建设的物资及保税区内企业（外商投资企业除外）进口的生产设备和其他自用物资。

④科教用品（401）。适用于为促进科学研究和教育事业的发展，科学研究机构和学校以科学研究和教学为目的按照有关征减免税政策，在合理数量范围以内，进口国内不能生产的或性能不能满足需要的、直接用于科研或教学的货物。

⑤加工设备（501）。适用于加工贸易经营单位按照有关征减免税政策进口的外商免费（既不需经营单位付汇，又不需用加工费或差价偿还）提供的加工生产所需设备。

⑥来料加工（502）。适用于来料加工装配和补偿贸易进口所需的料件等，以及经加工后出口的成品、半成品。

⑦进料加工（503）。适用于为生产外销产品用外汇购买进口的料件，以及加工后返销出口的成品、半成品。

⑧中外合资（601）。目前一般适用于中外合资企业使用国产料件生产的出口产品。

⑨中外合作（602）。目前一般适用于中外合作企业使用国产料件生产的出口产品。

⑩外资企业（603）。目前一般适用于外商独资企业使用国产料件生产的出口产品。

⑪鼓励项目（789）。适用于1998年1月1日后国家鼓励发展的国内投资项目、外商投资项目、利用外国政府贷款和国际金融组织贷款项目，以及从1999年9月1日起，按国家规定程序审批的外商投资研究开发中心、中西部省、自治区、直辖市利用外资优势产业和优势项目目录的项目，在投资总额内进口的自用设备，以及按合同随设备进口的技术及数量合理的配套件、备件。

⑫自有资金（799）。适用于已设立的鼓励类和原限制乙类外商投资企业（外国投资者的投资比例不低于25%）、外商投资研究开发中心、先进技术型和产品出口型外商投资企业及符合中西部利用外资优势产业和优势项目目录的项目，在投资总额以外利用自有资金（包括企业储备基金、发展基金、折旧和税后利润），在原批准的生产经营范围内进口国内不能生产或性能不能满足需要的（即不属于《国内投资项目不予免税的进口商品目录》的）自用设备及其配套的技术、配件、备件，用于本企业原有设备更新（不包括成套设备和生产线）或维修。

"鼓励项目"和"自有资金"的使用，须依程序取得海关核发的征免税确认通知书并与之"征免性质"栏批注内容相符。

14. 货物存放地点

填报货物进境后存放的场所或地点，包括海关监管作业场所、分拨仓库、定点加工厂、隔离检疫场、企业自有仓库等。

15. 许可证号

填报进（出）口许可证、两用物项和技术进（出）口许可证、两用物项和技术出口许可证（定向）、纺织品临时出口许可证、出口许可证（加工贸易）、出口许可证（边境小额贸易）的编号。

一份报关单只允许填报一个许可证号。

16. 启运国（地区）/运抵国（地区）

启运国（地区）填报进口货物启始发出直接运抵我国或在运输中转国（地）未发生任何商业性交易的情况下运抵我国的国家（地区）。

运抵国（地区）填报出口货物离开我国关境直接运抵或在运输中转国（地区）未发生任何商业性交易的情况下最后运抵的国家（地区）。

对发生运输中转的货物，如中转地未发生任何商业性交易，则启、抵地不变，如中转地发生商业性交易，则以中转地作为启运国（地区）/运抵国（地区）填报。

本栏目按海关规定的《国别（地区）代码表》选择填报相应的启运国（地区）或运抵国（地区）中文名称及代码。

无实际进出境的货物，填报"中国"及代码。

要了解主要国家（地区）代码，请查阅相关法规。

17. 经停港/指运港

经停港填报进口货物在运抵我国关境前的最后一个境外装运港。指运港填报出口货物运往境外的最终目的港；最终目的港不可预知的，按尽可能预知的目的港填报。根据实际情况，按海关规定的《港口代码表》选择填报相应的港口名称及代码。

经停港与启运国（地区）存在相应的逻辑关系，具体见表4-5。

表4-5 经停港与启运国（地区）的逻辑关系

装运状况	交易状况	经停港	启运国（地区）	说明
直接运抵我国	与启运国（地区）的商家交易	货物启运港为经停港	货物启运港所在国家（地区）为启运国（地区）	
	与非启运国（地区）的商家交易			
货物由A港口启运后途经B港口换装运输工具再运抵我国	与中转港以外的其他国家（地区）的商家交易	货物换装运输工具的途经港口（中转港）为经停港	货物启运港口所在国家（地区）为启运国（地区）	有中转，经停港改变，启运国（地区）不变
	与货物换装运输工具的中转港所在国家（地区）的商家交易		中转的港口（地区）为启运国（地区）	有中转，经停港改变，启运国（地区）改变

（1）经停港填报要点根据表4-5总结如下所列。

① 直接运抵货物，启运港为经停港，经停港所在国家（地区）为启运国（地区）。

② 如果发生中转，经停港就不再填原装运的港口，而要填中转港（经停港发生改变）。

③ 如果发生中转，启运国（地区）的填写要看买卖关系发生的情况。与中转港以外的其他国家（地区）的商家交易，则启运国（地区）为起始发出的国家（地区）[启运国（地区）不变]；与中转港所在国（地区）的贸易商交易，则中转港口的所在国（地区）为启运国（地区）[启运国（地区）改变]。

（2）指运港填报要点。指运港不受中转影响。

① 对于直接运抵货物，货物直接运抵的港口为指运港。

② 对于中转货物，指运港仍然是最后运抵的港口，不受中转的影响。

③ 无实际进出境的，本栏目填报"中国"。

指运港与运抵国（地区）存在相应的逻辑关系，具体见表 4-6。

表 4-6　指运港与运抵国（地区）的逻辑关系

装运状况	交易状况	指运港	运抵国	说　明
直接运抵目的港	无论与哪一国家（地区）的商家发生的交易	货物运往境外的最终目的港口为指运港	货物指运港口所在的国家（地区）为运抵国（地区）	
货物由我国港口启运后途经 B 港口换装运输工具后再运抵目的港（在 B 港口发生中转）	与中转港以外其他国家（地区）的商家交易		货物指运港口的所在国家（地区）为运抵国（地区）	有中转，但并非与中转国（地区）交易，运抵国（地区）不变
	与货物换装运输工具的中转港所在国家（地区）的商家交易		货物交易及中途换装运输工具港口的所在国家（地区）为运抵国（地区）	有中转，且与中转国（地区）交易，运抵国改变

18. 境内目的地/境内货源地

境内目的地指已知的进口货物在国内的消费、使用地或最终运抵地（仅在进口报关单中填写）。

境内货源地指出口货物在国内的产地或原始发货地（仅在出口报关单中填写）。

境内目的地和境内货源地栏目设置的主要目的是国家统计需要，国家要掌握进出口货物在国内的最终消费使用地，以及出口货物在国内的产地或初始发货地。

具体填报要求如下所列。

（1）境内目的地和境内货源地按海关规定的《国内地区代码表》选择填报相应的国内地区名称及代码。境内目的地还需要根据《中华人民共和国行政区划代码表》选择填报其对应的县级行政区名称及代码。无下属区县级行政区的，可选择填报地市级行政区。

（2）境内目的地的填写。

① 委托有外贸进出口经营权的企业进口货物的单位所在地。一般情况下委托单位也就是最终消费使用的单位，因此，其所在地为境内目的地。

② 自行从境外进口货物的单位所在地。自行从境外进口货物的单位并不是受委托进口的，它本身就是货物最终消费使用的单位，因此，其所在地为境内目的地。

③ 如难以确定进口货物的消费、使用单位，应以预知的进口货物最终运抵地区为准。

（3）境内货源地以出口货物的生产地为准。如果出口货物在境内多次周转，不能确定生产地的，应以最早的启运地为准。

19. 原产国（地区）

原产国（地区）依据《中华人民共和国进出口货物原产地条例》《中华人民共和国海关关于执行〈非优惠原产地规则中实质性改变标准〉的规定》及海关总署关于各项优惠贸易协定原产地管理规章规定的原产地确定标准填报。同一批进出口货物的原产地不同的，分别填报原产国（地区）。进出口货物原产国（地区）无法确定的，填报"国别不详"。

按海关规定的《国别（地区）代码表》选择填报相应的国家（地区）名称及代码。

20. 成交方式

成交方式指国际贸易中的贸易术语，也称价格术语，我国习惯称为价格条件。可以理解为买卖双方就成交的商品在价格构成、责任、费用和风险的分担,以及货物所有权转移界线的约定。

成交方式包括两个方面内容:一方面表示交货的条件;另一方面表示成交价格的构成因素。

本栏目根据进出口货物实际成交价格条款,按海关规定的成交方式代码表(表4-7)选择填报相应的成交方式代码。

无实际进出境的货物,进口填报CIF,出口填报FOB。

表4-7 成交方式代码表

成交方式代码	成交方式名称
1	CIF
2	C&F(即CFR)
3	FOB
4	C&I
5	市场价
6	垫仓
7	EXW

注:C&F是C AND F的简写,等同于CFR、CNF,是COST AND FREIGHT的缩写。

由于海关规定的成交方式代码表只有7种成交方式可供选择填报,所以这7种成交方式不完全等同于国际贸易实务中贸易术语的概念,它适用于所有的运输方式。代码表给出的成交方式主要体现成本、运费、保险费等成交价格构成因素,目的在于方便海关确定完税价格和计算税费。因此,在填制报关单时,如果买卖双方成交时实际使用的成交方式不属于海关规定的成交方式代码表中的成交方式,要依照实际成交方式中的成本、运费、保险费等成交价格构成因素选择代码表中具有相同价格构成的代码填报。例如在报关单填制时,一批空运货物出口实际成交使用的贸易术语是FCA,但由于海关规定的成交方式代码表中没有FCA,所以不能够填报FCA。又因为FCA的价格构成只包括成本不包括运费、保险费,所以应该选择成交方式代码表同样只包括成本的成交方式,即FOB填报。对于国际贸易中使用的实际成交方式是CIP、CPT、FCA的,应转换成成交方式代码表中的成交方式后填报,即CIP、CPT、FCA的代码分别是1、2、3。

21. 运费

运费是指进出口货物从始发地至目的地的国际运输所需要的各种费用。运费定义中所说的"各种费用"是针对广义上的运费,它包括已计入运费的搬运费、装卸费等相关费用,也包括运保费合并计算时的保险费。

具体填报要求如下所列。

(1)进口货物。本栏目填报成交价格中不包含国际段的运费。进口货物的完税价格应该计入国际段的运保费,如果成交价格没有包括运费就应该在本栏目另外填写,以便海关计入。而如果成交价格已包含国际段的运费,则此栏目不必再填写运费。从成交方式中可以判断出成交价格中是否包含国际段的运费,因此,可以根据成交方式来确定本栏目是否需要填写。进口中成交方式与运费填写对应表见表4-8。

表 4-8 进口中成交方式与运费填写对应表

成交方式	运费	说明
CIF	不填	CIF 包含运费
CFR（C&F/CNF）	不填	CFR 包含运费
FOB	填	FOB 不包含运费

从表 4-8 可以看出在进口货物报关单中，如果成交方式栏填写的是 FOB，则运费栏一定要填写运费。而其他的成交方式下运费栏不填写。需要注意的是，成交方式栏填写 FOB 时，实际的成交方式可能是"FCA""FAS""FOB"。

（2）出口货物。本栏目填报的成交价格中已包含国际段的运费。出口货物的完税价格应该扣除国际段的运保费，如果成交价格包括运费就应该在本栏目另外填写，以便海关扣除。而如果成交价格不包含国际段的运费，此栏目不必再填写运费。出口中成交方式与运费填写对应表见表 4-9。

表 4-9 出口中成交方式与运费填写对应表

成交方式	实际成交方式	运费	说明
CIF	CIP、CIF、D 组术语	填	CIF 包含运费
CFR（C&F/CNF）	CFR、CPT	填	CFR 包含运费
FOB	FCA、FAS、FOB	不填	FOB 不包含运费

运费可按运费单价、总价或运费率 3 种方式之一填报，注明运费标记（运费标记"1"表示运费率，"2"表示每吨货物的运费单价，"3"表示运费总价），并按海关规定的《货币代码表》选择填报相应的币种代码。

这 3 种方式的填报形式分别如下所列。

① 运费率方式直接填报运费率的数值，如 5% 的运费率填报为 5。

② 运费单价方式填报"币制代码/运费的单价数值/运费单价标记"，如 24 美元/吨的运费单价填报为 USD/24/2；其中的含义分别是：币制代码（USD 为美元的代码）/运费的单价（24 美元/吨）/运费标记（2 表示运费以单价计算）。

③ 运费总价方式填报"币制代码/运费的总价数值/运费总价标记"，如 7000 欧元的运费总价填报为 EUR/7000/3，其中的含义分别是：币制代码（EUR 为欧元的代码）/运费的总价（运费共为 7000 欧元）/运费标记（3 表示运费以总价计算）。

（3）运保费合并计算的，运保费填报在本栏目。运保费合并计算是指外方提供给我方或者我方提供给外方的是一个运费和保险费的合计费用，并没有分开单列。合并计算的运保费一般都是运保费的总价，海关要求运保费合并计算时该费用填报在运费栏。

22. 保费

保费指被保险人向保险人（保险公司）支付的进出口货物在国际运输过程中的保险费。

具体填报要求如下所列。

（1）进口货物。本栏目填报成交价格中不包含的国际运输过程中的保险费。进口货物的完税价格应该计入保费，如果成交价格没有包括保险费就应该在本栏目中另外填写，以便计入海关关税。而如果成交价格已包含保险费，则此栏目不必再填写。从成交方式中可以判断出成交价格中是否包含国际运输过程中的保险费，因此，可以根据成交方式来确定本栏目是否需要填写。进口中成交方式与保险费填写对应表见表 4-10。

表 4-10　进口中成交方式与保险费填写对应表

成交方式	实际成交方式	保险费	说　明
CIF	CIP、CIF、D 组术语	不填	CIF 包含运保费
CFR（C&F/CNF）	CFR、CPT	填	CFR 不包含保险费
FOB	FCA、FAS、FOB	填	FOB 不包含保险费

（2）出口货物。本栏目填报成交价格中已包含的国际运输过程中的保险费。出口货物的完税价格应该扣除国际运输过程中的保险费，如果成交价格包括保险费就应该在本栏目另外填写，以便海关扣除。而如果成交价格不包含保险费，则此栏目不必再填写。出口中成交方式与保险费填写对应表见表 4-11。

表 4-11　出口中成交方式与保险费填写对应表

成交方式	实际成交方式	保险费	说　明
CIF	CIP、CIF、D 组术语	填	CIF 包含运保费
CFR（C&F/CNF）	CFR、CPT	不填	CFR 不包含保险费
FOB	FCA、FAS、FOB	不填	FOB 不包含保险费

（3）填写形式。本栏目可按保险费总价和保险费率两种方式之一填报（保险费没有按单价计费的），同时注明保险费标记，并按海关规定的货币代码表选择填报相应的币种代码。

保险费标记"1"表示保险费率，"3"表示保险费总价。填报的形式与运费的填报类似。例如，3‰的保险费率填报为 0.3；10000 港元保险费总价填报为"HKD/10000/3"。

（4）运保费合并计算的，运保费填报在运费栏目中，不填在保费栏。

23. 杂费

杂费指成交价格以外的、应计入完税价格的费用，或计算完税价格时应扣除的费用。

这里的成交价格是指在进口货物时，我方应该付给或实际付给卖方并按有关规定调整后的价款总额，包括直接或间接支付的价款。对于出口货物，成交价格是指我方为出口货物向买方直接收取或间接收取的价款总额。

具体填报要求如下所列。

（1）填报成交方式总价以外的、应计入完税价格的费用，如卖方佣金、经纪费、包装费、特许权使用费等；或填报成交方式总价以内的，计算完税价格时应该扣除的费用，如买方佣金、国内安装调试费等。

（2）填报形式。可按杂费总价或杂费率两种方式之一填报，同时注明杂费标记，并按海关规定的货币代码表选择填报相应的币种代码。

杂费标记"1"表示杂费率，"3"表示杂费总价。举例如下。

应计入完税价格的 1.5% 的杂费率，填报为"1.5"。

应从完税价格中扣除的 1% 的杂费率，填报为"-1"。

应计入完税价格的总价为 500 英镑杂费，填报为"GBP/500/3"。

应从完税价格中扣除的总价为 10000 港币的折扣，填报为"HDK/-10000/3"（负号填在金额前）。

（3）应计入完税价格的杂费填报为正值或正率。不应包含在完税价格中的，应该扣除的杂费填报为负值或负率。

（4）无杂费时，本栏目免填。

24. 合同协议号

合同协议号是买卖双方就买卖的商品所签订的合同或协议的编号，填报进出口货物合同（包括协议或订单）编号。未发生商业性交易的免于填报。

25. 件数

本栏目填报进出口货物运输包装的件数（按运输包装计）。

这里的数量不同于买卖双方成交的数量，而是指货物运输包装下的数量。例如，某公司以每双10美元的价格出口皮鞋640双，每双鞋都装入一个纸盒中，而每16双鞋装入一个大纸箱中，共计装有40个纸箱，然后装入集装箱发运。那么，"640双"是买卖双方成交的数量，"双"为计算成交数量和价格的单位。大纸箱是为了运输方便而使用的包装，它的数量是40个纸箱，那么，40就是件数。

特殊情况下的填报要求如下所列。

（1）裸装货物，"件数"栏填报为"1"。

（2）有关单据仅列明托盘件数，或既列明托盘件数，又列明单件包装件数的，本栏填报托盘件数，如"2PALLETS 100 CTNS"，件数应填报为2。

（3）有关单据既列明集装箱个数，又列明托盘件数、单件包装件数的，按以上要求填报。仅列明集装箱个数，未列明托盘或单件包装件数的，填报集装箱个数。

26. 包装种类

包装种类是指运输过程中货物外表所呈现的状态，也就是货物运输外包装的种类。单件运输包装的有箱（cases）、桶（drums、casks）、袋（bags）、包（bales）、捆（bundles）。填报时应说明包装物的材料，如木箱（wooden cases）、纸箱（cartons）、木桶（wooden casks）、铁桶（iron drums）、塑料桶（plastic casks）、麻袋（gunny bags）、纸袋（paper bags）、塑料袋（plastic bags）、卷（rolls）等。集合运输包装的有集装包（flexible container）、托盘（pallet）、集装箱（container）。

包装种类填报进出口货物的所有包装材料，包括运输包装和其他包装，按海关规定的包装种类代码表（表4-12）选择填报相应的包装种类中文名称及代码。运输包装指提运单所列货物件数单位对应的包装，其他包装包括货物的各类包装，以及植物性铺垫材料等。

表4-12 包装种类代码表

代码	中文名称	代码	中文名称
00	散装	39	其他材料制桶
01	裸装	04	球状罐类
22	纸制或纤维板制盒/箱	06	包/袋
23	木制或竹藤等植物性材料制盒/箱	92	再生木托
29	其他材料制盒/箱	93	天然木托
32	纸制或纤维板制桶	98	植物性铺垫材料
33	木制或竹藤等植物性材料制桶	99	其他包装

27. 毛重

毛重指货物及其包装材料的重量之和。通常在计算运费中使用毛重。

具体填报要求如下所列。

本栏目填报所申报的进（出）口货物实际毛重，计量单位为千克（kg），不足 1kg 的精确到小数点后 2 位。1kg 以上，其小数点后保留 4 位，第 5 位及其后的略去。

如单证中是 "GROSS WEIGHT 1.5MT"，则应填 "1，500"。

如单证中是 "GROSS WEIGHT 0.4KG"，则应填 "1"。

如单证中是 "GROSS WEIGHT 98.228，89KG"，则应填 "98.228，8"。

如单证中是 "G. WT 234.5KG"，则应填 "234.5"，小数点后实际有多少位填多少位，不必刻意用 "0" 补齐。

28. 净重

净重是指毛重减去外包装材料后的重量。通常在计算价格中使用净重。净重通常等于法定重量。即商品本身的实际重量。

填报要求同毛重。

29. 入境口岸／离境口岸

入境口岸填报进境货物从跨境运输工具卸离的第一个境内口岸的中文名称及代码；采取多式联运跨境运输的，填报多式联运货物最终卸离的境内口岸中文名称及代码；过境货物填报货物进入境内的第一个口岸的中文名称及代码；从海关特殊监管区域或保税监管场所进境的，填报海关特殊监管区域或保税监管场所的中文名称及代码。其他无实际进境的货物，填报货物所在地的城市名称及代码。

离境口岸填报装运出境货物的跨境运输工具离境的第一个境内口岸的中文名称及代码；采取多式联运跨境运输的，填报多式联运货物最初离境的境内口岸中文名称及代码；过境货物填报货物离境的第一个境内口岸的中文名称及代码；从海关特殊监管区域或保税监管场所离境的，填报海关特殊监管区域或保税监管场所的中文名称及代码。其他无实际出境的货物，填报货物所在地的城市名称及代码。

入境口岸／离境口岸类型包括港口、码头、机场、机场货运通道、边境口岸、火车站、车辆装卸点、车检场、陆路港、坐落在口岸的海关特殊监管区域等。按海关规定的国内口岸代码表选择填报相应的境内口岸名称及代码。

30. 随附单证及编号

根据海关规定的监管证件代码表、随附单据代码表选择填报除"许可证号"栏规定的许可证件以外的其他进出口许可证件或监管证件、随附单据代码及编号。

本栏目分为随附单证代码和随附单证编号两栏，其中代码栏按海关规定的监管证件代码表、随附单据代码表选择填报相应证件代码；随附单证编号栏填报证件编号。

（1）加工贸易内销征税报关单（使用金关二期加工贸易管理系统的除外），随附单证代码栏填报"C"，随附单证编号栏填报海关审核通过的内销征税联系单号。

（2）一般贸易进出口货物，只能使用原产地证书申请享受协定税率或特惠税率（以下统称优惠税率）的（无原产地声明模式），"随附单证代码"栏填报原产地证书代码"Y"，在"随附单证编号"栏填报"优惠贸易协定代码"和"原产地证书编号"。可以使用原产地证书或原产地声明申请享受优惠税率的（有原产地声明模式），"随附单证代码"栏填写"Y"，"随附单证编号"栏填报"优惠贸易协定代码""C"（凭原产地证书申报）或"D"（凭原产地声明申报),以及"原产地证书编号(或原产地声明序列号)"。一份报关单对应一份原产地证书或原产地声明。

要了解各优惠贸易协定代码,请查阅相关法规。

海关特殊监管区域和保税监管场所内销货物申请适用优惠税率的,有关货物进出海关特殊监管区域和保税监管场所及内销时,已通过原产地电子信息交换系统实现电子联网的优惠贸易协定项下货物报关单,按照上述一般贸易要求填报;未实现电子联网的优惠贸易协定项下货物报关单,"随附单证代码"栏填报"Y","随附单证编号"栏填报"优惠贸易协定代码"和"原产地证据文件备案号"。"原产地证据文件备案号"为进出口货物的收发货物人或者其代理人录入原产地证据文件电子信息后,系统自动生成的号码。

单证对应关系表中填报报关单上的申报商品项与原产地证书(原产地声明)上的商品项之间的对应关系。报关单上的商品序号与原产地证书(原产地声明)上的项目编号应一一对应,不要求顺序对应。同一批次进口货物可以在同一报关单中申报,不享受优惠税率的货物序号不填报在单证对应关系表中。

(3)各优惠贸易协定项下,免提交原产地证据文件的小金额进口货物"随附单证代码"栏填报"Y","随附单证编号"栏填报"<优惠贸易协定代码>XJE00000",单证对应关系表享惠报关单项号按实际填报,对应单证项号与享惠报关单项号相同。

31. 标记唛码及备注

标记唛码填报除图形以外的文字、数字,无标记唛码的填报 N/M。

备注填报的主要要求如下所列。

(1)受外商投资企业委托代理其进口投资设备、物品的进出口企业名称。

(2)与本报关单有关联关系的,同时在业务管理规范方面又要求填报的报关单号,填报在电子数据报关单中"关联报关单"栏。例如,办理进口货物直接退运手续的,除了另有规定,应先填制出口报关单,再填制进口报关单,并将出口报关单号填报在进口报关单的"关联报关单"栏。

(3)当监管方式为"暂时进出货物"(代码2600)和"展览品"(代码2700)时,填报要求如下所列。

① 根据《中华人民共和国海关暂时进出境货物管理办法》(简称《管理办法》)第三条第一款所列项目,填报暂时进出境货物类别,如暂进六、暂出九。

② 根据《管理办法》第十条规定,填报复运出境或复运进境日期,期限应在货物进出境之日起 6 个月内,如 20180815 前复运进境、20181020 前复运出境。

③ 根据《管理办法》第七条规定,向海关申请对有关货物是否属于暂时进出境货物进行审核确认的,填报《中华人民共和国××海关暂时进出境货物审核确认书》编号,如 <ZS 海关审核确认书编号>,其中英文为大写字母;无此项目的,无须填报。上述内容依次填报,项目间用"/"分隔,前后均不加空格。

④ 收发货人或其代理人申报货物复运进境或复运出境的:货物办理过延期的,根据《管理办法》填报货物暂时进/出境延期办理单的海关回执编号,如 <ZS 海关回执编号>,其中英文为大写字母;无此项目的,无须填报。

(4)跨境电子商务进出口货物,填报"跨境电子商务"。

(5)进口直接退运的货物,填报"直接退运"字样。

(6)企业提供 ATA 单证册的货物,填报"ATA 单证册"字样。

(7)货物自境外进入境内特殊监管区或保税仓库的,填报"保税入库"或"境外入区"字样。

（8）属于修理物品的，填报"修理物品"字样。

（9）集装箱体信息填报集装箱号（在集装箱箱体上标示的全球唯一编号）、集装箱规格、集装箱商品项号关系（单个集装箱对应的商品项号，半角逗号分隔）、集装箱货重（集装箱箱体自重+装载货物重量，千克）。

（10）进出口列入目录的进出口商品及法律、行政法规规定须经出入境检验检疫机构检验的其他进出口商品实施检验的，填报"应检商品"字样。

32. 项号

项号指同一票货物在报关单中的商品排列序号和在备案文件上的商品序号。

海关要求在货物申报时名称不同的、编码不同的、原产国（地区）不同的、最终目的国（地区）不同的、征免方式不同的商品都应该分开填报，并按顺序排列，所排列的顺序号即为项号。如果是使用手册进出口的商品，还应该把该项商品排列在手册中的顺序号填写在项号的第二行。

具体填报要求如下所列。

本栏目中每一栏项号下都分两行填报。

第一行填报报关单中的商品排列序号。一般都按发票或装箱单中商品的排列顺序填写，但需要注意，报关单中的项号是填所申报商品的序号。如果一张发票中有使用手册的商品和不使用手册的商品时要分开报关（填写不同的报关单）。

第二行要填写该项商品对应在手册中或原产地证书中的项号。非备案商品免填。

例如，一张出口发票中有4项商品，分别是：男式腰带1000条；男羽绒短上衣1000件（位列手册第3项）；女羽绒短上衣1000件（位列手册第2项）；女式腰带1000条。

使用手册的报关单填报见表4-13（不使用的手册的商品应该另外填写一张报关单申报）。

表4-13 项号填写示例

项 号	商品编码	商品名称及规格型号	数量及单位	最终目的国（地区）
1 3		男羽绒短上衣		
2 2		女羽绒短上衣		
...				

上例中，该公司出口的商品属于加工贸易项下出口男、女羽绒短上衣分列手册第3项、第2项的意思是男羽绒短上衣对应手册的第3项商品，女羽绒短上衣对应手册第2项商品，则项号栏填写如上表。

项号栏的填写按惯例都填两位，如申报的第一项商品项号填"01"，列第2项的填"02"，以此类推。但只写一位也是正确的，如第一项商品填报"1"，第二项商品填报"2"。

33. 商品名称、规格型号

商品名称是指所申报的进出口商品的规范的中文名称。规格型号是指反映商品性能、品质和规格的一系列指标，如品牌、等级、成分、含量、纯度、大小等。商品名称和规格型号要规范准确详尽，这样才能够保证归类准确、统计清晰，便于监管。

本栏目分两行填报：第一行填报进（出）口货物规范的中文商品名称，必要时可加注原文；第二行填报规格型号（一般都使用发票、提单或装箱单中规格型号的原文）。

具体填报要求如下所列。

（1）规格型号应足够详细，并与所提供的商业发票相符。本栏目填报内容包括品名、牌名、规格、型号、成分、含量、等级等。一般是将发票中涉及上述内容的原文照抄填报在本栏目的第二行。

（2）非中文商品名称应当翻译成规范的中文。

（3）加工贸易等已备案的货物，本栏目填报录入的内容必须与备案登记中同项号下货物的名称与规格型号一致。

34．数量及单位

数量是指进出口商品的实际数量。单位是指针对数量的计量单位，包括成交计量单位和法定计量单位。

（1）成交计量单位。是指买卖双方用以成交的计量单位（用以确定成交数量或价格的单位）。例如，中国的厂商向国外的客户出口地毯，在一定的规格下国外客户通常是买多少张或条，以每条或张的单价来确定最后的成交价格，这个张或条就是成交计量单位。在国际贸易中常用的计量单位有长度单位、面积单位、体积单位、容积单位、个数单位，使用什么样的计量单位需根据具体的商品由买卖双方协商确定。

（2）法定计量单位。是按照《中华人民共和国计量法》的规定所采用的计量单位，我国采用国际单位制的计量单位，以《海关统计商品目录》中规定的计量单位为准。实际应用中，法定计量单位是指《税则》中标注在每个商品编码后面的计量单位。根据商品的不同，有的有一个法定计量单位，有的有两个法定计量单位。两个计量单位用"/"区分，"/"前面的是法定第一计量单位，后面的是法定第二计量单位。例如，在"个/千克"中，"个"是法定第一计量单位，"千克"是法定第二计量单位。

成交计量单位可能和法定计量单位一致，也可能不一致。一致时，只需要填写法定计量单位；不一致时，除了要填法定计量单位，还要单独填写成交计量单位。

本栏目分3行填报，填报的格式是数量在前，单位在后，如1200千克。

（3）具体填报要求如下所列。

① 进出口货物必须按《海关法》规定的计量单位和成交计量单位填报。法定第一计量单位及数量填报在本栏目第一行。

② 凡海关列明法定第二计量单位的，必须报明该商品法定第二计量单位及数量，填报在本栏目第二行。无第二计量单位的，本栏目第二行为空。

③ 成交计量单位与《海关法》规定的计量单位不一致时，还需填报成交计量单位及数量，填报在数量及单位栏的第三行。成交计量单位与《海关法》规定的计量单位一致时，本栏目第三行为空。

④ 无论成交计量单位与哪个法定计量单位一致，因法定计量单位已填写，也就是成交计量单位已有体现，成交计量单位都不需再填写。

35．原产国（地区）

原产国（地区）依据《中华人民共和国进出口货物原产地条例》《中华人民共和国海关关于执行〈非优惠原产地规则中实质性改变标准〉的规定》及海关总署关于各项优惠贸易协定原产地管理规章规定的原产地确定标准填报。同一批进出口货物的原产地不同的，分别填报原产国（地区）。进出口货物原产国（地区）无法确定的，填报"国别不详"。

按海关规定的国别（地区）代码表选择填报相应的国家（地区）名称及代码。

36. 最终目的国（地区）

最终目的国（地区）指已知的出口货物最终交付的国家（地区），也即最终实际消费、使用或进一步加工制造的国家（地区）。

本栏目应按海关规定的国别（地区）代码表选择填报相应的国家（地区）名称或代码。

37. 单价

单价是指商品的一个计量单位以某一种货币表示的价格。商品的单价一般应由单位商品的价值金额、计量单位、计价货币和价格术语4个部分组成。例如，"AT USD 459/DRUM FOB DALIAN"，价值金额是459，计量（计价）单位是桶（DRUM），计价货币是美元（USD），价格术语是FOB DALIAN。

具体填报要求如下所列。

（1）应填报同一项号下进（出）口货物实际成交的商品单位价格（发票单价）的金额。

当一份报关单中有多项商品时，每个单价只对应一个项号下的商品。单价是一个成交计量单位下的价格，单价和数量单位是对应的关系。单价和其对应数量相乘等于总价。单价要和总价相对应。

（2）对无实际成交价格的货物，如来料加工进口料件、无代价抵偿货物，本栏目填报单位货值。

（3）单价的填报只填报单价的数值，不需要填报计价的单位（计量单位）和计价货币（币制）。因为已有专门填写计量单位和币制的栏目。

（4）单价填报到小数点后4位，第5位及其后略去，如单价为"0.12489"应填报"0.1248"。

38. 总价

总价是指进（出）口货物实际成交的商品总价。

具体填报要求如下所列。

（1）应填报同一项号下进（出）口货物实际成交的商品总价。

在报关单中总价是和单价相对应的，单价和其对应数量相乘等于总价，每一项商品都对应一个总价。

（2）无实际成交价格的，本栏目填报货值。

（3）总价填报到小数点后4位，第5位及其后略去。

39. 征免方式

征免是海关在征税的环节具体操作时采用的处理方式。对于进出口货物符合何种法律法规规定，确定属于征税、减税还是免税的管理，主要体现在征免性质上。但征免性质确定后具体在执行时还可以采用不同的操作方式。例如，对于征免性质是一般征税的货物，海关实际操作时既可以照章征税（依照法定税率计征各类税费），也可以接受收发货人的申请提供保函、保证金放行。因此，同一张报关单上可以有不同的征免方式。

海关规定有9种征免方式，并给每一种征免方式设定一个代码，形成征免税方式代码表。其中，最常使用的征免方式就是照章征税和全免。照章征税就是指对进出口货物依照法定税率计征各类税费；全免是指依照主管海关签发的征免税确认通知书或《加工贸易手册》等，对进出口货物免征关税和增值税。

具体填报要求如下所列。

本栏目应按照海关核发的征免税确认通知书或有关政策规定，对报关单所列每项商品选择填报海关规定的征免税方式代码表（表4-14）中相应的征、减、免税方式的名称。

表 4–14　征免税方式代码表

征免税方式代码	征免税方式名称
1	照章征税
2	折半征税
3	全免
4	特案减免
5	随征免性质
6	保证金
7	保证函
8	折半补税
9	出口全额退税

技能训练和巩固

华田公司进口一批自动缝纫机。装载该批缝纫机的运输工具于 2021 年 8 月 29 日申报进境，2021 年 8 月 31 日华田公司向北仑海关申报。请根据下列单据资料完成这批缝纫机进口报关单的填制。

【单据 1】发票

INVOICE

Shipped Per HAN SUNG 219
From London to Ningbo

Shipping Marks	Goods Description	Quantity	Unit Price	Amount
N/M	Automatic Welting Machine	100（计量单位：台）	USD1,500	USD150,000

【单据 2】提单

BILL OF LADING

Shipper： LONDON INTERNATIONAL TRADE CO. ××SOUTH ××TH STREET KENT LONDON 98032 UK	B/L No.：EPYP643105
Consignee of Order： NINGBO HUATIAN INTERNATIONAL TRADE CO. ××ZHONGSHAN RD.HAISHU NINGBO，CHINA	Carrier： HAN SUNG 219
Notify Party/Address： SAME AS CONSIGNEE	Place of Receipt： LONDON CY
Vessel and Voy No.：HAN SUNG 219	Place of Delivery： NINGBO CY
Port of Loading：NINGBO	
Port of Transhipment：	Port of Discharge： NINGBO

Marks & Nos.	Number & Kind of Packages	Description of Goods	Gross Weight	Measurement
N/M	TOTAL PACKED IN 100 CARTONS	Automatic Welting Machine	500KGS	

【单据3】报关单

中华人民共和国海关进口货物报关单

预录入编号： 海关编号： 页码/页数：

境内收货人	进境关别	进口日期			申报日期	备案号
境外发货人	运输方式	运输工具名称及航次号			提运单号	货物存放地点
消费使用单位	监管方式	征免性质			许可证号	启运港
合同协议号	贸易国（地区）	启运国（地区）			经停港	入境口岸
包装种类	件数	毛重（千克）	净重（千克）	成交方式	运费	保费	杂费

随附单证
随附单证1： 随附单证2：

标记唛码及备注

项号	商品编号	商品名称及规格型号	数量及单位	单价/总价/币制	原产国（地区）	最终目的国（地区）	境内目的地	征免
1								
2								
3								
4								
5								
6								
7								

	特殊关系确认：	价格影响确认：	支付特权使用费确认：	自报自缴：	
报关人员	报关人员证号	电话	兹申明以上内容承担如实申报、依法纳税之法律责任		海关批注及签章
申报单位			申报单位（签章）		

任务5 税费缴纳及结关

▶【任务目标】

根据任务导入的案例背景完成税费的计算及缴纳、提货（装船）。

▶【操作分析】

1. 报关人员小王计算进口氨纶纱线进口税、提货

接上例，报关人员小王确认了这批进口氨纶纱线需要缴纳进口关税和进口环节税。小王

查看了《税则》，确认进口氨纶纱线的关税税率是 5%，进口环节增值税率是 13%，海关审定完税价格是 6546 美元 / 吨，美元与人民币的汇率是 1∶6.82。根据进口关税 = 完税价格 × 关税税率，小王计算了相应的关税；根据进口环节增值税 =（关税 + 关税完税价格 + 进口环节消费税）× 增值税率，小王计算了进口环节增值税。由于氨纶纱线不属于进口环节要缴纳消费税的货物，因此进口环节消费税为 0。计算完毕后，小王根据海关规定完成了自报自缴，海关放行，小王到监管场所提货。

2. 报关人员小李判断是否需要缴纳出口关税、安排装船出运

接上例，报关人员小李确认了男士全棉衬衫属于不需要征收出口关税的纺织品，因此无须缴纳出口关税。

【知识链接】

要完成以上任务，需要掌握进出口税费计算的相关知识。

一、关税的计算方法

1. 进口关税的计算方法

进口关税是指一国海关以进境货物和物品为课税对象所征收的关税。进口关税最主要的计征方法包括从价税、从量税、复合税、滑准税。

（1）从价税。

从价税是以货物、物品的价格作为计税标准，以应征税额占货物价格的百分比为税率，价格和税额成正比例关系的关税。世界上大多数国家（地区）都采用的这种计税标准。计算公式为

$$应征税额 = 货物的完税价格 \times 从价税税率$$

（2）从量税。

从量税是以货物和物品的计量单位，如重量、数量、容量等作为计税标准，以每一计量单位的应征税额征收的关税。我国对啤酒、冻鸡、原油、感光胶片等进口货物采用从量税的课税标准。以冻鸡为例，其最惠国税率为 1.3 元 / 千克。计算公式为

$$应征税额 = 货物计量单位总额 \times 从量税税率$$

（3）复合税。

复合税也称混合税。它是对进口商品既征收从量税又征收从价税的一种办法，一般以从量为主，再加征从价税。计算公式为

$$应纳税额 = 应税进口货物数量 \times 关税单位税额 +$$
$$应税进口货物数量 \times 单位完税价格 \times 适用税率$$

（4）滑准税。

滑准税是指关税的税率随着进口商品价格的变动而反方向变动的一种税率形式，即价格越高，税率越低，税率为比例税率。因此，实行滑准税率，进口商品应纳关税税额的计算方法与从价税的计算方法相同。我国 2005 年 5 月份开始对关税配额外棉花进口配额征收滑准税，征收的目的是在大量棉花进口的情况下，减少进口棉花对国内棉市场的冲击，确保棉农收益。目前，我国对关税配额外进口一定数量的棉花继续实施滑准税，具体计算方式如下所列。

① 当进口棉花完税价格高于或等于 14 元 / 千克时，暂定关税税率为 0.570 元 / 千克。

② 当进口棉花完税价格低于 14 元 / 千克时，暂定关税税率按下式计算

$$Ri = 8.23 \div Pi + 3.235\% \times Pi - 1$$

式中，Ri——暂定关税税率，对上式计算结果小数点后第 4 位四舍五入保留前 3 位，且当 Ri 按上式计算值高于 0.4 时，取值 0.4；Pi——关税完税价格，单位为"元 / 千克"。

2. 出口关税的计算方法

出口关税是以出境货物和物品为征税对象。计算公式为

$$应征出口关税税额 = 出口货物完税价格 \times 出口关税税率$$

$$出口货物完税价格 = FOB \div (1 + 出口关税税率)$$

出口货物完税价格由海关以该货物的成交价格为基础审查确定，包括货物运至中华人民共和国境内输出地点装载前的运输及其相关费用、保险费。下列费用不计入出口货物完税价格。

（1）出口关税。

（2）输出地点装载后的运费及相关费用、保险费。

（3）在货物价款中单独列明由卖方承担的佣金。

二、进口货物完税价格的确定

1. 一般进口货物完税价格的确定

海关对一般进口货物完税价格的估价方法有进口货物成交价格方法、相同货物成交价格方法、类似货物成交价格方法、倒扣价格方法、计算价格方法、合理方法。这 6 种方法必须依次使用。另外，经海关同意，倒扣价格方法和计算价格方法可以颠倒使用。

（1）进口货物成交价格方法。

① 完税价格。由海关以该货物的成交价格为基础审查确定，并应包括货物运抵中华人民共和国境内输入地点起卸前的运输及相关费用、保险费。

② 成交价格。卖方向中华人民共和国境内销售该货物时，买方为进口该货物向卖方实付、应付的，并按有关规定调整后的价款总额，包括直接支付的价款和间接支付的价款。

成交价格不完全等同于贸易中实际发生的发票价格，需要按有关规定进行调整。

③ 成交价格的调整因素。

> **知识拓展**
>
> **计入因素（计入项目）和扣除因素（扣除项目）**
>
> 计入项目包括以下内容。
> （1）除购货佣金以外的佣金和经纪费用。佣金分为购货佣金和销售佣金。购货佣金也叫买方佣金，不计入完税价格。而销售佣金（卖方佣金）要计入完税价格。
> （2）与进口货物作为一个整体的容器费。
> （3）包装费。包装费既包括材料费，也包括人工费。
> （4）协助价值。在国际贸易中，买方以免费或以低于成本价的方式向卖方提供了一些货物或服务，这些货物或服务的价值被称为协助价值，包括：进口货物所包含的材料、部件、零件和类似货物的价值；在生产进口货物过程中使用的工具、模具和类似货物的价值；在生产进口货物过程中消耗的材料的价值；在境外完成的为生产该货物所需的工程设计、技术研发、工艺及制图等工作的价值。
> （5）特许权使用费。
> （6）返回给卖方的转售收益。如果买方在货物进口后，把进口货物的转售、处置或使用的收益一部分返还给卖方，这部分收益的价格应该计入完税价格中。
>
> 上述所有项目的费用或价值计入完税价格中，必须同时满足 3 个条件：由买方负担；未包括在进口货物的实付或应付价格中；有客观量化的数据资料。

> 对于扣除项目（或不计入完税价格的项目），在进口货物的价款中单独列明下列费用：如果成交价格中已经包含这些项目，则将其从成交价格中扣除；如果成交价格中没有包含这些项目，则不计入该货物的完税价格。扣除项目包括以下内容。
> （1）厂房、机械、设备等货物进口后进行建设、安装、装配、维修和技术服务的费用。
> （2）货物运抵境内输入地点起卸后的运输及其相关费用、保险费。
> （3）进口关税及国内税收。
> （4）为在境内复制进口货物而支付的费用。
> （5）境内外技术培训及境外考察费用。

④ 成交价格本身须满足的条件。

A. 买方对进口货物的处置和使用不受限制。以下情况视为限制。

（A）进口货物只能用于展示或免费赠送的。

（B）进口货物只能销售给指定第三方的。

（C）进口货物加工为成品后只能销售给卖方或指定第三方的。

（D）其他经海关审查认定买方对进口货物的处置或使用受到限制的。

B. 货物的价格不应受到导致该货物成交价格无法确定的条件或因素的影响。以下情况视为有影响。

（A）进口货物的价格是以买方向卖方购买一定数量的其他货物为条件确定的。

（B）进口货物的价格是以买方向卖方销售其他货物为条件而确定的。

（C）其他经海关审查，认定货物的价格受到使该货物成交价格无法确定的条件或因素影响的。

C. 卖方不得直接或间接地从买方获得因转售、处置或使用进口货物而产生的任何收益，除非上述收益能够被合理地确定。

D. 买卖双方之间的特殊关系不影响价格。以下情况视为有特殊关系。

（A）买卖双方为同一家族成员。

（B）买卖双方互为商业上的高级职员或董事。

（C）一方直接或间接地受另一方控制。

（D）买卖双方都直接或间接地受第三方控制。

（E）买卖双方共同直接或间接地控制第三方。

（F）一方直接或间接拥有、控制或持有对方5%以上（含5%）公开发行的有表决权的股票或股份。

（G）一方是另一方的雇员、高级职员或董事。

（H）买卖双方是同一合伙的成员。

（2）相同或类似货物成交价格方法。

不能够采用成交价格方法时，按照顺序考虑采用相同或类似进口货物的成交价格方法。

① "相同货物"和"类似货物"的含义。相同货物指进口货物在同一国家（地区）生产的，在物理性质、质量和信誉等所有方面都相同的货物，但是表面的微小差异允许存在。

类似货物指与进口货物在同一国家（地区）生产的，虽然不是在所有方面都相同，但是却具有相似的特征、相似的组成材料、相同的功能，并且在商业中可以互换的货物。

② 时间要素。"相同货物"或"类似货物"必须与进口货物同时或大约同时进口，"同时或大约同时进口"是指进口货物接受申报之日的前后各45天以内。

③ 运用。应使用和进口货物处于相同商业水平、大致相同数量的或类似货物的成交价格，优先使用同一生产商生产的相同或类似货物的成交价格。

（3）倒扣价格方法。

倒扣价格方法是以进口货物、相同或类似进口货物在境内第一环节的销售价格为基础，扣除境内发生的有关费用来估定完税价格。

① 用以倒扣的上述销售价格应同时符合的条件。

A. 同时或大约同时进口。

B. 保持进口状态销售。

C. 第一环节销售。

D. 向无特殊关系方销售。

E. 合计的货物销售总量最大（即最大量批发给买方的价格）。

② 倒扣价格方法的核心要素。

A. 按进口时的状态销售，即以进口时的状态销售的价格为基础。

B. 时间要素为申报之日前后各45天，可延长至90天。

C. 合计的货物销售总量最大。

③ 倒扣价格方法需要扣除的项目。

A. 在境内第一环节销售时通常支付的佣金或利润和一般费用。

B. 货物运抵境内输入地点之后的运保费。

C. 进口关税及在境内销售有关的国内税。

D. 加工增值额。

（4）计算价格方法。

以发生在生产国或地区的生产成本作为基础。

如果进口货物纳税义务人提出要求，并经海关同意，计算价格方法可以与倒扣价格方法颠倒顺序使用。

（5）合理方法。

当海关不能根据前5种估价方法确定完税价格时，根据公平、统一、客观的估价原则，以客观量化的数据资料为基础审查确定进口货物完税价格。

合理估价方法，实际上不是一种具体的估价方法，而是规定了使用方法的范围和原则。运用合理方法估价时，首先应当依次使用前5种估价方法。

2. 特殊进口货物完税价格的确定

（1）运往境外加工的货物。出境时已向海关申报，并在海关规定期限内复运进境的，应当以加工后的货物进境时的CIF价格与原出境货物或相同的、类似的货物在进境时的CIF价格之间的差额作为完税价格。

如上述原出境货物在进境时的CIF价格无法得到，可用原出境货物申报出境时的FOB价格替代；如上述两种方法的CIF价格都无法得到时，可用原出境货物在境外加工时支付的工缴费、运抵中国关境输入地点起卸前的包装费、运费、保险费和其他劳务费等一切费用作为完税价格。

（2）运往境外修理的机械器具、运输工具或其他货物。出境时已向海关申报并在海关规定期限内复运进境的，应当以海关审定的修理费和料件费作为完税价格。

（3）租赁（包括租借）方式进境的货物。应当以海关审定的货物的租金，作为完税价格。如租赁进口货物是一次性支付租金的，也可以以海关审定的该项进口货物的成交价格作为完税价格。

（4）寄售进口货物完税价格的确认。有两种方法：一种是作为保税货物处理，即将货物存入保税仓库，按实际出库销售的价格作为完税价格；另一种是进口后即投入市场销售，则以海关审核的货主开出的发票价格作为该项货物的完税价格。

三、进口环节税的计算

进出口环节税主要包括增值税、消费税和船舶吨税。

1. 增值税

增值税是以商品的生产、流通和劳务服务各个环节所创造的新增价值为课税对象的一种流转税。其他环节的增值税由税务机关征收,进口环节增值税由海关代征。

增值税的基本税率为13%,按9%征收增值税的商品有以下5种。

(1)粮食、食用植物油。

(2)自来水、暖气、冷气、热水、煤气、石油液化气、天然气、沼气、居民用煤炭制品。注意,石油、汽油、柴油不按9%进行征税。

(3)图书、报纸、杂志(图书)。

(4)饲料、化肥、农药、农机、农膜(与农业生产有关)。

(5)国务院规定的其他货物。

计算公式为

$$应纳增值税额 = 组成价格 \times 增值税税率$$

$$组成价格 = 关税完税价格 + 关税税额 + 消费税税额$$

增值税起征额为人民币50元,低于50元的免征。

从2018年起,我国连续下调增值税税率。根据财政部、税务总局、海关总署联合发布的《关于深化增值税改革有关政策的公告》,自2019年4月1日起,进口货物原适用16%增值税税率的,税率调整为13%,原适用10%增值税税率的,税率调整为9%。增值税税率下调将进一步减轻中国制造业的税负,刺激更多高端制造、通信设备、研发等投资增速,与党的二十大报告提出的"加快建设制造强国""推动制造业高端化、智能化"遥相呼应。

2. 消费税

消费税是以消费品的流转额作为征税对象的各种税收,是政府向消费品征收的税项,征收环节单一,多数在生产或进口环节缴纳。进口环节消费税由海关代征。

(1)消费税的征税范围如下所列。

① 危害身体健康、社会秩序、生态环境的特殊消费品,如鞭炮、焰火、烟(复合税)、酒精、酒等。

② 奢侈品、非生活必需品,如贵重首饰及珠宝玉石、高尔夫球及球具、高档手表、游艇等。

③ 高能耗的高档消费品,如小轿车、摩托车、汽车轮胎等。

④ 不可再生和替代的资源类消费品,如汽油、柴油、石脑油、溶剂油、润滑油、航空煤油(缓征)、一次性筷子等。

(2)消费税的计征分为从价计征和从量计征两种计征方式。

① 从价计征。计算公式为

$$应纳消费税税额 = 消费税组成计税价格 \times 消费税税率$$

$$消费税组成计税价格 = (关税完税价格 + 关税税额) \div (1 - 消费税税率)$$

② 从量计征。计算公式为

$$应纳税额 = 应征消费税消费品数量 \times 单位税额$$

消费税起征额为人民币50元,低于50元的免征。

3. 船舶吨税

船舶吨税是对在中国港口行驶的外国籍船舶、外商租用的中国籍船舶,以及中外合营企业使用的中外国籍船舶征税。其征收税款主要用于港口建设维护及海上干线公用航标的建设维护。

以下各种外籍船舶免征船舶吨税。

（1）与中国建立外交关系国家的大使馆、公使馆、领事馆使用的船舶。

（2）有当地港务机关证明，属于避难、修理、停驶或拆毁的船舶，并不上下客货的。

（3）专供上下客货及存货的泊定埠船、浮桥宽船及浮船。

（4）中央或地方政府征用或租用的船舶。

（5）进入我国港口后24小时或停泊港口外48小时以内离港并未装卸任何客货的船舶。

（6）来我国港口专为添装船用燃料、物料并符合上述第（5）条规定的船舶。

（7）吨税税额不满10元的船舶。

（8）在吨税执照期满后24小时内不上下客货的船舶。

船舶吨税分90天期和30天期两种缴纳，根据纳税人的不同，分别适用一般累进税额标准和优惠累进税额标准，计算公式为

$$应纳税额 = 应税船舶净吨位 \times 税额标准 - 速算扣除数$$

四、税款滞纳金的计算

滞纳金指应纳税的单位或个人因逾期向海关缴纳税款而依法应缴纳的款项。

滞纳金应当自海关填发滞纳金缴款书之日起15日内向指定银行缴纳，征收标准为0.5‰。计算公式为

$$关税滞纳金金额 = 滞纳关税税额 \times 0.05‰ \times 滞纳天数$$

$$进口环节海关代征税滞纳金金额 = 滞纳进口环节海关代征税税额 \times 0.05‰ \times 滞纳天数$$

海关对滞纳天数的计算是自滞纳税款之日起至进出口货物的纳税义务人缴纳税费之日止，其中的法定节假日不予扣除。缴纳期限届满日遇休息日或法定节假日的，应当顺延至休息日或法定节假日之后的第一个工作日。国务院临时调整休息日与工作日的，则按调整后的情况计算缴款期限。

滞纳金起征额为50元，不足50元的免予征收。

五、原产地确定与税率适用

1. 原产地规则的含义

WTO《原产地规则协议》将原产地规则定义为：一国（地区）为确定货物的原产地而实施的普遍适用的法律法规和行政决定。

2. 原产地规则类别

（1）优惠原产地规则。

优惠原产地规则以双边或多边协定形式确定，适用于各类"优惠贸易安排"（PTA），它是进口国借以确定出口国产品原产地资格并使产品获得优惠待遇的前提条件。

我国目前执行的优惠原产地规则有《亚太贸易协定》《中国—东盟全面经济合作框架协议》《中华人民共和国给予非洲最不发达国家特别优惠关税待遇的货物原产地规则》《中国—巴基斯坦自由贸易协定》《中国—智利自由贸易协定》等。

（2）非优惠原产地规则。

非优惠原产地规则（HRO）是在世界多边贸易体系中普遍适用的货物原产地判别标准，其谈判早在WTO成立时就已启动，一直延续至今，其遵循最惠国待遇原则，即普遍、无差别地适用于所有最惠国进口产品。

3. 原产地认定标准

（1）优惠原产地认定标准。

优惠原产地认定标准主要有"完全在一个国家（地区）生产的标准（即完全获得标准）""增值标准""直接运输标准"。

① 完全获得标准。

A. 在该国（地区）领土或领海开采的矿产品。

B. 在该国（地区）领土收获或采集的植物产品。

C. 在该国（地区）领土出生和饲养的活动物及从其所得的产品。

D. 在该国（地区）领土或领海狩猎或捕捞所得的产品。

E. 该国（地区）船只在公海捕捞的水产品和其他物品所得的产品。

F. 在该国（地区）船只加工的前述第 E 项所列物品所得的产品。

G. 在该国（地区）收集的仅适用于原材料回收的废旧物品。

H. 在该国（地区）加工制造过程中产生的废碎料。

I. 在该国（地区）利用上述 A～H 项所列产品所得的产品。

② 增值标准。指在某一国家（地区）对非该国（地区）原材料进行加工、制造后的增值部分超过了所得货物价值的一定比例。具体规定如下所述。

A. 货物最后加工制造工序在受惠国完成。

B. 用于加工制造的非原产于受惠国及产地不明的原材料、零部件等成分的价值占进口货物 FOB 的比例，在下述不同的协定框架下，增值标准各不同。

《亚太贸易协定》——非成员方材料不超过该货物 FOB 价的 55%；非原产于孟加拉国材料不超过 65%。

《中国—东盟全面经济合作框架协议》——非成员材料不超过 60%，且最后工序在成员方境内完成。

《中国—巴基斯坦自由贸易协定》——使用中国、巴基斯坦原产材料所占比例不得低于 40%。

《特别优惠关税待遇》——受惠国对非该国原产材料进行制造、加工后的增值部分不小于 40%。

《中国—智利自由贸易协定》——使用非成员方原产材料占货值小于 60%。

> **知识拓展**
>
> **全球最大自由贸易协定 RCEP**
>
> 第四次区域全面经济伙伴关系协定领导人会议于 2020 年 11 月 15 日举行，东盟十国（印度尼西亚、马来西亚、菲律宾、泰国、新加坡、文莱、柬埔寨、老挝、缅甸、越南）及中国、日本、韩国、澳大利亚、新西兰，正式签署区域全面经济伙伴关系协定（RCEP），标志着全球规模最大的自由贸易协定正式达成。签署 RCEP，是区域内国家以实际行动维护多边贸易体制、建设开放型世界经济的重要一步，对深化区域经济一体化、稳定全球经济具有标志性意义。
>
> 党的二十大报告对推进高水平对外开放作出了新的部署，明确指出"维护多元稳定的国际经济格局和经贸关系"。加快推进 RCEP 等区域经济合作进程，有助于深化区域经贸合作，维护多元稳定的国际经济格局和经贸关系。

③ 直接运输标准。直接运输标准要求产品从原产地直接运输到进口国，中途不得进入第三国市场，以保证进口产品是原产地发运出的原产品，防止运输途中在第三国可能发生的任何再加工或调换。

（2）非优惠原产地认定标准。

① 完全获得标准。完全在一个国家（地区）获得或生产制造的货物，以该国（地区）为原产地。以下产品视为在一国（地区）"完全获得"。

A. 在该国（地区）出生并饲养的活的动物。

B. 在该国（地区）野外捕捉、捕捞、搜集的动物。

C. 在该国（地区）的活的动物获得的未经加工的物品。

D. 在该国（地区）收获的植物和植物产品。

E. 在该国（地区）采掘的矿物。

F. 在该国（地区）获得的除上述 A～E 项之外的其他天然生成的物品。

G. 在该国（地区）生产过程中产生的只能弃置或回收用作材料的废碎料。

H. 在该国（地区）收集的不能修复或修理的物品，或从该物品中回收的零件或材料。

I. 由合法悬挂该国旗帜的船舶从其领海以外海域获得的海洋捕捞物和其他物品。

J. 在合法悬挂该国旗帜的加工船只上加工上述第 I 项所列物品获得的产品。

K. 从该国领海以外享有专有开采权的海床或海床底土获得的物品。

L. 在该国（地区）利用上述 A～K 项所列物品中生产的产品。

② 实质性改变的确定标准。两个及以上国家（地区）参与生产或制造的货物，以最后完成实质性改变的国家（地区）为原产地。以税则归类改变为基本标准，税则归类改变不能反映实质性改变的，以从价百分比、制造或加工工序等为补充标准。

从价百分比，是指在某一个国家（地区）对非该国（地区）原产材料进行制造、加工后的增值部分，超过所得货物价值的 30%。

4. 申报要求

（1）《亚太贸易协定》规则。

除了按照进口货物所需提交的单证之外，纳税义务人还应当向海关提交受惠国政府指定机构签发的原产地证书正本作为报关单随附单证。

（2）《中国—东盟全面经济合作框架协议》规则。

纳税义务人应当主动向申报地海关申明该货物适用该规则。

（3）《中国—巴基斯坦自由贸易协定》规则。

巴基斯坦产品报关时要申明适用该规则税率。

（4）《中华人民共和国给予非洲最不发达国家特别优惠关税待遇的货物原产地规则》。

报关时要申明适用特惠关税。

（5）《中国—智利自由贸易协定》规则。

主动提交智利签发出的原产地证书，申明适用该规则税率。

① 货物经过其他国家（地区）的，须提供证明。

② 展览货物的，在原产地证书上注明展览的名称和地点。

③ 未提供原产地证明或文件不符合的，收取保证金放行。规定期限内补交证明，逾期保证金转税。

④ 原产于智利，价值不超过 600 美元可免交原产地证书。

5. 原产地证书

原产地证书是证明产品原产于某地的书面文件，是享受优惠关税或是否适用附加税的凭证，但不是确定原产地的唯一标准。若海关通过查验货物或审核单证认为所提供的原产地证书不真实的,海关将根据原产地规则标准予以确认。一个原产地证书只适用于一批进口货物,不可多次使用。

(1) 优惠原产地证书。

原产地证书的发证机构名称、签章与海关备案一致,原产地证书内容与进口货物单证、实际情况一致,一份证书只适用于一批进口货物,不可多次使用,货物经过其他国家(地区)的,由过境国家(地区)海关开具未再加工证明。此外,各规则还有特殊规定。

①《亚太贸易协定》。规定对不能提供原产地证书的,由海关依法确定原产地征税放行。自货物进境之日起90天内补交原产地证书的,对多征税款予以退还。

②《中国—东盟全面经济合作框架协议》。规定原产地证书有效期4个月。如经第三方转运可延至6个月。由于不可抗力或其他正当理由超过期限的,经海关审核后可以接受。每批产品的FOB价不超过200美元的,无须提交原产地证书,但应提交出口商有关产品原产于该出口成员方的声明。海关怀疑原产地证书内容的真实性时,请求东盟国家对其进行核查。其间,可先征收保证金放行货物,待核查完毕,办理保证金转税、退还手续。不能提供原产地证书的,由海关依法确定征税。自货物装运之日起1年内补发,且在原产地证书上注明"补发"字样,经海关核实,退还多征税款。

③《中国—巴基斯坦自由贸易协定》。规定原产地证书提交正本,A4纸印制,文字为英语,不得涂改及叠印。原产地证书应在货物出口前或出口后15日内签发,如未签发,可于货物装运之日起1年内补发。原产地证书应注明"补发"字样。原产地证书被盗、遗失、毁坏,1年内提交真实原产地证书真实复制本,注明原正本的签发日期。原产地证书有效期限6个月,途经多国可延长至8个月。巴基斯坦展览品销售给国内收货人,需提交原产地证书和我国有关政府机构签发的注明展览会名称及地址的证明。

(2) 非优惠原产地证书。

① 对适用反倾销、反补贴措施进口商品的要求。进口与被诉产品相同的货物,应提交原产地证书;无法提交的,按被诉倾销产品征收反倾销税或保证金。

② 对适用临时保障措施和最终保障措施进口商品的要求。对进口涉案产品不能提供不适用实施最终保障措施国家(地区)的原产地证明或对其有怀疑的,由海关审核有关单证(包括合同、发票、提运单等)验估原产地;如仍不能确定,加征特别关税或保证金放行货物。

6. 税率适用

(1) 税率的种类。

关税税率是指《税则》规定的对课征对象征税时计算税额的比例。我国关税税率的设置有法定税率、暂定税率、配额税率、信息技术产品税率(ITA税率)、特别关税等。

① 法定税率。根据《关税条例》规定,我国进口关税的法定税率包括最惠国税率、协定税率、特惠税率和普通税率。

A. 最惠国税率。最惠国税率适用原产于与我国共同适用最惠国待遇条款的WTO成员方或地区的进口货物,或原产于与我国签订有相互给予最惠国待遇条款的双边贸易协定的国家(地区)的进口货物,以及原产于中华人民共和国境内的进口货物。

B. 协定税率。协定税率适用原产于与我国订有含关税优惠条款的区域性贸易协定的有关缔约方的进口货物。

C. 特惠税率。特惠税率适用原产于与我国签订有特殊优惠关税协定的国家(地区)的进口货物。

D. 普通税率。普通税率适用原产于上述国家(地区)以外的国家(地区)的进口货物,或原产地不明的国家(地区)的进口货物。

② 暂定税率。根据《关税条例》规定，对特定进出口货物，可以实行暂定税率。实施暂定税率的货物、税率、期限，由国务院关税税则委员会决定，海关总署公布。

暂定税率的商品可分为以下两类。

A. 无技术规格。海关在征税时只需审核品名和税号无误后，即可执行。

B. 附有技术规格。海关在征税时，除审核品名和税号外，还需对进口货物的技术规格进行专业认定后才能适用。

③ 配额税率。关税配额制度是国际通行的惯例，这是一种在一定数量内进口实行低关税，超过规定数量就实行高关税的办法。实施关税配额管理的货物、税率、期限，由国务院关税税则委员会决定，海关总署公布。

④ 信息技术产品税率（ITA 税率）。信息技术产品税率也叫信息技术产品最惠国税率，2016 年 9 月 14 日前需要在进口申报时填报由海关出具的《进口部分适用 ITA 税率的商品用途认定证明》，2016 年 9 月 14 日后进口申报不需要再填报，如实申报即可。

⑤ 特别关税。特别关税包括报复性关税、反倾销税、反补贴税、保障性关税和其他特别关税。任何国家（地区）对其进口的原产于中华人民共和国的货物征收歧视性关税或给予歧视性待遇的，海关对原产于该国家（地区）的进口货物，可以征收特别关税。征收特别关税的货物、适用国别、税率、期限和征收办法，由国务院关税税则委员会决定，海关总署负责实施。

（2）进口税率的适用。

对于同时适用多种税率的进口货物，在选择适用的税率时，基本的原则是"从低计征"，特殊情况除外。

① 适用于最惠国税率的进口货物有暂定税率的，暂定税率优先；适用于协定税率、特惠税率的进口货物有暂定税率的，从低征税；适用于普通税率的不适用暂定税率；无法确定原产国的，按普通税率征收。

② 关税配额。配额内的货物，配额税率优先；配额外的货物，按其他规定执行。

③ 反倾销、反补贴、保障措施。按相关条例规定执行，遇有协定税率则按照协定税率计征。

④ 报复性关税税率。对我国实行贸易歧视，则一律按照报复性关税计征。

⑤ 适用协定税率又适用反倾销反补贴措施范围内的，按协定税率计征；适用协定税率又适用保障措施范围内的，按采取措施后所确定的适用税率计征。

⑥ ITA 税率。优先于其他税率。

（3）出口税率适用。

对于出口货物，在计算出口关税时，出口暂定税率优先于出口税率执行。

（4）税率适用的时间。

《关税条例》规定，进出口货物应当按照收发货人或他们的代理人申报进口或出口之日实施的税率征税。

六、海关估价中的价格质疑程序和价格磋商程序

1. 价格质疑程序

海关对申报价格的真实性、准确性有疑问，或有理由认为买卖双方的特殊关系可能影响成交价格时，向纳税义务人或其代理人制发海关价格质疑通知书，将质疑的理由书面告知，纳税义务人或其代理人应当自收到价格质疑通知书之日起 5 个工作日内，以书面形式提供相关资料或其他证据，证明其申报价格真实、准确或双方之间的特殊关系未影响成交价格。纳

税义务人或其代理人确有正当理由无法在规定时间内提供资料的,可以在规定期限届满前以书面形式向海关申请延期。除特殊情况外,延期不得超过10个工作日。

对进口货物没有成交价格的,或申报明显不符合成交价格条件的情况,海关无须履行价格质疑程序,可直接进入价格磋商程序。

2. 价格磋商程序

价格磋商是指海关在使用除成交价格以外的估价方法时,在保守商业秘密的基础上,与纳税义务人交换彼此掌握的用于确定完税价格的数据资料的行为。

海关通知纳税义务人进行价格磋商时,纳税义务人须自收到海关价格磋商通知书之日起5个工作日内与海关进行价格磋商。纳税义务人未在规定的时限内与海关进行磋商的,视为放弃价格磋商的权利,海关可以直接按照《审价办法》规定的方法审查确定进出口货物的完税价格。

海关与纳税义务人进行价格磋商时,应当制作海关价格磋商记录表。

对符合下列情形之一的,经纳税义务人书面申请,海关可以不进行价格质疑及价格磋商,依法审查确定进出口货物的完税价格。

(1) 同一合同项下分批进出口的货物,海关对其中一批货物已经实施估价的。

(2) 进出口货物的完税价格在人民币10万元以下,或关税及进口环节税总额在人民币2万元以下的。

(3) 进出口货物属于危险品、鲜活品、易腐品、易失效品、废品、旧品等的。

七、进出口税费减免

1. 法定减免税

(1) 关税额在人民币50元以下的一票货物。

(2) 无商业价值的广告品和货样。

(3) 外国政府、国际组织无偿赠送的物资。

(4) 在海关放行前遭受损坏或损失的货物。

(5) 进出境运输工具装载的途中必需的燃料、物料和饮食用品。

(6) 中华人民共和国缔结或参加的国际条约规定减征、免征关税的货物、物品。

(7) 法律规定的其他减免税货物。

2. 特定减免税

特定减免税适用特定地区、特定用途、特定企业,是政策性减免税。减免税范围和办法由国务院规定。具体包括以下内容。

(1) 外商投资企业进出口物资。

(2) 国内投资项目进口设备。

(3) 贷款项目进口物资。

(4) 特定区域(出口加工区和保税区)进口物资。

(5) 科教用品。

(6) 残疾人用品。

(7) 救灾捐赠物资。

(8) 扶贫慈善捐赠物资。

3. 临时减免税

临时减免税具有集权性、临时性、特殊性的特点,一般是"一案一批"。

八、进出口税费缴纳与退补

1. 税款缴纳

税款应在进出境向海关缴纳,经批准,也可在属地缴纳。缴纳方式有柜台支付和网上支付。缴纳凭证是海关专用缴款书。

2. 税款退还

纳税义务人或其代理人缴纳税款后,由海关将原缴纳关税税款的全部或部分返回给原纳税人的制度称为关税退还制度。

以下情况海关核准可予以办理退税手续。

(1)已缴纳进口关税和进口环节税税款的进口货物,因品质或规格原因原状退货复运出境的。

(2)已缴纳出口关税的出口货物,因品质或规格原因原状退货复运进境,并已经重新缴纳因出口而退还的国内环节有关税收的。

(3)已缴纳出口关税的货物,因故未装运出口申报退关的。

(4)散装进出口货物发生短卸、短装并已征税放行的,如果该货物的发货人、承运人或者保险公司已对短卸、短装部分退还或赔偿相应货款的,纳税义务人可以向海关申请退还进口或出口短卸、短装部分的相应税款。

(5)进出口货物因残损、品质不良、规格不符的原因,由进出口货物的发货人、承运人或保险公司赔偿相应货款的,纳税义务人可以向海关申请退还赔偿货款部分的相应税款。

(6)因海关误征,致使纳税义务人多缴税款的。

出口货物的收、发货人或他们的代理人,在缴纳税款后发现多缴税款的,自缴纳税款之日起1年内,向海关申请退税,逾期海关不予受理。退税凭证是收入退还书。

3. 税款追征和补征

(1)追征和补征的范围。

① 进出口货物放行后,海关发现少征或漏征税款的。

② 因纳税义务人违反规定造成少征或漏征税款的。

③ 海关监管货物在海关监管期内因故改变用途按照规定需要补征税款的。

(2)追征和补征的期限和要求。

进出口货物完税后,由于海关方面的原因,造成的少征或漏征税款,海关应当自缴纳税款或货物放行之日起1年内,向收发货人或他们的代理人补征。因收发货人或他们的代理人违反规定而造成的少征或漏征,海关在3年内可以追征。

追征和补征的税款凭证是海关专用缴款书。

九、出口退(免)税

出口退(免)税是指在国际贸易中,对报关出口的货物退还在国内各生产环节和流转环节按税法规定已缴纳的增值税和消费税,或免征应缴纳的增值税和消费税。

1. 出口退税条件

(1)必须是增值税、消费税征收范围内的货物。

增值税、消费税的征收范围,包括除直接向农业生产者收购的免税农产品以外的所有增值税应税货物,以及烟、酒、化妆品等列举征收消费税的消费品。

(2)必须是报关离境出口的货物。

货物是否报关离境出口,是确定货物是否属于退(免)税范围的主要标准之一。凡在国内销售、不报关离境的货物，除另有规定者，无论出口企业是以外汇还是以人民币结算，也不论出口企业在财务上如何处理，均不得视为出口货物予以退税。

（3）必须是在财务上作出口销售处理的货物。

出口货物只有在财务上作出销售处理后，才能办理退（免）税。也就是说，出口退（免）税的规定只适用于贸易性的出口货物，而对非贸易性的出口货物，如捐赠的礼品、在国内个人购买并自带出境的货物（另有规定者除外）、样品、展览品、邮寄品等，因其一般在财务上不作销售处理，故按照现行规定不能退（免）税。

（4）必须是已收汇并经核销的货物。

按照现行规定，出口企业申请办理退（免）税的出口货物，必须是已收外汇并经外汇管理部门核销的货物。

2. 范围

（1）下列企业出口属于增值税、消费税征收范围的货物可办理出口退（免）税，除另有规定外，给予免税并退税。

① 有出口经营权的内（外）资生产企业自营出口或委托外贸企业代理出口的自产货物。
② 有出口经营权的外贸企业收购后直接出口或委托其他外贸企业代理出口的货物。
③ 生产企业（无进出口权）委托外贸企业代理出口的自产货物。
④ 保税区内企业从区外有进出口权的企业购进直接出口或加工后再出口的货物。
⑤ 下列特定企业（不限于是否有出口经营权）出口的货物。
A. 对外承包工程公司运出境外用于对外承包项目的货物。
B. 对外承接修理修配业务的企业用于对外修理修配的货物。
C. 外轮供应公司、远洋运输供应公司销售给外轮、远洋国轮而收取外汇的货物。
D. 企业在境内采购并运往境外作为在境外投资的货物。
E. 援外企业利用中国政府的援外优惠贷款和合资合作项目基金方式下出口的货物。
F. 外商投资企业特定投资项目采购的部分国产设备。
G. 利用国际金融组织或国外政府贷款，采用国际招标方式，由国内企业中标销售的机电产品。
H. 境外带料加工装配业务企业的出境设备、原材料及散件。
I. 外国驻华使（领）馆及其外交人员、国际组织驻华代表机构及其官员购买的中国产物品。

（2）下列出口货物，免征增值税、消费税。

① 来料加工复出口的货物，即原材料进口免税，加工自制的货物出口不退税。
② 避孕药品和用具、古旧图书，内销免税，出口也免税。
③ 出口卷烟。计划内出口卷烟，在生产环节免征增值税、消费税，出口环节不办理退税。其他非计划内出口的卷烟照章征收增值税和消费税，出口一律不退税。
④ 军品及军队系统企业出口军需工厂生产或军需部门调拨的货物免税。
⑤ 国家现行税收优惠政策中享受免税的货物，如饲料、农药等货物不予退税。
⑥ 一般物资援助项下实行实报实销结算的援外出口货物。

（3）下列企业出口的货物，除另有规定外，给予免税，但不予退税

① 属于生产企业的小规模纳税人自营出口或委托外贸企业代理出口的自产货物。
② 外贸企业从小规模纳税人购进并持普通发票的货物出口，免税但不予退税。但对下列出口货物考虑其占出口比重较大及其生产、采购的特殊因素，特准退税：抽纱、工艺品、香料油、山货、草柳竹藤制品、渔网渔具、松香、五倍子、生漆、鬃尾、山羊板皮、纸制品。
③ 外贸企业直接购进国家规定的免税货物（包括免税农产品）出口的，免税但不予退税。

④ 外贸企业自非生产企业、非市县外贸企业、非农业产品收购单位、非基层供销社和非机电设备供应公司收购出口的货物。

（4）除经批准属于进料加工复出口贸易以外，下列出口货物不免税也不退税。

① 一般物资援助项下实行承包结算制的援外出口货物。

② 国家禁止出口的货物。包括天然牛黄、麝香、铜及铜基合金（电解铜除外）、白金等。

③ 生产企业自营或委托出口的非自产货物。

国家规定不予退税的出口货物，应按照出口货物取得的销售收入征收增值税。

3. 增值税退税率

退税率每年都会发生变化，变化时间不确定，跟踪最新的退税率变化内容可到中国出口退税咨询网查找现行增值税、消费税税率及其退税率。

4. 增值税退税额计算

增值税退税额计算公式为

增值税退税额 = 税后货值（增值税发票金额）÷（1 + 增值税率）× 出口退税率

十、装船或提货

出口货物时，报关人员先将放行条交给码头进行网上确认海关是否放行，确认后加盖码头确认章，再由报关人员将放行条交给船代公司，船代公司根据放行条装船出口。当船离开港口后，船代公司会在网上发送一份此船实际装船的舱单资料给海关的报关系统，报关系统与舱单资料对接一致后，才可以向海关申请打印出口外汇核销联及退税联。至此，全部报关环节完毕。

进口货物时，纳税人结清进口税款后，海关出具放行信息，凭海关电子放行信息到海关监管场所办理提货。

技能训练和巩固

（1）华田公司近期从南非进口一批铁矿石，成交价 CIF 上海 USD100000，进口关税率为 10%，增值税率为 13%，汇率为 USD100=RMB636，请计算应缴纳的进口关税和进口环节增值税。

（2）华田报关公司 2021 年 6 月中旬代理一笔稀土出口报关业务，自 2021 年 6 月 1 日起，国务院关税税则委员会决定对钨、钼和稀土金属等国内稀缺的金属原矿的产品实施 15% 的出口暂定关税。成交价格为 CIF 东京 1.48 万美元／吨，数量 1000 吨，外汇汇率 1 美元 = 6.36 人民币，已知运费折合为 1500 美元，保险费为 500 美元。请计算该笔稀土出口应缴纳的出口关税。

（3）党的二十大报告传递中国开放政策新信号，提出要推进高水平对外开放，稳步扩大规则、规制、管理、标准等制度型开放，这是"制度型开放"首次写入党代会报告。据最新数据，中国已与 26 个国家（地区）签署了 19 个自由贸易协定，加入《全面与进步跨太平洋伙伴关系协定》（CPTPP）及《数字经济伙伴关系协定》（DEPA）的工作也在积极推进中。今后，中国将与更多有意愿的贸易伙伴商签更高水平的自贸协定，在推进双边、区域和多边合作中展现负责任大国担当。同时，中国将更加注重将自身牢牢嵌入全球产业链供应链，与之深度交融。请调研目前与我国签订自由贸易协定的国家（地区）有哪些，以及这些协定的税率设置情况。

小 结

本项目主要介绍了一般进出口货物报关的业务操作流程及要点，内容包括如何申领许可证件、如何填制报关单、如何查找商品编码、如何计算税费并缴纳。本项目操作要点在于理清一般进出口货物报关的流程、理解各种外贸管制证件的报关使用规范、掌握商品编码查找方法、掌握报关单的填制方法、熟记各种税费计算方法和计算公式。

训练题

一、基础训练题

1. 单选题

（1）进口许可证有效期为（　　），特殊情况需要跨年度使用的，有效期最长不得超过次年（　　）。
A. 1年；3月31日　　　　　　　　　　B. 6个月；2月底
C. 3个月；1月31日　　　　　　　　　D. 9个月；3月31日

（2）无论以何种方式进口列入《进出口野生动植物商品目录》，属于我国自主规定管理的野生动植物及其产品，均须事先申领（　　）。
A. 公约证明　　　　　　　　　　　　B. 非公约证明
C. 非物种证明　　　　　　　　　　　D. 进口许可证

（3）货物进出境阶段，进出口货物收发货人或其代理人应当按照（　　）完成报关工作。
A. 进出口申报→配合查验→缴纳税费→提取或装运货物
B. 提取或装运货物→进出口申报→配合查验→缴纳税费
C. 进出口申报→配合查验→提取或装运货物→缴纳税费
D. 提取或装运货物→配合查验→进出口申报→缴纳税费

（4）下列有关进出口货物的报关时限说法正确的有（　　）。
A. 进口货物自运输工具申报进境之日起7日内
B. 进口货物自运输工具申报进境之日起14日内
C. 货物运抵口岸24小时内
D. 货物运抵口岸48小时内

（5）根据《海关法》《关税条例》的规定，纳税义务人应当在规定的时限内缴纳税款，逾期由海关征收滞纳金，这一规定的时限是（　　）。
A. 海关填发税款缴纳证之日起7日内（法定节假日除外）
B. 海关填发税款缴纳证次日起7日内（法定节假日除外）
C. 海关填发税款缴纳证之日起15日内（法定节假日除外）
D. 海关填发税款缴纳证次日起15日内（法定节假日除外）

（6）某批易腐进口货物通关时，因涉嫌走私被海关扣留，在此期间货物发生变质，对此损失的处理正确的是（　　）。
A. 因货物发生变质与收货人或其代理人涉嫌走私有关，故该损失由其承担50%，海关承担50%
B. 引起变质与海关扣留货物有关，故该损失应由海关承担
C. 引起变质是在海关正常工作程序所需时间内发生，海关不予赔偿
D. 构成走私的，损失由收货人或其代理人自负；未构成走私的，损失由海关负责赔偿

（7）某外贸公司以一般贸易方式从境外订购一批货物，在如实申报、接受查验、缴纳进口税费后由海关放行，该公司应凭（　　）到海关监管仓库提取货物。
A. 由海关签发的进（出）口货物证明书　　B. 由海关加盖了放行章的货运单据
C. 由海关签发的税款缴纳证　　　　　　　D. 由海关签发的进口收汇核销专用报关单

（8）一般情况下，进口货物应当在（　　）海关申报。
A. 进境地　　　　　　　　　　　　　　　B. 启运地
C. 目的地　　　　　　　　　　　　　　　D. 附近

（9）大连某中日合资企业委托辽宁某机械设备进出口公司与日本三菱重工签约进口工程机械，并委托大连某外运公司代理报关，在填制进口报关单时，"境内收货人"一栏应为（　　）。
A. 大连某中日合资企业　　　　　　　　　B. 辽宁某机械设备进出口公司
C. 日本三菱重工　　　　　　　　　　　　D. 大连某外运公司

2. 多选题

（1）下列选项实行"非一批一证"的是（　　）。
A. 两用物项和技术进口许可证　　　　　　B. 两用物项和技术出口许可证
C. 非公约证明　　　　　　　　　　　　　D. 废物进口许可证

（2）一般进出口货物在向海关申报时，应提交的基本单据是（　　）。

A. 贸易合同 B. 商业发票
C. 装箱单 D. 工商营业执照

（3）下列关于报关程序的表述正确的是（　　）。
A. 报关程序就是报关手续和步骤
B. 报关程序分为3个阶段：前期阶段、进出境阶段、后续阶段
C. 报关程序是指申报、配合查验、缴纳税费、提取货物装运货物4个作业环节
D. 任何进出境货物的报关都需经过申报、配合查验、缴纳税费、提取货物/装运货物4个作业环节

（4）报关人员配合海关查验主要工作有（　　）。
A. 报关人员必须亲自搬移货物、开拆和重封货物的包装
B. 了解和熟悉所申报货物的情况，回答查验海关关员的询问，提供海关查验货物所需要的单证或其他资料
C. 协助海关提取需要进一步检验化验或鉴定的货样，收取海关出具的取样清单
D. 查验结束后，认真阅读海关进出境货物查验记录单，注意记录是否符合实际，如果记录准确应及时确认

（5）下列单证中，属于基本单证的是（　　）。
A. 提单 B. 装箱单
C. 商业发票 D. 原产地证明书

（6）下列选项正确的是（　　）。
A. 报关单位向海关申报时应提交相应的进出口许可证件
B. 报关单位在向海关办理进出口手续时应按照海关规定缴纳进出口税款
C. 一般进口货物海关签印放行后即结束海关监管
D. 一般出口货物在出口货物装货单上由海关签印放行后即结束海关监管

（7）下列（　　）可以作为境内收发货人进行填报。
A. 对外签订合同但并非执行合同的单位
B. 非对外签订合同但具体执行合同的单位
C. 委托外贸公司对外签订并执行进口投资设备合同的外商投资企业
D. 接受并办理进口溢卸货物报关手续的单位

3. 判断题

（1）对外贸易管制能有效地保护本国国内市场和本国的经济利益，在一定程度上也会促进国际贸易的发展。（　　）

（2）实行自动进口许可证管理的货物，虽属于自由进出的货物，但仍是国家贸易管制范围内的货物，所以海关凭证验放。（　　）

（3）若经海关调查认定买卖双方有特殊关系并影响成交价格，则海关有权不接受进口人的申报价格。（　　）

（4）办理进出口货物的海关申报手续，报关人可自行选择采用纸质报关单或电子数据报关单的形式。两种形式均属法定申报，具有同等法律效力。（　　）

（5）一般进出口货物是海关放行后不再进行监管的进出口货物。（　　）

（6）海关在查验已报关的进出口货物时，收发货人或其代理人必须到场，海关不能在未经收发货人或其代理人同意的情况下开箱查验或提取货样。（　　）

（7）某企业向当地海关申报进口一批烤面包机，货物已运抵海关监管区内的仓库。海关根据情况，在没有通知该公司的情况下，由仓库人员陪同对这批货物进行查验，发现该批货物是高档音响器材。该企业以海关查验时报关人员不在场为由，拒绝承认查验结果，因此，当地海关不得对其进行处罚。（　　）

（8）减免税货物进口报关前要办理减免税申请手续，报关时持减免税证明办理减免税，放行后，在海关监管期限内，未经海关许可不得改变用途和随意处置。（　　）

（9）申报日期是指申报数据被海关接受的日期。如报关单位采用电子数据报关和纸质报关两种方式报关，是指报关单位向海关提交纸质报关单证被海关接受的日期。（　　）

二、综合技能训练题

（1）杭州某进出口集团向日本某商行出口一批板材，合同号为06-H-28-1000，规格20μp×30μp×300mmμp，厚度大于6mm，总数量15m³，每立方米价格为USD356.00，FOB上海，2021年10月份装运，采用不可撤销即期信用证付款。

注：出口许可证号06-AC-380000，商品编码4407.9990。

根据上述条件填写出口许可证。

【单据制作】

中华人民共和国出口许可证
EXPORT LICENCE OF THE PEOPLE'S REPUBLIC OF CHINA No. ××××××

1. 出口商： Exporter				3. 出口许可证号： Export licence No.			
2. 发货人： Consignor				4. 出口许可证有效截止日期： Export licence expiry date			
5. 贸易方式： Trade mode				8. 进口国（地区）： Country/Region of purchase			
6. 合同号： Contract No.				9. 付款方式： Payment			
7. 报关口岸： Place of clearance				10. 运输方式： Mode of transport			
11. 商品名称： Description of goods				商品编码： Code of goods			
12. 规格、等级 Specification	13. 单位 Unit	14. 数量 Quantity	15. 单价（ ） Unit price		16. 总值（ ） Amount		17. 总值折美元 Amount in USD
18. 总计 Total							
19. 备注 Supplementary details				20. 发证机关签章 Issuing authority's stamp & signature			
				21. 发证日期： Licence date			

第×联（××××）×××××××

中华人民共和国商务部监制（××××）

（2）宁波××成套设备进出口公司（NINGBO ×× COMPLETE PLANT IMPORT&EXPORT CORP.）与德国××公司于2021年7月8日在上海签订了出售户外家具（Outdoor Furniture）的外贸合同。货名：花园椅（Garden Chair，铸铁底座的木椅，按规定出口时需要有动植物检验检疫证明）；型号：TG0803；价格：USD78.00/PC FOB Guangzhou；数量：1000把；毛重：21KGS/PC；净重：19KGS/PC；包装1PC/CTN；集装箱：1×20；生产厂家：宁波××家具厂；最迟装运期：2021年9月8日；启运港：上海港；目的港：汉堡港；支付方式：不可撤销信用证。

请回答以下问题。

① 如果宁波××成套设备进出口公司委托上海某报关行报关，是否要办理异地报关备案手续？

【业务处理】_____

② 如果订舱的装船时间是2021年9月8日上午10点，那么报关人员应最迟应在何时何地报关完毕？

【业务处理】_____

（3）深圳某公司（440326××××）以FOB汉堡价格条件从德国进口一批排气量为2232mL的大众小汽车（法定计量单位：辆），货物经香港转运进境，成交价格为CIF，总金额为50万美元，贸易方式为一般贸易，属法定检验、自动进口许可证管理商品。运载该货的运输工具于2021年3月18日申报进境，该公司于3月25日采用电子申报方式向口岸海关报关。之后，该公司发现由于报关人员书写失误造成申报差错，向海关申请修改申报内容。4月5日，该公司的申报被海关接受。该批进口汽车的进口关税税率为25%，增值税税率为13%，消费税税率为9%。

请根据上述业务背景，以该公司报关人员的身份回答下列问题，并办理相关申报手续。

① 该报关人员在向海关申报前要做好哪些准备工作？

【业务处理】_____

_____

② 该报关人员最晚于什么时间向海关申报？

【业务处理】_____

_____

③ 该批货物要缴纳哪些进口税？金额分别为多少？

【业务处理】_____

_____

④ 请以该公司报关人员的身份根据以下商业发票填制进口货物报关单。

【单据1】发票

COMMERCIAL INVOICE

Seller B Co., Ltd. Hamburg, Germany	Invoice No. Ham005	Invoice Date 2021-10
	L/C No. Ham2007006	Date 2021-10
	Issued by Bank of China, Hamburg Branch	
Buyer A Co., Ltd. Shenzhen, China	Contract No. SC005	Date 2021-10
	From Hamburg	To Huangpu, W/T at HongKong, China
	Shipped per Voy No. B/L No. HJ005 10005000 HJ20500	Price Terms FOB Hamburg

Marks	Description of Goods	QTY.	Unit price	Amount
N/M	Cars Engine type: 6cyl.in-line Max power: 90hp Max speed: 130km/h Freight: USD50,000 Insurance: USD5,000 Net weight: 1,800kgs/set 8 sets to one 20FCL container Country of origin: Germany 自动进口许可证号: 2200-2007-WZ-00505 集装箱号码: HJGP20070105 自重: 2,080kgs	8	50,000	400,000

【单据2】

中华人民共和国海关进口货物报关单

预录入编号：　　　　　　海关编号：　　　　　　　　　　页码/页数：

境内收货人	进境关别	进口日期		申报日期	备案号	
境外发货人	运输方式	运输工具名称及航次号		提运单号	货物存放地点	
消费使用单位	监管方式	征免性质		许可证号	启运港	
合同协议号	贸易国（地区）	启运国（地区）		经停港	入境口岸	
包装种类	件数	毛重（千克）	净重（千克）	成交方式	运费	保费	杂费

随附单证							
随附单证1：			随附单证2：				
标记唛码及备注							
项号　商品编号　商品名称及规格型号　数量及单位　单价/总价/币制　原产国（地区）　最终目的国（地区）　境内目的地　征免							
1							
2							
3							
4							
5							
6							
7							
	特殊关系确认：		价格影响确认：	支付特权使用费确认：		自报自缴：	
报关人员　报关人员证号　电话			兹申明以上内容承担如实申报、依法纳税之法律责任			海关批注及签章	
申报单位				申报单位（签章）			

（4）宁波某汽车贸易公司以FOB东京价格条件从日本经某港口转运进口一批汽车，支付方式为L/C，贸易方式为一般贸易，该货物属法定检验、自动进口许可证管理商品。运载该货物的运输工具于2021年9月5日运抵国内用户指定的上海口岸申报进境。

请根据上述业务背景，以该公司报关人员的身份回答下列问题，并办理相关报关手续。

① 该公司可通过哪些当事人向海关申报？

【业务处理】_____

_____

② 国内用户可指定国内哪些口岸进境？

【业务处理】_____

_____

③ 该公司申报的期限为何时？应通过哪些方式申报？

【业务处理】_____

④如果海关接受申报,应适用何日实施的税率计征关税?
【业务处理】

⑤如果进口货物因超期申报被海关变卖,变卖所得的款项应如何处理?
【业务处理】

⑥假设该公司报关人员经海关通知配合查验而没有到场,海关可否径行开验货物?
【业务处理】

⑦该进口公司须凭什么单据提取货物?提取货物后,进口公司能否自由处置该批货物?
【业务处理】

(5)请根据归类总规则(二)及其归类方法,对以下业务情况进行分析并查找商品8位数编码。
①某服装公司拟出口一批"尚未车缝领子的棉质女衬衫",报关人员小陈在申报时将其按完整的女衬衫归类,是否正确?
【业务处理】

②某茶叶进出口公司拟出口绿茶一批,已知该绿茶含有20%的柑橘皮,每包净重60kg,向海关申报时应按茶叶归类还是按柑橘皮归类?
【业务处理】

③某公司拟出口一批自行车,共20套自行车散件,为便于运输而未组装,请问,这批自行车散件应如何归类?
【业务处理】

(6)请以关务经理的身份,结合党的二十大报告学习,向刚入职的新人做一个主题培训——"我国近年来的进口关税降税情况",介绍我国进口关税税率下调的情况、降税涉及商品范围,传递我国通过降低进口关税(尤其是降低部分日用品、药品进口关税)彰显我国"坚持以人民为中心的发展思想""增进民生福祉,提高人民生活品质""不断实现人民对美好生活的向往""推进健康中国建设"的发展理念。

项目 5
保税加工货物报关业务办理

▶【学习目标】

知识目标	技能目标
（1）理解保税加工货物的含义及监管特点。 （2）掌握保税加工货物的报关流程。 （3）掌握保税加工货物的海关监管要点。	能顺利办理保税货物的报关业务

▶【任务导入】

2021年3月，华田公司（320213××××，A类管理企业）承接了一笔来料加工业务：由英国的客户提供一批毛纺原料，并按其要求加工成服装。按照合同约定，该批来料加工服装复出口日期为2021年10月底。在加工过程中，由于没有绣花设备，华田公司报经主管海关同意后，将半成品交宁波××服饰有限公司绣花后运回。

4月，华田公司购进一批价值4000美元的棉花加工生产男式西装垫肩，以履行出口加工合同。加工成垫肩后，80%的成品已经复出口，由于境外订货商对垫肩需求量的减少，经有关部门的批准，华田公司将20%的垫肩结转给南京甲有限公司（320195××××，B类管理企业）继续加工后返销出境。

8月，华田公司从宁波出口加工区另一家服装加工企业乙公司购买了其所需剩余的服装料件。乙公司的料件是来自美国的来料加工业务，从北仑口岸进境。

如果你是华田公司的报关人员，该如何操作这几笔业务的报关？

▶【任务目标】

（1）根据任务导入的案例背景完成来料加工和进料加工业务报关。
（2）根据任务导入的案例背景完成外发加工和深加工结转业务报关。
（3）根据任务导入的案例背景完成出口加工区业务报关。

▶▶【任务分析】

在以上案例背景中，涉及来料加工业务报关、进料加工业务报关、外发加工和深加工结转报关业务、出口加工区报关等。要完成以上工作任务，大致要经过以下5个环节的操作。

（1）申领加工贸易登记手册。
（2）料件保税进口报关。
（3）外发加工备案申请。

（4）深加工结转申请及业务办理。
（5）出口加工区货物进入境内区外的报关。

在分析操作环节的基础上，将本项目的任务分解为 3 个部分：手册监管的保税加工货物报关业务办理→外发加工和深加工结转业务办理→出口加工区货物报关业务办理。

任务 1　手册监管的保税加工货物报关业务办理

【任务目标】

根据任务导入案例背景完成手册监管的保税加工货物报关业务办理。

【操作分析】

在背景资料中，华田公司属于手册管理的企业，保税加工货物报关业务由报关人员小李负责，他认为来料加工业务和进料加工业务报关要经过以下 4 个步骤。

（1）进行合同备案。小李通过"中国国际贸易单一窗口"平台办理金关二期加工贸易来料加工和进料加工合同备案。在金关二期加工贸易系统"加工贸易手册"模块录入企业、合同、料件、成品、单损耗等基本信息，并上传加工贸易合同。

（2）开展料件进口报关。料件进境时，小李填制保税核注清单，随附《加工贸易手册》、提单、箱单、发票等向海关报关，暂缓纳税进境。

（3）开展成品出口报关。料件进境后，须在 1 年内（经批准，可以延期 1 年）加工成成品复运出境。小李填制保税核注清单，随附提单、箱单、发票等向海关报关，因为成品全部由进口料件加工而成，所以出境免税。

（4）报核。在全部成品复运出境之日起 30 天内，小李持核销申请表、《加工贸易手册》、核销核算表等向主管海关报核。经海关核销后，结束对该笔来料加工业务的监管。

加工贸易合同核销申请表见表 5-1。

表 5-1　加工贸易合同核销申请表

企业名称	宁波华田国际贸易有限公司	企业管理类别	A 级别	企业编码	331296××××	电话	0574-8320××××
手册编号	B310122××××	合同号	HT20××××	合同有效期	1 年	合同批准证号	GDL-QW××××
进口总金额	10000 美元	出口总金额	30000 美元	进口报关单份数	1	出口报关单份数	1
内销金额		内销补税税额		内销补税税单号		进口设备值	
内销批准证号		余料金额		转入余料的手册编号		保证金金额	
是否重点敏感商品合同	否	合同总金额		40000 美元		申请表总页数	

续表

以上由企业填写	
外经贸主管部门意见：	海关核销意见：
签名： 年 月 日 盖章	签名： 年 月 日 盖章

【知识链接】

要完成以上任务，需要掌握手册监管的保税加工货物报关的相关知识。

一、保税加工货物的含义及形式

保税加工货物就是通常所说的加工贸易保税货物，是指经海关批准未办理纳税手续进境，在境内加工、装配后复运出境的货物。保税加工货物的形式主要有来料加工和进料加工两种。

1. 来料加工

来料加工是指外商提供全部或部分原材料、辅料、零部件、元器件、配套件和包装物料，必要时提供设备，由承接方加工单位按外商的要求进行加工装配，成品交外商销售，承接方收取工缴费，外商提供的作价设备价款，承接方用工缴费偿还的业务。

2. 进料加工

进料加工是指国内企业用外汇购买进口的原材料、辅料、零部件、元器件、配套件、包装物料等，经加工成成品或半成品后再外销出口的交易形式。

来料加工和进料加工的区别如下所列。

（1）料件付汇方式不同。来料加工料件由外商免费提供，不需要付汇，进料加工料件必须由经营企业付汇购买进口。

（2）货物所有权不同。来料加工货物所有权归外商所有，进料加工货物所有权由经营企业拥有。

（3）经营方式不同。来料加工经营企业不负责盈亏，只赚取工缴费；进料加工经营企业自负盈亏，自行采购料件，自行销售成品。

（4）承担风险不同。来料加工经营企业不必承担经营风险，进料加工经营企业必须承担经营过程中的所有风险。

（5）海关监管要求不同。经营企业进料加工项下的保税料件经海关批准允许与本企业内的非保税料件进行串换，来料加工项下的保税料件因物权归属外商，不得进行串换。

二、保税加工货物的范围

（1）专为加工、装配出口产品而从国外进口且海关准予保税的原材料、零部件、元器件、包装物料、料件。

（2）用进口保税料件生产的成品、半成品。

（3）在保税加工生产过程中产生的副产品、残次品、边角料和剩余料件。

三、保税加工货物的特征

（1）料件进口时暂缓缴纳进口关税及进口环节海关代征税，成品出口时除另有规定外无须缴纳税款。

(2)料件进口时除国家另有规定外免于交验进口许可证件,成品出口时凡属许可证件管理的,必须交验出口许可证件。

(3)海关现场放行并未结关。

四、保税加工货物的监管特征

1. 备案保税

凡准予备案的加工贸易料件进口时可以暂不办理纳税手续。海关批准货物保税的原则有以下3个。

(1)合法经营。包括货物合法、企业合法、证件合法。

(2)复运出境。所有保税货物经加工、装配后应该复运出境,且进出基本平衡。

(3)可以监管。加工环节、进出境环节海关都可以监管。

2. 纳税暂缓

保税货物未办理纳税手续进境,属于暂时免纳税款,而不是免税,待货物最终流向确定后,海关再决定征税或免税。但是,需要注意以下两个问题。

(1)保税加工货物经批准不复运出境,在征收进口关税和进口环节代征税时要征收缓税利息(边角料和特殊监管区域的保税加工货物除外)。

(2)料件进境时未办理纳税手续,适用海关事务担保。

3. 监管延伸

监管地点和监管时间都在延伸。从地点上说,保税加工的料件离开进境地口岸海关监管场所后进行加工、装配的地方,都是海关监管的场所;从时间上说,保税加工的料件在进境地被提取不是监管的结束,海关一直要监管到加工、装配后复运出境或办结正式进口手续为止。

4. 核销结关

保税加工货物(出口加工区的除外)一般要经过海关的核销后才能结关。

> **知识拓展**
>
> **我国保税加工货物监管模式**
>
> 海关对保税加工货物的监管模式有两大类:一类是物理围网的监管模式,包括出口加工区和跨境工业区;另一类是非物理围网的监管模式,采用手册管理或计算机联网监管。
>
> 物理围网监管是指经国家批准,在关境内或关境线上划出一块地方,采用物理围网,让企业在围网内专门从事保税加工业务,由海关进行封闭式的监管。
>
> 非物理围网监管采用手册管理或计算机联网监管。手册管理主要是用加工贸易纸质登记手册进行加工贸易合同内容的备案,凭此进出口,并记录进口料件和出口成品的实际情况,最终凭手册办理核销结案手续。计算机联网监管是一种高科技的监管方式,海关应用计算机手段对加工贸易企业实施联网监管,建立电子账册或电子手册,备案、进口、出口、核销全部通过计算机进行。计算机联网监管管理科学严密,企业通关便捷高效,受到普遍欢迎,将成为海关对保税加工货物监管的主要模式。这种监管模式分为两种:一种是针对大型企业的,以建立电子账册为主要标志,以企业为单元进行管理,不再执行银行"保证金台账"制度,已经实施了多年,形成了完整的监管制度;另一种是针对中小企业的,以建立电子手册为主要标志,继续以合同为单位,今后将逐渐取代纸质手册管理。

五、手册监管的保税加工货物及其报关程序

手册监管模式到目前为止还是常规监管模式,以合同为单元进行监管。其报关基本程序

大概分为3个步骤：合同备案→进出口报关→合同报核。如果采用的是电子化手册，加工贸易经营企业要向海关申请联网监管，海关为联网企业建立电子底账。

1. 合同备案

（1）合同备案的含义。合同备案是指加工贸易企业持合法的加工贸易合同，到主管海关备案，申请保税并领取加工贸易登记手册或其他准予备案凭证的行为。

（2）合同备案企业。由经营企业到加工企业所在地主管海关申请备案。

（3）合同备案步骤。金关二期加工贸易手（账）册管理系统启用后，对资信良好、管理规范、符合海关监管要求的企业，实施自主备案。

① 录入手册。来料加工电子化手册、进料加工电子化手册及不作价设备手册相关手续均通过金关二期加工贸易系统"加工贸易手册"模块进行办理。

② 上传随附单据。按海关监管要求或企业需求上传相关随附单据，一般来说，手册设立时需上传合同、生产能力证明等随附单据。必须上传的单证有经营企业对外签订的合同。

（4）合同备案内容。

① 备案商品。

A. 加工贸易禁止类商品。加工贸易禁止类商品目录按《商务部 海关总署公告2014年第90号》有关规定执行。2020年，为落实国务院调减禁止类商品目录，支持加工贸易发展的要求，商务部、海关总署联合发布了《商务部 海关总署关于调整加工贸易禁止类商品目录的公告》[公告〔2020〕54号]，将《商务部 海关总署公告2014年第90号》加工贸易禁止类目录中符合国家产业政策，不属于高耗能、高污染的产品及具有较高技术含量的产品剔除，共删除商品编码199项，对部分商品禁止方式进行调整，调整商品禁止方式28项，主要包括动物产品、食品、矿产品、化工产品、纺织制品和贱金属及制品等类别，调整商品注释116项。2021年6月，商务部、海关总署联合发布2021年第12号公告，对纸制品加工贸易禁止类商品进行了调整，自2021年6月15日起，加工贸易企业进口纸制品（税目4801~4816）、加工出口纸制品（税目4801~4816）不再列入加工贸易禁止类商品目录。

B. 备案时需要提供许可证的商品。备案时需要提供许可证的商品包括易制毒化学品、监控化学品、消耗臭氧层物质。

C. 备案时需要提供其他许可证件的商品。进出口音像制品、印刷品，提供国家新闻出版署的批准文件；进出口地图产品及附有地图的产品，提供自然资源部的批准文件，并附有关样品；进口工业再生废料，提供生态环境部颁发的相关证书。

② 保税额度。

A. 在加工贸易合同项下海关准予备案的料件，全额保税。

B. 不予备案的料件及试车材料、非列名消耗性物料等不予保税。

（5）合同备案的变更。加工贸易手册设立内容发生变更的，经营企业应当在《加工贸易手册》有效期内办理变更手续。在金关二期加工贸易系统中选中需要变更的数据，点击"变更"按钮，然后进行变更录入申报。

需要提交以下材料。

① 手册变更事项的书面说明。

② 加工企业生产能力证明（单耗申报无须提供）。

③ 经营企业签订的加工贸易变更合同。委托加工的，经营单位出具授权委托书和委托加工合同或协议（单耗申报无须提供）。

④ 商务部为企业出具的涉及禁止或限制开展加工贸易商品的核准文件（铜精矿、生皮、

卫星电视接收设备、成品油、易制毒化学品等）（新增料件涉及需提供）。

⑤进口保税消耗性物料的，经主管海关签章确认的加工贸易项下进口消耗性物料申报表（新增料件涉及需提供）。

⑥手册延期申报表（仅手册延期提供）。

⑦涉及保税货物担保的，需提供担保金额计算表（料件增补需提供）。

⑧手册新增商品涉及加工贸易政策要求的，需提供说明材料（如禁止类商品、出口应税商品、一级单耗标准等要求）。

2. 进出口报关

（1）保税加工货物进出口报关。保税加工货物进出口报关程序包括3个步骤：申报→配合查验→提取或装运货物（不需要经过缴纳税费环节）。

①关于进口许可证管理。

A. 进口料件。除个别另有规定以外，进口时免交许可证件。

B. 出口成品。属于国家规定应交验许可证件的，出口报关时必须交验许可证件。

②关于进出口税收征管。

A. 准予保税进口的加工贸易料件，进口时暂缓纳税。

B. 生产成品出口时，如果全部使用进口料件生产，不征收关税。

C. 加工贸易项下应税商品，如果部分使用进口料件，部分使用国产料件，则按海关核定的比例征收关税。

D. 加工贸易出口未锻铝，不管有无使用国产料件，一律按一般贸易出口货物从价计征出口关税。

（2）加工贸易其他保税货物的报关。加工贸易其他保税货物包括生产过程中产生的剩余料件、边角料、残次品、副产品、受灾保税货物和经批准不再出口的成品、半成品、料件等。这些保税货物必须在《加工贸易手册》有效期内处理完毕，处理方式有内销、结转、退运、放弃、销毁。企业已设立金关二期保税底账的，余料结转、内销征税、销毁等都必须申报"保税核注清单"。企业应按照规定的格式和填制要求向海关申报保税核注清单，再根据实际情况及要求办理报关单申请手续。

①内销报关。转内销的加工贸易保税货物需要办理正式进口报关手续，缴纳进口税和缓税利息。属进口许可证件管理的，企业还应按规定向海关补交进口许可证件；申请内销的剩余料件，如果金额占该加工贸易合同项下实际进口料件总额3%及以下且总值在人民币1万元（含1万元）以下的，免交许可证件。

②结转报关。剩余料件可以结转到另一个加工贸易合同生产出口，但必须在同一经营单位、同一加工厂、同样的进口料件和同一加工贸易方式的情况下结转。

加工贸易企业向海关提出申请，并提交有关的书面材料、清单。经海关批准可以办理结转手续，未经海关批准的，则根据规定将剩余料件作退运、征税内销、放弃或销毁处理。

③退运报关。加工贸易企业因故将剩余料件、边角料、残次品、副产品等退运出境的，持登记手册等向口岸海关报关，办理出口手续，留存有关报关单备查。

④放弃报关。企业放弃剩余料件、边角料、残次品、副产品等，交由海关处理，应当提交书面申请。经海关核定，有下列情形的将做出不予放弃的决定，并告知企业按规定将有关货物退运、征税内销、在海关或有关主管部门监督下予以销毁或进行其他妥善处理。

A. 申请放弃的货物属于国家禁止或限制进口的。

B. 申请放弃的货物属于对环境造成污染的。

C. 法律、行政法规、规章规定不予放弃的其他情形。

对符合规定的，海关应当做出准予放弃的决定，开具加工贸易企业放弃加工贸易货物交接单。企业凭以在规定的时间内将放弃的货物运至指定的仓库，并办理货物的报关手续，留存有关报关单证准备报核。

主管海关凭接受放弃货物的部门签章的加工贸易企业放弃加工贸易货物交接单及其他有关单证核销企业的放弃货物。

⑤ 销毁。对于不能办理结转或不能放弃的货物，企业可以申请销毁，海关经核实同意销毁，由企业按规定销毁，必要时海关可以派员监督销毁。企业收取海关出具的销毁证明材料，准备报核。

⑥ 受灾货物的报关。加工贸易企业在受灾后7日内向主管海关书面报告，并提供有关材料，海关可派员核查取证。

A. 因不可抗力受灾保税加工货物灭失或失去使用价值的，可由海关审定，免税。

B. 需销毁的受灾货物，同其他保税货物销毁处理一样。

C. 可再利用的，按照海关审定的保税货物价格，按照对应的税率缴纳进口税和缓税利息。

D. 对非不可抗力因素造成的受灾保税加工货物，海关按照原进口货物成交价格审定完税价格，照章征税。

E. 因不可抗力造成的受灾保税货物处理时，属于许可证管理的，免交许可证；如果是非不可抗力造成的，应当交验进口许可证。

3. 合同报核

（1）定义。合同报核是加工贸易企业在加工合同履行完毕或终止后，按照规定处理完剩余货物，在规定的时间内，按照规定的程序向主管海关申请核销，要求结案的行为。

（2）报核时间。经营企业应在规定的时间内完成合同，并自《加工贸易手册》项下最后一批成品出口或《加工贸易手册》到期之日起30日内向海关申请报核。因故提前终止的合同，自合同终止之日起30日内向海关报核。

（3）报核办理。采用电子手册监管的企业，进入金关二期加工贸易系统"加工贸易手册报核"模块进行报核，填写表头、清单、料件、成品相关信息，并上传随附单据。报核页面相关项目填报要求如下所列。

① 表头。企业申报时在表头"手册编号"栏录入报核手册号，其他栏目由系统自动返填。

② 清单。在"报核清单编号"栏目输入该手册核销期内对应进出口报关单号，录入完毕后，系统自动暂存。

③ 料件。只需录入"料件备案序号"和"料件剩余数量"，其他项由系统自动反填即可。

④ 成品。操作同料件。

⑤ 随附单证。企业可上传所需的随附单证。

金关二期模式下的核销，不再以报关单作为电子底账核扣数据，而是以保税核注清单作为核销依据。企业申报报核数据后，由金关二期加工贸易系统自动核算并下发差异数据至申报端，企业可以通过查看回执状态获知审核进度。

技能训练和巩固

（1）华田公司（A类管理企业，采用手册管理）2021年年初向宁波口岸海关申报进口500张羊皮（单价为18美元/张），以履行羊皮大衣的出口合同。货物进口后，交由海宁甲服饰有限公司（B类管理企业，采用手册管理）加工。合同执行期间，因加工企业生产规模有限，经与境外订货商协商后更改出口合同，故羊皮耗用数量减为300张。经批准，剩余的200张羊皮中的185张结转至另一加工贸易合同项下；15张售予海宁乙服装有限公司（C类管理企业）用以生产内销产品（外汇牌价：1美元=6.3元人民币）。请以华田公司报关人员的身份制作该笔业务的报关方案。

（2）调研当地保税加工业务发展及海关管理的情况，撰写调研报告。

任务 2　外发加工和深加工结转业务办理

【任务目标】

根据任务导入的案例背景办理外发加工和深加工结转业务。

【操作分析】

1. 华田公司报关人员小李办理外发加工业务

(1) 外发加工申请。小李通过"中国国际贸易单一窗口"平台向海关发送外发加工备案数据。

加工贸易货物外发加工申请审批表

关 [　　] 年第　　号

宁波开发区　海关： 　　　宁波华田国际贸易有限　公司（工厂）因　设备所限　，申请将 B3104091×××× 手册项下的　服装　等加工贸易货物外发至　宁波××服饰有限　公司（工厂）进行　绣花工序　加工，整个外发加工过程将严格遵守海关相关规定。外发加工的期限从　2021年5月　至 2021年7月　。 　　以上申报真实无讹，本公司（工厂）愿意为之承担法律责任。 　　　　　　　　　　　　　　　　　　　　　　（承揽企业印章）　（经营企业印章） 业务联系人： 联系电话：　　　　　　　　　　　　　　　　　　年　月　日　　　年　月　日 传真：
海关批注： 　　　　　　　　　　　　　　　　　　　　　　　　　　　　　　（海关印章） 　　　　　　　　　　　　　　　　　　　　　　　　　　　　　年　月　日
备注：
企业签领：

注：本表格一式三份，一份海关留存，一份经营企业留存，一份承揽企业留存。

(2) 向宁波××服饰有限公司所在地海关申请设立手册。

2. 华田公司报关人员小李办理深加工结转业务

2019 年后，海关取消深加工结转事前申请和收发货记录，简化深加工结转业务申报手续，小李直接通过"金关二期保税货物流转系统"办理深加工结转业务，在每月 15 日前对上月深加工结转情况进行保税核注清单及报关单的集中申报就可以。保税核注清单填制页面如图 5.1 所示。

图 5.1　保税核注清单填制页面

【知识链接】

要完成以上任务,需要掌握外发加工和深加工结转的相关知识。

一、外发加工业务办理

外发加工是指经营企业因受自身生产特点和条件限制,经海关批准并办理有关手续,委托承揽企业对加工贸易货物进行加工,在规定期限内将加工后的产品运回本企业并最终复出口的行为。

经营企业开展外发加工业务的,在货物首次外发加工之日起 3 个工作日内,通过"中国国际贸易单一窗口"平台向海关发送外发加工备案数据。企业申报为全部工序外发的(全工序外发标志"是"),业务流程如下所列。

(1)经营企业通过"中国国际贸易单一窗口"平台向海关发送外发加工备案数据,"全工序外发标志"选择"是"(非全工序外发选"否")。

(2)海关通过金关二期加工贸易系统开出保证金征收单。

(3)企业通过系统或现场等方式确认担保信息,包括担保类型(总担保、单笔担保),担保方式(保证金、保函)等。

(4)以保证金形式缴款的,系统自动将交付款通知书电子数据发送至海关财务部门,企业端显示"转人工"状态(转财务),企业将相应款项转至海关账户,财务部门确认企业缴款到账后,属地海关直接打印并向企业开具海关保证金专用收据;以保函形式缴款的,企业向属地海关提交保函正本后,属地海关直接通过金关二期加工贸易系统对保证金征收单进行登记操作。

二、深加工结转业务办理

深加工结转是指加工贸易企业将保税进口料件加工的产品转至另一加工贸易企业进一步加工后复出口的经营活动。对转出企业而言,深加工结转视同出口,应办理出口报关手续,如以外汇结算的,海关可以签发收汇报关单证明联;对转入企业而言,深加工结转视同进口,应办理进口报关手续,如与转出企业以外汇结算的,海关可以签发付汇报关单证明联。深加工结转必须符合两个条件:一是需要进行"进一步加工",这也是深加工结转的实质;二是结转进的企业必须将这些保税料件"复出口",而不能留在境内销售。

有下列情形之一的,加工贸易企业不得办理深加工结转手续。

(1) 不符合海关监管要求,被海关责令限期整改,在整改期内的。

(2) 有逾期未报核手册的。

(3) 由于涉嫌走私已经被海关立案调查,尚未结案的。

对于金关二期加工贸易系统底账间的深加工结转业务,应通过金关二期保税货物流转系统办理。企业按照收发货实际情况汇总申报"保税核注清单"及报关单。先由转出企业填报转出申报单,再由转入企业填报转入申报单。海关审核通过后,企业按现行要求录入申报收发货单,并按要求汇总申报核注清单及报关单等。先由转入企业报送进口保税核注清单,再由转出企业报送出口保税核注清单。

对于金关二期加工贸易系统与 H2010 系统底账间[即一方为金关二期手(账)册,另一方为 H2010 手(账)册]的深加工结转业务,取消深加工结转申请表审核和收发货登记环节(企业自行保存收发货记录等相关资料备查),双方在每批实际发货及收货后 10 日内(存在技术原因等特殊情况的最多可延长至 20 日内),使用金关二期加工贸易系统的企业直接申报保税核注清单及报关单,使用 H2010 系统的企业申报深加工结转报关单,海关通过双方深加工结转报关单数据比对进行管理。

知识拓展

金关二期加工贸易系统

金关工程(二期)(简称"金关二期")经国务院批准立项,是"十二五"期间国家重大电子政务工程项目。金关二期加工贸易管理系统是金关二期的重要组成部分,该系统的上线运行和推广应用为海关深化加工贸易及保税监管改革、支持加工贸易创新发展提供有力的技术支持和保障,让一线科技应用体验得以不断优化,以科技赋能智慧海关建设,在保障口岸安全畅通中彰显科技担当,是海关落实贸易便利化措施、推进科技创新的重要体现。金关二期系统上线之后,企业可通过"国际贸易单一窗口"平台上传加工贸易合同、加工工艺、单损耗说明等随附单证,取消了纸质单据流转环节,海关审核部门可通过远程审核完成从手册备案到手册结案的一系列业务审批过程。

金关二期加工贸易系统全面支持料号级管理、兼容项号级管理,企业申请金关二期保税底账时,无须将料号级数据进行归并和压缩,可直接申报料号级数据办理业务。这不仅为企业节省了料号归并等不必要的工作,而且可以实现企业和海关管理颗粒度相一致,为关企底账数据相一致创造更加有力的支持条件。

技能训练和巩固

华田公司为规范业务管理,方便客户与新员工了解报关流程,要求各业务部门制作业务流程标牌并悬挂于部门工作室墙上,小李作为公司资深加工贸易业务报关人员,分配到的任务是绘制外发加工和深加工结转业务流程图。请你以小李的身份完成此项任务。

任务3　出口加工区货物报关业务办理

【任务目标】

根据任务导入的案例背景完成出口加工区货物的报关。

【操作分析】

1. 乙公司报关人员小张负责公司来料加工报关业务的办理

（1）建立账册。乙公司在进出口货物前，向宁波出口加工区海关申请建立电子账册，使用金关二期加工贸易系统"账册管理"模块进行申请。

（2）料件进境申报。小张填制保税核注清单向出口加工区海关申报料件进境，方式采用直通式报关，暂缓纳税。

（3）成品复运出境。小张填制保税核注清单向出口加工区海关申报出境，方式采用直通式报关，免税。

（4）余料内销。在华田公司进行进口申报后，小张填制保税核注清单进行出区申报，申报地点在宁波出口加工区海关。

（5）定期报核。小张每半年到出口加工区海关申请核销，解除相关业务的监管。

2. 华田公司报关人员小李负责从出口加工区购买余料的报关业务办理

小李填制进口报关单进行进口申报，补交税款，料件部分还要缴纳缓税利息，申报地点在宁波出口加工区海关。

【知识链接】

要完成以上任务，需要掌握出口加工区货物报关的相关知识。

一、什么是出口加工区

出口加工区是指经国务院批准在中华人民共和国境内设立的，由海关对保税加工进出口货物进行封闭式监管的特定区域。

相关资料

宁波出口加工区

宁波出口加工区于2002年6月经国务院批准设立，规划面积3平方千米。首期开发2平方千米，于2003年10月正式封关运作。宁波出口加工区按照国际惯例，实行"境内关外"管理模式，享有国家赋予的"免证、免税、保税"及国内料件进区退税等政策，海关对进出口货物实行"一次申报、一次审单、一次查验"，提供即时通关服务，是目前中国大陆政策最优惠、通关最快捷、管理最简便的"境内关外"的特殊经济区域之一。

宁波出口加工区与宁波保税区紧密相连。宁波出口加工区管委会与宁波保税区管委会合署办公，作为宁波市人民政府的派出机构，统一对宁波出口加工区和宁波保税区行使管理职能。目前，两区已实现政策功能互补、资源共享、联动发展，成为中国大陆投资环境最优越、功能最完善的区域之一。

二、出口加工区的功能

出口加工区的主要功能为加工贸易及相关储、运业务，与保税区相比功能较为单一，只准加工，不准开展商业零售、转口贸易，不得在加工区居住，不得建立营业性的生活消费设施。区内有加工企业、仓储企业、运输企业、管委会。

三、出口加工区电子账册的建立

出口加工区实行电子账册管理，以企业为单元进行监管。根据《商务部取消〈加工贸易企业经营状况及生产能力证明〉的公告》规定，从2019年1月1日起，商务主管部门不再为加工贸易企业出具生产能力证明，由加工贸易企业自主填报《加工贸易企业经营状况及生产能力信息表》，并对信息真实性做出承诺。目前，全国所有的海关特殊监管区域、保税监管场所已经全面推广应用金关二期的海关特殊监管区域监管系统、保税物流管理系统，通过金关二期加工贸易系统"账册管理"模块，进入"加工贸易账册—企业资质申请备案—新增"的信息录入界面，录入企业信息、料件及成品信息，上传随附单据。

"资质申请"通过后，企业即可办理账册的开设（变更）手续，进入账册录入页面，录入企业信息、料件、成品、单损耗等信息，上传随附单据。设立账册时根据情况上传的单证如下所列。

（1）涉及铜精矿、生皮、卫星电视接收设备、成品油、易制毒化学品等根据有关规定设定了企业资质或数量等限制条件的商品，须提供商务部为企业出具的涉及禁止或限制开展加工贸易商品的核准文件。

（2）进口保税消耗性物料的，须提供经主管海关签章确认的加工贸易项下进口消耗性物料申报表。

（3）商品HS编码涉及禁止类、出口应税商品等加工贸易政策要求的，须提供说明材料。

（4）成品HS编码涉及单耗标准的，需上传是否适用单耗标准或是否超单耗标准的说明，包括计量单位的换算过程、料件和成品的规格型号、归并情况等。

海关审核通过后，会生成12位账册编号。

四、出口加工区货物报关业务办理

出口加工区内企业在进出口货物前，应向出口加工区主管海关申请设立电子账册，企业凭经海关审核通过的电子账册办理进出境货物和进出区货物的报关手续。

1. 出口加工区与境外之间进出货物的报关

出口加工区与境外之间进出的货物，通过金关二期保税核注清单向出口加工区海关报关。海关对出口加工区与境外之间进出的货物，按照直通式或转关运输的办法进行监管。出口加工区与境外之间进出的货物，除实行出口被动配额管理外，不实行进出口配额、许可证件管理。除法律法规另有规定外，区内企业加工的制成品及在加工生产过程中产生的边角料、余料、残次品、废品等销往境外的，免征出口关税。

2. 出口加工区与境内区外之间进出货物的报关

出口加工区与境内区外之间进出货物的报关有两点基本准则，即运往区外，视同进口；运自区外，视同出口。

（1）出口加工区运往境内区外货物的报关。出口加工区运往境内区外的货物，由区外企业录入进口货物报关单，凭发票、装箱单，以及有关许可证件等单证向出口加工区海关办理进口报关手续。进口报关结束后，区内企业录入保税核注清单，凭发票、装箱单、电子账册编号等单证向出口加工区海关办理出区报关手续。

区内企业的加工产品和在加工生产过程中产生的边角料、残次品、废品等应复运出境。因特殊情况需要运往区外时，由企业申请，经主管海关核准后，按内销时的状态确定归类并征税。如属进口许可证件管理商品，免领进口许可证件。对无商业价值的边角料和废品，需运往区外销毁的，应凭加工区管理委员会和环保部门的批件，向主管海关办理出区手续，海关予以免进口许可证件、免税。

区内企业在确有需要时，可将有关模具、半成品等运往区外进行加工。经加工区主管海关关长批准，由接受委托的区外企业向加工区主管海关缴纳货物征全税和进口环节增值税等值保证金或保函后办理出区手续。委托区外企业加工的期限由加工区主管海关参照合同期限核定，货物加工完毕后应按期运回区内。区内企业凭出区时填写的委托区外加工申请书及有关单证，向加工区主管海关办理验放核销手续。加工区主管海关在办理验放核销手续后，应及时退还保证金或保函。

区内使用的机器、设备、模具和办公用品等，需要运往区外进行维修、测试或检验的，区内企业或管理机构应填写出口加工区货物运往区外维修查验联系单，向主管海关提出申请，并经主管海关核准、登记、查验后，方可将机器、设备、模具和办公用品等运往区外维修、测试或检验。运往区外维修、测试或检验的机器、设备、模具和办公用品等，应自运出之日起2个月内运回加工区。因特殊情况不能如期运回的，区内企业应于期限届满前7天内，向主管海关说明情况，并申请延期。申请延期以1次为限，延长期限不得超过1个月。

（2）境内区外运入出口加工区货物的报关。境内区外运入出口加工区的货物，由区外企业录入出口货物报关单，凭购销合同（协议）、发票、装箱单等单证向出口加工区海关办理出口报关手续。出口报关结束后，区内企业录入保税核注清单，凭购销发票、装箱单、电子账册编号等单证向出口加工区海关办理进区报关手续。

从区外进入加工区供区内企业使用的国产机器、设备、原材料、零部件、元器件、包装物料及建造基础设施、加工企业和行政管理部门生产、办公用房所需合理数量的基建物资等，海关按照对出口货物的有关规定办理报关手续。区外企业在货物入区后向税务部门申请办理出口退（免）税手续，具体退（免）税管理办法由国家税务总局另行下达。

从区外进入加工区供区内企业和行政管理机构使用的生活消费用品、交通运输工具等，海关不予退税。

五、海关对出口加工区监管的特点

出口加工区是实行全封闭、卡口管理的海关特殊监管区，其基本政策是按照"境内关外"的思路进行设计的。海关对出口加工区监管的特点如下所列。

（1）加工区与境内其他地区之间设置符合海关监管要求的隔离设施及闭路电视监控系统，在进出区通道设立卡口，货物进、出通道卡口安装集装箱和车牌识别系统、电子地磅及电子闸门放行系统，大大提高了卡口的通关效率。

（2）海关在加工区内设立机构，并依照有关法律、行政法规，对进出加工区的货物及区内相关场所实行24小时监管。区内企业建立符合海关监管要求的电子计算机管理数据库，并与海关实行电子计算机联网，进行电子数据交换。

（3）从境外运入出口加工区的加工贸易货物全额保税。

（4）区内生产性的基础设施建设项目所需的机器、设备和建设生产厂房、仓储设施所需的基建物资，予以免税；区内企业生产所需的机器、设备、模具及其维修用零配件，予以免税；区内企业和行政管理机构自用合理数量的办公用品，予以免税。

（5）区内企业和行政管理机构自用的交通运输工具、生活消费用品，按进口货物的有关规定办理报关手续，海关予以照章征税。

（6）出口加工区运往境内区外的货物，海关按照对进口货物的有关规定办理报关手续，并按制成品征税。如属于许可证件管理的商品，还应向海关出具有效的进口许可证件。

（7）境内区外进入出口加工区的货物视同出口，办理出口报关手续，可以办理出口退税手续。

（8）区内企业通过计算机联网，实现了无纸报关。

（9）进入加工区的货物，在加工、储存期间，因不可抗力造成短少、损毁的，区内加工企业或仓储企业应自发现之日起10日内报告主管海关，并说明理由。经海关核实确认后，准予在账册内减除。

（10）加工区内的货物可在区内企业之间转让、转移，双方当事人须事先将转让、转移货物的具体品名、数量、金额等有关事项向海关备案。

六、保税核注清单的填制

保税核注清单是金关二期保税底账核注的专用单证，属于办理加工贸易及保税监管业务的相关单证。加工贸易及保税监管企业已设立金关二期保税底账的，在办理货物进出境、进出海关特殊监管区域、保税监管场所，以及开展海关特殊监管区域、保税监管场所、加工贸易企业间保税货物流（结）转业务的，相关企业应按照金关二期保税核注清单系统设定的格式和填制要求向海关报送保税核注清单数据信息，再根据实际业务需要办理报关手续。保税核注清单填制规范如下所列。

（1）预录入编号。本栏目填报核注清单预录入编号，预录入编号由系统根据接受申报的海关确定的规则自动生成。

（2）清单编号。本栏目填报海关接受保税核注清单报送时给予保税核注清单的编号，一份保税核注清单对应一个清单编号。

保税核注清单海关编号为18位。其中，第1、2位为QD，表示核注清单；第3～6位为接受申报海关的编号（海关规定的《关区代码表》中相应海关代码）；第7、8位为海关接受申报的公历年份；第9位为进出口标志（"I"为进口，"E"为出口）；后9位为顺序编号。

（3）清单类型。本栏目按照相关保税监管业务类型填报，包括普通清单、分送集报清单、先入区后报关清单、简单加工清单、保税展示交易清单、区内流转清单、异常补录清单等。

（4）手（账）册编号。本栏目填报经海关核发的金关二期加工贸易系统及保税监管各类手（账）册的编号。

（5）经营企业。本栏目填报手（账）册中经营企业海关编码、经营企业的社会信用代码、经营企业名称。

（6）加工企业。本栏目填报手（账）册中加工企业海关编码、加工企业的社会信用代码、加工企业名称，保税监管场所名称［保税物流中心（B型）填报中心内企业名称］。

（7）申报单位编码。本栏目填报保税核注清单申报单位海关编码、申报单位社会信用代码、申报单位名称。

（8）企业内部编号。本栏目填写保税核注清单的企业内部编号或由系统生成流水号。

（9）录入日期。本栏目填写保税核注清单的录入日期，由系统自动生成。

（10）清单申报日期。申报日期指海关接受保税核注清单申报数据的日期。

（11）料件、成品标志。本栏目根据保税核注清单中的进出口商品为手（账）册中的料件或成品填写。料件、边角料、物流商品、设备商品填写"I"，成品填写"E"。

（12）监管方式。本栏目按照报关单填制规范要求填写。特殊情形下填制要求为：调整库存核注清单，填写"AAAA"；设备解除监管核注清单，填写"BBBB"。

（13）运输方式。本栏目按照报关单填制规范要求填写。

（14）进（出）口口岸。本栏目按照报关单填制规范要求填写。

（15）主管海关。主管海关指手（账）册主管海关。

（16）起运运抵国别。本栏目按照报关单填制规范要求填写。

（17）核扣标志。本栏目填写清单核扣状态。海关接受清单报送后，由系统填写。

（18）清单进出卡口状态。清单进出卡口状态是指特殊监管区域、保税物流中心等货物，进出卡口的状态。海关接受清单报送后，根据关联的核放单过卡情况由系统填写。

（19）申报表编号。本栏目填写经海关备案的深加工结转、不作价设备结转、余料结转、区间流转、分送集报、保税展示交易、简单加工申报表编号。

（20）流转类型。本栏目填写保税货物流（结）转的实际类型。包括加工贸易深加工结转、加工贸易余料结转、不作价设备结转、区间深加工结转、区间料件结转。

（21）录入单位。本栏目填写保税核注清单录入单位海关编码、录入单位社会信用代码、录入单位名称。

（22）报关标志。本栏目由企业根据加工贸易及保税货物是否需要办理报关单（进出境备案清单）申报手续填写。需要报关的填写"报关"，不需要报关的填写"非报关"。

① 以下货物可填写"非报关"或"报关"。

A. 金关二期手（账）册间余料结转、加工贸易不作价设备结转。

B. 加工贸易销毁货物（销毁后无收入）。

C. 特殊监管区域、保税监管场所间或与区（场所）外企业间流（结）转货物（减免税设备结转除外）。

② 设备解除监管、库存调整类，核注清单必须填写"非报关"。

③ 其余货物必须填写"报关"。

（23）报关类型。加工贸易及保税货物需要办理报关单（备案清单）申报手续时填写，包括关联报关、对应报关。

①"关联报关"适用于特殊监管区域、保税监管场所申报与区（场所）外进出货物，区（场所）外企业使用H2010手（账）册或无手（账）册。

② 特殊区域内企业申报的进出区货物需要由本企业办理报关手续的，填写"对应报关"。

③"报关标志"栏可填写"非报关"的货物，如填写"报关"时，本栏目必须填写"对应报关"。

④ 其余货物填写"对应报关"。

（24）报关单类型。本栏目按照报关单的实际类型填写。

（25）对应报关单（备案清单）编号。本栏目填写保税核注清单（报关类型为对应报关）对应报关单（备案清单）的海关编号。海关接受报关单申报后，由系统填写。

（26）对应报关单（备案清单）申报单位。本栏目填写保税核注清单对应的报关单（备案清单）申报单位海关编码、单位名称、社会信用代码。

（27）关联报关单编号。本栏目填写保税核注清单（报关类型为关联报关）关联报关单的海关编号。海关接受报关单申报后，由系统填写。

（28）关联清单编号。本栏目填写要求如下所列。

① 加工贸易及保税货物流（结）转、不作价设备结转填写保税核注清单编号。

② 设备解除监管时填写原进口保税核注清单编号。
③ 进口保税核注清单无须填写。

（29）关联备案编号。本栏目填写要求为：加工贸易及保税货物流（结）转保税核注清单本栏目填写对方手（账）册备案号。

（30）关联报关单收发货人。本栏目填写关联报关单收发货人名称、海关编码、社会信用代码。按报关单填制规范要求填写。

（31）关联报关单消费使用单位/生产销售单位。本栏目填写关联报关单消费使用单位/生产销售单位名称、海关编码、社会信用代码。按报关单填制规范要求填写。

（32）关联报关单申报单位。本栏目填写关联报关单申报单位名称、海关编码、社会信用代码。

（33）报关单申报日期。本栏目填写与保税核注清单一一对应的报关单的申报日期。海关接受报关单申报后由系统填写。

（34）备注（非必填项）。本栏目填报要求如下所列。
① 涉及加工贸易货物销毁处置的，填写海关加工贸易货物销毁处置申报表编号。
② 加工贸易副产品内销，在本栏内填报"加工贸易副产品内销"。
③ 申报时其他必须说明的事项填报在本栏目。

（35）序号。本栏目填写保税核注清单中商品顺序编号。系统自动生成。

（36）备案序号。本栏目填写进出口商品在保税底账中的顺序编号。

（37）商品料号。本栏目填写进出口商品在保税底账中的商品料号及编号。由系统根据保税底账自动填写。

（38）报关单商品序号。本栏目填写保税核注清单商品在报关单中的商品顺序编号。

（39）申报表序号。本栏目填写进出口商品在保税业务申报表商品中的顺序编号。设备解除监管核注清单，填写原进口核注清单对应的商品序号。

（40）商品编码。本栏目填报的商品编号由 10 位数字组成。前 8 位为《税则》确定的进出口货物的税则号列，同时也是《中华人民共和国海关统计商品目录》确定的商品编码，后 2 位为符合海关监管要求的附加编号。

加工贸易等已备案的货物，填报的内容必须与备案登记中同项号下货物的商品编码一致，由系统根据备案序号自动填写。

（41）商品名称、规格型号。按企业管理实际如实填写。

（42）币制。按报关单填制规范要求填写。

（43）数量及单位。按照报关单填制规范要求填写。其中，第一比例因子、第二比例因子、重量比例因子分别填写申报单位与法定计量单位、第二法定计量单位、重量（千克）的换算关系。非必填项。

（44）单价、总价。按照报关单填制规范要求填写。

（45）产销国（地区）。按照报关单填制规范中有关原产国（地区）、最终目的国（地区）要求填写。

（46）毛重（千克）。本栏目填报进出口货物及其包装材料的重量之和，计量单位为千克，不足一千克的填报为"1"。非必填项。

（47）净重（千克）。本栏目填报进出口货物的毛重减去外包装材料后的重量，即货物本身的实际重量，计量单位为千克，不足一千克的填报为"1"。非必填项。

（48）征免规定。本栏目应按照手（账）册中备案的征免规定填报；手（账）册中的征免规定为"保金"或"保函"的，应填报"全免"。

（49）单耗版本号。本栏目适用加工贸易货物出口保税核注清单。本栏目应与手（账）册中备案的成品单耗版本一致。非必填项。

（50）简单加工保税核注清单成品。该项由简单加工申报表调取，具体字段含义与填制要求与上述字段一致。

技能训练和巩固

华田报关公司于2021年2月开始承接宁波甲国际贸易公司（宁波出口加工区内企业）的委托报关业务，期限为1年。2021年2月至8月，宁波甲国际贸易公司先后从新加坡、马来西亚、日本等国购进橡胶磨床、粉末集尘器、制胶机、自动送料机等多批用于生产的设备及模具。其间，该公司曾将其中部分设备运往区外进行维修。2021年11月，该公司因对生产线进行调整，决定将原进口的橡胶磨床、粉末集尘器等5台设备（原值USD63453.00，属自动进口许可管理）转售给杭州乙科技有限公司。请以华田报关公司报关人员的身份完成上述业务的报关业务操作。

小 结

本项目主要介绍保税加工货物的报关，内容包括手册监管的保税加工货物报关、保税加工货物外发加工和深加工结转办理、出口加工区货物报关。本项目操作要点在于理清报关业务的流程、理解不同监管方式下保税加工货物的报关要点。

训练题

【参考答案】

一、基础训练题

1. 单选题

（1）根据海关对进料加工的管理规定，对直接用于加工出口成品在生产过程中消耗掉的数量合理的进口染化料、触媒剂、洗涤剂、催化剂等化学品在税收上享受的待遇是（   ）。

A. 免予纳税　　　　　　　　　　　　B. 进口时95%免税，5%征税

C. 进口时85%免税，15%征税　　　　D. 按实际加工出口产品的消耗比例免予纳税

（2）某医药进出口公司与外商签订一项血液透析机来件装配合同，该合同已于4月20日执行完毕，装配成品已全部出口。该企业办理该合同的核销手续的时间是（   ）。

A. 6月20日以前　　　　　　　　　　B. 5月20日以前

C. 7月5日以前　　　　　　　　　　　D. 7月20日以前

（3）海关对某加工贸易企业进行稽查时发现，该企业曾利用假手册骗取加工贸易的税收优惠。根据海关对加工贸易企业实行分类管理的有关规定，该企业属于（   ）。

A. A类企业　　　　B. B类企业　　　　C. C类企业　　　　D. D类企业

（4）保税加工货物内销，海关按规定免征缓税利息的是（   ）。

A. 副产品　　　　　B. 残次品　　　　C. 边角料　　　　D. 不可抗力受灾保税货物

（5）加工方自己进口原料、辅料进行加工，成品销往境外的加工方式是（   ）。

A. 来料加工　　　　B. 来件装配　　　C. 进料加工　　　D. 来图加工

（6）加工贸易经营单位委托异地生产企业加工产品出口，应当向（   ）办理合同备案手续。

A. 加工企业所在地主管海关　　　　　B. 经营单位所在地主管海关

C. 海关总署　　　　　　　　　　　　D. 进口料件进境地海关

（7）手册管理的保税加工货物，准予保税加工期限原则上不超过（   ），经批准可以申请延长，延长的最长期限原则上为（   ）。

A. 1年；1年　　　　　　　　　　　　B. 6个月；6个月

C. 3个月；6个月　　　　　　　　　　D. 1年；6个月

（8）下列表述中不属于保税加工货物监管特征的是（   ）。

A. 料件进口时暂缓缴纳进口关税和进口环节海关代征税

B. 成品出口无须缴纳关税
C. 成品出口时属于许可证件管理的，必须交验出口许可证件
D. 进出境海关现场放行并未结束海关监管

2. 判断题

（1）加工贸易企业电子账册是以企业为单元进行管理的，加工贸易电子手册是以合同为单元进行管理的。（　　）

（2）保税加工进口料件在进口报关时，暂缓纳税，加工成品出口报关时再征税。（　　）

（3）自2017年8月1日起，我国取消海关加工贸易银行保证金台账制度并设置过渡期，这意味着，在全国范围内实行22年之久的加工贸易进口料件银行保证金台账制度全面取消。（　　）

（4）凡是海关准予备案的加工贸易料件一律可以不办理纳税手续，保税进口。（　　）

（5）所谓外发加工，是指加工贸易企业将保税料件加工的产品结转至另一直属海关关区内的加工贸易企业深加工后复出口的经营活动。（　　）

二、综合技能训练题

（1）位于合肥市包河区中山路××号的合肥××服装有限公司将于2021年2月经上海从日本某株式会社进口一批总值为5750美元的服装料件，用于生产出口男士长裤和女士衬衣，合计总值为7500美元，预定复出口的期限为2021年5月31日。进口料件清单、加工出口成品单耗清单如下所列。

【单据1】

进口料件清单

商品名称	规格型号	数量	单位	单价	总价	原产国
全棉面料	148cm	500	米	5USD	2500	日本
全棉面料	112cm	560	米	5USD	2300	日本
涤纶里布	108cm	200	米	2USD	400	日本
拉链	10cm	400	条	1USD	400	中国
商标		1500	个	0.1USD	150	中国

【单据2】

加工成品清单

商品编码	商品名称	规格型号	数量	单位	单价	总价	消费国
62034290	男士长裤	L	400	条	10USD	4000	日本
62063000	女士衬衣	L、长袖	350	件	10USD	3500	日本

【单据3】

加工出口成品单耗清单

成品名称	对应料件序号	单耗量	损耗率	对应料件序号	单耗量	损耗率
男士长裤	1	1.2米/条	4%	3	0.5米/条	
男士衬衣	4	1米/条		5	2个/条	
女士衬衣	2	1.6米/条		5	2个/件	

请根据上述业务背景，以该服装有限公司报关人员的身份回答下列问题，并办理相关申报手续。

①报关人员如何办理该加工贸易合同的备案手续？

【业务处理】_____

_____

②请根据上述业务背景，以该服装有限公司报关人员的身份填制以下合同备案表格。

【单据填制1】

加工合同备案申请表

备案申报编号：　　　　　　　　　　　　　　主管海关：

1. 经营单位名称	2. 经营单位编码
3. 经营单位地址	
4. 联系人	5. 联系电话
6. 加工企业名称	7. 加工企业编码
8. 加工企业地址	
9. 联系人	10. 联系电话
11. 外商公司名称	12. 外商经理
13. 贸易方式	14. 征免性质
15. 贸易国（地区）	16. 加工种类
17. 内销比例	18. 批准文号
19. 协议号	
20. 进口合同号	21. 进口总值
22. 币制	
23. 出口合同号	24. 出口总值
25. 币制	
26. 投资总额	27. 进口设备总额
28. 币制	
29. 进口口岸	30. 进口期限
31. 出口期限	
32. 申请人	33. 申请日期
34. 备注	
有关说明（不进计算机）	

【单据填制2】

进口料件备案申请表

序号	商品编号	商品名称	规格型号	数量	单位	单价	总价	原产国

【单据填制 3】

加工出口成品备案申请表

序号	商品编号	商品名称	规格型号	数量	单位	单价	总价	消费国

【单据填制 4】

单耗备案申请表

序号	成品名称	对应料件序号	单耗量	损耗率

（2）江西南昌出口加工区某企业履行进料加工合同，料件从上海口岸进口，加工中因工艺需要，从境内区外购进加工设备1台。产品生产后，因订单变化，产品转为内销。

请根据上述业务背景，以江西南昌出口加工区某企业报关人员的身份回答下列问题，并办理相关申报手续。

① 进料加工业务的报关手续如何办理？

【业务处理】_____

② 从境内区外购进的加工设备的报关手续如何办理？

【业务处理】_____

③ 产品转内销的报关手续如何办理？

【业务处理】_____

项目 6
特定减免税货物报关业务办理

▶【学习目标】

知 识 目 标	技 能 目 标
（1）理解特定减免税货物的含义和特点。 （2）理解减免税申请的要求。 （3）掌握特定减免税货物的报关流程。 （4）理解特定减免税货物的监管要点。 （5）理解特定减免税货物的后续处置方式	（1）会办理减免税的申请。 （2）会办理特定减免税货物的进口报关。 （3）会办理特定减免税货物的后续处置和解除监管

▶【任务导入】

2021年1月，华田报关公司受宁波保税区甲国际贸易有限公司委托，向北仑海关申报进口机械设备一台。该设备属于可以享受特定减免税政策的设备，可以享受2000万元的减免税额度。2021年1月，该公司办理了第一批价值600万元的减免税设备进口（该设备监管年限为3年）。2022年1月，因特殊原因，经海关批准，甲公司将该设备转让给同样享受减免税待遇的外资公司乙公司。该设备的报关业务由华田报关公司报关人员小丁负责。

▶【任务目标】

（1）根据任务导入的案例背景，完成特定减免税货物的减免税申请。
（2）根据任务导入的案例背景，完成特定减免税货物的报关操作。
（3）根据任务导入的案例背景，完成特定减免税货物的结关操作。

▶【任务分析】

在以上案例背景中，涉及一笔特定减免税货物的进口报关业务。特定减免税货物报关大致要经过以下3个环节的操作。

（1）减免税申请。
（2）进口报关。
（3）申请结束海关监管。

在分析操作环节的基础上，将本项目的任务分解为3个部分：特定减免税申请→特定减免税货物的进口报关→特定减免税货物后续处置和解除监管。

项目6 特定减免税货物报关业务办理

任务1 特定减免税申请

【任务目标】

根据任务导入的案例背景完成进口设备减免税申请办理。

【操作分析】

小丁了解到，从2017年12月15日起，全国海关推广减免税申请无纸化，同时取消减免税备案。因此，小丁通过"中国国际贸易单一窗口"减免税审核确认系统（图6.1）向海关提交征免税申请表及随附单证资料电子数据，办理减免税审核确认，申领《中华人民共和国海关进出口货物征免税确认通知书》。

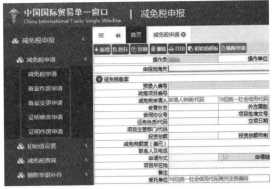
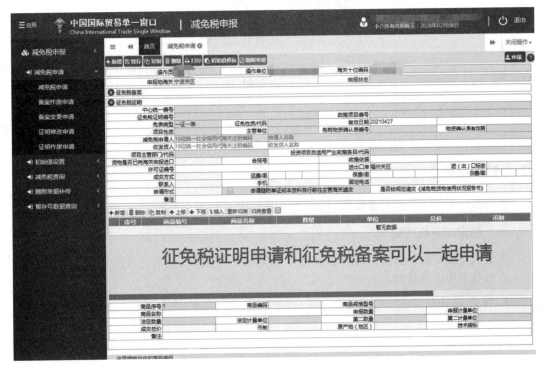

图6.1 减免税审核确认系统页面

进出口货物征免税确认通知书见表 6-1。

表 6-1 中华人民共和国海关进出口货物征免税确认通知书

减免税申请人						征免性质/代码			政策依据		
征免税确认日期		年 月 日				有效期	年 月 日止				
进(出)口岸		申报地海关				成交方式		合同协议号		项目性质	
项号	商品编号	商品名称	规格型号	申报数量	计量单位	总价	币制	主管海关确认征减免意见			
								关税	增值税	其他	
1											
2											
3											
4											
5											
减免税货物使用地点											
备注											
主管海关盖章： 年 月 日			申报地海关批注： 年 月 日			注意事项及权利义务提示： 1. 本通知书使用一次有效。不同批次申报进口的货物应分别办理减免税审核确认手续。 2. 减免税申请人应当在本通知书有效期内向申报地海关办理有关进出口货物征减免税相关手续。如需延期，应当在有效期内向主管海关办理延期手续。 3. 在海关监管年限内，减免税申请人应当按照海关规定保管、使用减免税货物，并依法接受海关监管。 4. 减免税申请人对主管海关确认的征减免意见不服的，依照《中华人民共和国行政复议法》第九条、第十二条、第十六条,《中华人民共和国海关法》第六十四条之规定，可以在本通知书制发之日起六十日内向上一级海关申请行政复议；对复议决定仍不服的，依照《中华人民共和国行政诉讼法》第四十五条之规定，可以自收到复议决定书之日起十五日内，向人民法院提起诉讼。								

【知识链接】

要完成以上任务，需要掌握特定减免税申请的基本知识。

一、特定减免税货物

特定减免税货物是指海关根据国家的政策规定准予减税、免税进口使用于特定地区、特定企业和特定用途的货物。

1. 特定地区

（1）保税区。

（2）出口加工区。

2. 特定企业

特定企业主要是指外商投资企业。党的二十大报告指出，我国当前吸引外资和对外投资居世界前列，形成更大范围、更宽领域、更深层次对外开放格局。

3. 特定用途

（1）国内投资项目。
（2）利用外资项目。
（3）科教用品。
（4）残疾人用品等。

"特定"的含义解析见表6-2。

表6-2 "特定"的含义解析

类　型	含　　义	例　证
特定地区	我国关境内由行政法规规定的某一特别限定区域，享受减免税优惠的进口货物只能在这一特别限定的区域内使用	保税区、出口加工区内生产性的基础设施建设项目所需的机器设备可以享受免税待遇
特定企业	由国务院制定的行政法规专门规定的企业，享受减免税优惠的进口货物只能由这些专门规定的企业使用	外商投资企业在投资总额内进口的企业自用的投资设备可以享受免税待遇
特定用途	国家规定可以享受减免税优惠的进口货物只能用于行政法规专门规定的用途	科研机构及学校进口的专用科研用品；残疾人专用品及残疾人组织和单位进口的货物

二、特定减免税货物的特征

（1）特定条件下减免进口税。进口时减免进口关税、进口环节增值税，不减免进口环节消费税。

（2）若进口货物需要提交许可证，提交许可证的义务不能免除，另有规定的除外。

（3）进口后在特定的海关监管期限内接受海关监管。

特定减免税货物的海关监管期限：船舶、飞机为8年；机动车辆为6年；其他货物为3年。监管年限自货物进口放行之日起计算。

三、特定地区和特定企业减免税申请

在进口特定减免税货物以前，通过"中国国际贸易单一窗口"平台减免税审核确认系统向保税区、出口加工区或企业主管海关提交征免税申请表及发票、装箱单等随附单证资料电子数据，办理减免税审核确认。

四、特定用途减免税申请

1. 国内投资项目和利用外资项目减免税申请

国内投资项目和利用外资项目，经批准后，通过"中国国际贸易单一窗口"平台减免税审核确认系统向主管海关提交征免税申请表、国家鼓励发展的内外资项目确认书、发票、装箱单等随附单证资料电子数据，办理减免税审核确认。

2. 科教用品减免税申请

在进口特定减免税科教用品以前，通过"中国国际贸易单一窗口"平台减免税审核确认系统向主管海关提交征免税申请表、合同等单证，办理减免税审核确认。

3. 残疾人专用品减免税申请

（1）在进口特定减免税残疾人专用品之前，通过"中国国际贸易单一窗口"平台减免税审核确认系统向主管海关提交征免税申请表、民政部门的批准文件，办理减免税审核确认。

（2）民政部门或中国残疾人联合会所属单位批量进口残疾人专用品，应通过"中国国际贸易单一窗口"平台减免税审核确认系统向所在地主管海关申请，提交征免税申请表、民政部门或中国残疾人联合会出具的证明函，办理减免税审核确认。

五、中华人民共和国海关进出口货物征免税确认通知书制发及使用

主管海关应当自受理减免税审核确认申请之日起10个工作日内，对减免税申请人主体资格、投资项目和进出口货物相关情况是否符合有关进出口税收优惠政策规定等情况进行审核，并出具进出口货物征、减税或免税的确认意见，制发征免税确认通知书。

征免税确认通知书有效期限不超过6个月，减免税申请人应当在有效期内向申报地海关办理有关进出口货物申报手续；不能在有效期内办理，需要延期的，应当在有效期内向主管海关申请办理延期手续。征免税确认通知书可以延期一次，延长期限不得超过6个月。

征免税确认通知书有效期限届满仍未使用的，其效力终止。减免税申请人需要减免税进出口该征免税确认通知书所列货物的，应当重新向主管海关申请办理减免税审核确认手续。

> **知识拓展**
>
> **进口特定减免税货物的法律责任**
>
> 以特定地区享受减免税优惠进口的货物只能在规定的特定地区里面使用，将货物移至特定地区以外使用的，必须经海关批准并依法缴纳关税；以特定企业享受减免税优惠进口的货物只能由这些规定的企业使用，任何将货物擅自转让、出售，只要占有并使用该货物的人发生变更，都属于违法行为；以特定用途享受减免税优惠进口的货物只能用于规定的用途，将该货物用于其他用途的，必须经海关批准并依法缴纳关税。

> **技能训练和巩固**
>
> 小陈是华田报关公司刚参加工作的报关人员。2021年6月，华田报关公司接受某职业技术学院的委托，为其实训大楼车床修理实训室进口的实验用车床报关并指导办理有关手续，小陈接受公司指派负责这批实验用车床的报关。请以华田报关公司报关人员小陈的身份完成这批实验用车床的减免税申请手续。

任务 2　特定减免税货物的进口报关

▶【任务目标】

根据任务导入的案例背景完成特定减免税设备的进口报关。

▶【操作分析】

报关人员小丁按以下几个步骤完成此次特定减免税设备的进口报关。

1. 填制报关单

单据材料包括本票设备进口的发票、提单和装箱单，征免税确认通知书编号为Z37018A03980，小丁根据单据材料开始填制进口货物报关单。

【单据1】发票

COMMERCIAL INVOICE

Seller： SINGAPORE INTERNATIONAL TRADE CO. ××SOUTH ××TH STREET	Invoice No. and Date： EX80320 5th JAN. 2021 L/C No. and Date
Consignee： NINGBO SPIT INTERNATIONAL TRADE CO. ××ZHONGSHAN RD.HAISHU NINGBO，CHINA	Buyer： AS PER CONSIGNEE
Departure Date： ETD：6th JAN. 2021	Terms of Deliver and Payment：
Vessel：××'s 229	Other Reference： CONTRACT NO. SPEC/KCC803-01
From：SINGAPORE To：NINGBO	

Shipping Marks	Goods Description	Quantity	Unit Price	Amount
N/M	Punching Machine Origin：SINGAPORE 计量单位：千克	50 sets	USD1,200 CIF NINGBO	USD60,000

【单据2】提单

BILL OF LADING

Shipper： SINGAPORE INTERNATIONAL TRADE CO. ××SOUTH ××TH STREET	B/L No.：MISC200000537
Consignee of Order： NINGBO SPIT INTERNATIONAL TRADE CO. ××ZHONGSHAN RD.HAISHU NINGBO，CHINA	Carrier： AMERICAN PRESIDENT LINES
Notify Party/Address： SAME AS CONSIGNEE	Place of Receipt： SINGAPORE CY
Vessel and Voy No.：××'s 229	Place of Delivery： NINGBO CY
Port of Loading：SINGAPORE	
Port of Transhipment：	Port of Discharge：NINGBO

Marks & Nos.	Number & Kind of Packages	Description of Goods	Gross Weight	Measurement
N/M	Punching Machine TOTAL PACKED IN 2 CONTAINNERS		5,020KGS	

【单据3】装箱单

PACKING LIST

Seller： SINGAPORE INTERNATIONAL TRADE CO. ××SOUTH ××TH STREET	Invoice No. and Date： EX80320 5th JAN. 2021
Consignee： NINGBO SPIT INTERNATIONAL TRADE CO. ××ZHONGSHAN RD.HAISHU NINGBO，CHINA	Buyer： AS PER CONSIGNEE
Departure Date： ETD：6th JAN. 2021	Other Reference： CONTRACT NO. SPEC/KCC803-01
Vessel：××'s 229	
From：SINGAPORE To：NINGBO	

Shipping Marks	Number & Kind of Packages	Goods Description	Quantity	N.W.	G.W.	Measurement
		Punching Machine		5,000KGS	5,020KGS	

【单据4】报关单

中华人民共和国海关进口货物报关单

预录入编号：   海关编号：   页码/页数：

境内收货人 宁波甲国际贸易有限公司 3312961121	进境关别 北仑海关 3104	进口日期 20210112		申报日期	备案号 Z37018A03980
境外发货人 SINGAPORE INTERNATIONAL TRADE CO.	运输方式 水路运输	运输工具名称及航次号 ××'s /229		提运单号 MISC200000537	货物存放地点 宁波北仑保税区仓库
消费使用单位 宁波甲国际贸易有限公司 3312961121	监管方式 一般贸易 0110	征免性质 鼓励项目 789		许可证号	启运港 新加坡 SGP012
合同协议号 SPEC/KCC803-01	贸易国（地区） 新加坡 SGP	启运国（地区） 新加坡 SGP		经停港 新加坡 SGP012	入境口岸 宁波北仑港区 380101
包装种类 其他包装 99	件数 50	毛重（千克） 5020	净重（千克） 5000	成交方式 CIF	运费	保费	杂费

随附单证
随附单证1：   随附单证2：
标记唛码及备注 N/M

续表

项号	商品编号	商品名称及规格型号	数量及单位	单价/总价/币制	原产国(地区)	最终目的国(地区)	境内目的地	征免
1	8462 1010	冲床	5000千克/50台	1200/60000/USD	新加坡SGP	中国CHN	33129	全免
2								
3								
4								
5								
6								
7								
特殊关系确认:否		价格影响确认:否		支付特权使用费确认:否		自报自缴:是		
报关人员	报关人员证号	电话	兹申明以上内容承担如实申报、依法纳税之法律责任				海关批注及签章	
申报单位			申报单位(签章)					

2. 准备好全套报关单证

包括进口货物报关单（征免税确认通知书编号填写在进出口货物报关单"备案号"栏中）、装箱单、提单、发票等，向进境地海关北仑海关申报。

3. 如需查验，配合查验

当设备被海关查验时，应积极配合海关人员的工作。之后，凭出具的放行信息到海关监管场所提货。

【知识链接】

要完成以上任务，需要掌握特定减免税货物报关的基本知识。

一、特定减免税货物的报关要点

（1）持报关单、外贸单据、许可证等相关证件按一般进出口货物办理报关程序，自2017年4月26日起，收发货人或受委托的报关企业在申报征免税确认通知书所列货物时，无须提交纸质征免税确认通知书或其扫描件。如果征免税确认通知书电子数据与申报数据不一致，海关需要验核纸质单证的，有关企业应予以提供。进境不需要缴纳进口关税。

（2）保税区企业、出口加工区等其他特殊监管区域的企业进口免税的机器设备等应填制保税核注清单。

（3）报关单上的备案号一栏要填写征免税确认通知书的12位编号。

二、特定减免税货物担保放行的规定

有下列情形之一的，减免税申请人可以向海关申请办理有关货物凭税款担保先予放行手续。

（1）有关进出口税收优惠政策或其实施措施明确规定的。

（2）主管海关已经受理减免税审核确认申请，尚未办理完毕的。

（3）有关进出口税收优惠政策已经经过国务院批准，具体实施措施尚未明确，主管海关能够确认减免税申请人属于享受该政策范围的。

（4）其他经海关总署核准的情形。

> **知识拓展**
>
> **正在办理减免税相关手续时货物急需进口该如何处理**
>
> 主管海关按规定受理减免税申请人申请办理减免税备案、审批手续期间(包括经批准延长的期限),所申报的减免税货物到达进口口岸,减免申请人申请凭税款担保办理货物验放手续的,主管海关凭减免税申请人在货物申报进口前提交的书面申请,按规定权限审核同意后出具海关同意按减免税货物办理税款担保手续证明(简称"担保证明"),进口地海关审核符合担保条件的,凭担保证明按规定办理货物的担保和验放手续。

> **技能训练和巩固**
>
> 2021年6月,宁波华田报关公司受某职业技术学院的委托,为其实训大楼车床修理实训室进口的实验用车床报关并指导办理有关手续,小陈受公司指派负责这批实验用车床的报关。小陈是新加入公司的员工,在完成这批实验用车床的进口报关后,为积累经验,他准备填写报关工作日志,将本次报关的工作要点记录下来。

报关工作日志

部　　门:　　　　　　姓　　名:　　　　　　填报日期:

工作项目	
完成过程记录	
存在问题	
要点小结	

任务3　特定减免税货物后续处置和解除监管

【任务目标】

根据任务导入的案例背景完成特定减免税设备的后续处置和解除监管。

【操作分析】

报关人员小丁按以下4个步骤完成此次特定减免税设备的后续处置和解除监管。

(1)结转申请。小丁持有关单证向保税区海关提出申请。保税区海关审核同意后,通知乙公司所在地主管海关。

（2）乙公司申领征免税确认通知书。乙公司向主管海关申请办理减免税申请手续，领取征免税确认通知书。因该设备已经使用1年，乙公司获得这台设备后，海关对其后续监管年限为2年。

（3）各自办理转出转入手续。宁波甲国际贸易有限公司和乙公司分别向各自的主管海关申请办理减免税货物转出和转入手续。

（4）申请解除监管。小丁向保税区海关申请解除这批已结转设备的海关监管，保税区海关审核无误后，办理转出减免税货物的解除监管手续。

【知识链接】

要完成以上任务，需要掌握特定减免税货物后续处置和解除监管的基本知识。

一、后续处置方式

1. 变更使用地点

特定减免税货物变更使用地点，需向主管海关提出申请，原则上应当在主管海关核准的地点使用。

特定减免税货物移出主管海关管辖地使用的，需按以下步骤办理。

（1）减免税申请人事先持有关单证及说明材料向主管海关申请。

（2）主管海关审核同意并通知转入地海关。

（3）减免税申请人将货物运至转入地海关管辖地，经转入地海关确认货物情况后进行异地监管。

（4）异地使用结束后，减免税申请人及时向转入地海关申请办结异地监管手续。

（5）转入地海关审核同意并通知主管海关后，可将减免税货物运回主管海关管辖地。

2. 结转

减免税申请人将进口减免税货物转让给进口同一货物享受同等减免税优惠待遇的其他单位的，应当按照下列规定办理减免税货物结转手续。

（1）减免税货物的转出申请人向转出地主管海关提出申请，并随附相关材料。转出地主管海关审核同意后，通知转入地主管海关。

（2）减免税货物的转入申请人向转入地主管海关申请办理减免税审核确认手续。转入地主管海关审核同意后，制发征免税确认通知书。

（3）结转减免税货物的监管年限应当连续计算，转入地主管海关在剩余监管年限内对结转减免税货物继续实施后续监管。

3. 转让

在海关监管年限内，减免税申请人需要将减免税货物转让给不享受进口税收优惠政策或进口同一货物但不享受同等减免税优惠待遇的其他单位的，应当事先向主管海关申请办理减免税货物补缴税款手续。进口时免予提交许可证件的减免税货物，按照国家有关规定需要补办许可证件的，减免税申请人在办理补缴税款手续时还应当补交有关许可证件。有关减免税货物自办结上述手续之日起，解除海关监管。

4. 移作他用

在海关监管年限内，减免税申请人需要将减免税货物移作他用的，应当事先向主管海关提出申请。移作他用包括以下情形。

（1）将减免税货物交给减免税申请人以外的其他单位使用。
（2）未按照原定用途使用减免税货物。
（3）未按照原定地区使用减免税货物。

除海关总署另有规定，将减免税货物交给减免税申请人以外的其他单位使用的，减免税申请人还应当按照移作他用的时间补缴相应税款。

移作他用时间不能确定的，应当提交相应的税款担保，税款担保不得低于剩余监管年限应补缴的税款总额。

5. 变更、终止

（1）变更。先向主管海关报告，若承受人资格改变则须补税，若继续享受减免税待遇则按照规定变更备案或办理结转手续。

（2）终止。企业进入破产清算程序时，对于还处在海关监管期内的特定减免税货物，企业首先向主管海关申请，经主管海关同意并按规定征收税款后，签发解除监管证明，才能进入破产清算、变卖、拍卖程序。企业应自清算之日起30日内向海关办理补税和解除监管手续。

6. 退运、出口

在海关监管年限内，减免税申请人要求将减免税货物退运出境或出口的，应当经主管海关审核同意，并办理相关手续。减免税货物自退运出境或出口之日起，解除海关监督，海关不再对退运出境或出口的减免税货物补征相关税款。

7. 贷款抵押

申请人须向主管海关提出书面申请。申请人不得以减免税货物向金融机构以外的公民、法人或其他组织办理贷款抵押。

二、解除监管

解除监管有以下两种情形。

（1）监管期届满自动解除。减免税设备监管期限到期后，在海关监管期内未发生违反海关监管规定行为的，自动解除海关监管。监管期满申请解除监管，纳税义务人需要开具解除监管证明的，可以自监管年限届满之日起1年内向海关申请，海关自接到申请之日起20日内核发《中华人民共和国海关进口减免税货物解除监管证明》。

（2）申请解除监管。在海关监管年限内的进口减免税货物，减免税申请人书面申请提前解除监管的，应当向主管海关申请办理补缴税款和解除监管手续。按照国家有关规定在进口时免予提交许可证件的进口减免税货物，减免税申请人还应当补交有关许可证件。

知识拓展

减免税货物补税税款的计算

减免税货物经批准转让或移作他用的，补税完税价格以海关审定的货物原进口时的价格按照减免税货物已进口时间与监管年限的比例进行折旧，其计算公式为

补税的完税价格＝海关审定的货物原进口时价格 × [1－货物已进口时间÷（监管年限×12）]

减免税货物已进口时间自减免税货物的放行之日起按月计算。不足1个月但超过15天（包括15天）的按1个月计算；不超过15天的，免予计算。

补税税率应当适用海关接受减免税申请人再次填写报关单申报办理补税之日实施的税率。

项目6 特定减免税货物报关业务办理

技能训练和巩固

2019年4月,宁波某公司进口一台机械设备。向海关申报时,报关单境内收货人栏填报该公司的名称及海关注册编码,监管方式栏填报为"2225",征免性质栏填报为"789"。经海关审核接受申报,向海关缴纳保证金后获得海关放行。该公司在规定的时间办结了担保销案手续。进口机械设备在使用两年后,即2021年4月,经主管部门批准,该公司将这台设备转售给宁波另一私营企业。有关这台设备的报关业务全部委托宁波华田报关公司完成。请你以华田报关公司报关人员的身份,完成该设备的相关报关事务。

小 结

本项目主要介绍特定减免税货物的监管和报关,内容包括特定减免税的申请办理、征免税确认通知书的使用、特定减免税货物的后续监管、特定减免税货物申请解除监管。本项目操作要点在于理清特定减免税货物报关业务的流程、理解特定减免税货物的海关监管要点。

训 练 题

一、基础训练题

1. 单选题

(1)下列(　　)从境外进口的自用物资(交通工具、消费品除外)可以享受特定减免税的优惠待遇。
A. 保税仓库　　　　　　　　　　　B. 出口监管仓库
C. 保税物流中心　　　　　　　　　D. 保税物流园区

(2)征免税确认通知书的有效期为(　　)。
A. 3个月　　　　　　　　　　　　B. 6个月
C. 9个月　　　　　　　　　　　　D. 1年

(3)特定减免税货物在海关监管期限内申请解除海关监管的,下列做法不正确的是(　　)。
A. 在海关监管期限内在境内出售的,海关可免征进口税
B. 在海关监管期限内在境内转让给同样享受进口减免税优惠的企业,接受货物的企业可以凭征免税确认通知书办理结转手续,继续享受特定减免税优惠待遇
C. 可以申请将特定减免税货物退运出境
D. 可以书面申请放弃交海关处理

(4)北京某外资企业从美国购进大型机器成套设备,分3批运输进口,其中两批从天津进口,另一批从青岛进口。该企业在向海关申请办理该套设备的减免税手续时,下列做法正确的是(　　)。
A. 向北京海关分别申领两份征免税确认通知书
B. 向北京海关分别申领三份征免税确认通知书
C. 向天津海关申领一份征免税确认通知书,向青岛海关申领一份征免税确认通知书
D. 向天津海关申领两份征免税确认通知书,向青岛海关申领一份征免税确认通知书

(5)享受特定减免税优惠进口的钢材,必须按照规定用途使用,未经海关批准不得擅自出售、转让、移作他用。按照现行规定,海关对其监管年限为(　　)。
A. 8年　　　　　　　　　　　　　B. 6年
C. 5年　　　　　　　　　　　　　D. 3年

2. 判断题

(1)进口的特定减免税机器设备只能在本企业自用,不可以在两个享受特定减免税优惠的企业之间结转。(　　)

(2)特定减免税进口货物,除另有规定外,一般不豁免进口许可证件。(　　)

(3)某外商投资企业经批准进口享受特定减免税旧设备一套,可以免予申领自动进口许可证。(　　)

(4)企业破产清算时仍在海关监管期限内的特定减免税货物,应在破产清算之前,向海关申请办理解除海关监管手续,有关货物才能进入破产清算、变卖、拍卖程序。对进入法律程序的特定减免税货物,如

157

属于进口许可证管理的货物,原进口时未向海关提交进口许可证件的,可凭人民法院的判决和仲裁机关的仲裁证明免交进口许可证件。（ ）

（5）某工艺服装厂承接一万套服装来料加工合同,加工期2年,成品全部返销日本。合同规定,外商无偿提供一套价值2.5万美元的专用设备。合同期满加工成品全部出口后,该厂向海关办理合同核销手续,该设备也随之解除海关监管。（ ）

二、综合技能训练题

（1）××大学邀请境外一学术代表团来华进行学术交流,通过货运渠道从北京国际机场口岸运进一批讲学必需的设备,其中有一个先进的智能机器人是国内所没有的。货物进口时,××大学作为收货人委托北京某报关企业在机场海关办理该批设备的进口手续。交流结束后,××大学和外国代表团协商决定留购该机器人以备研究,并以科教用品的名义办理减免税手续。其余测试设备在规定期限内经北京国际机场复运出境。

① 该批设备进口报关时,需要准备哪些报关单据?
【业务处理】_____
_____
_____

② 该批设备进口时,其减免税手续如何办理?
【业务处理】_____
_____
_____

③ 对留购的智能机器人,应如何办理相关海关事务?
【业务处理】_____
_____
_____

（2）A电业有限公司（注册编号：350694×××）在投资总额内委托B机械进出口公司（350691×××）于2021年8月29日进口一批投资设备（属法定检验检疫货物）,2021年8月31向厦门海关（代码0921）申报。投资设备征免税确认通知书编号为Z37018A03980,海关签注为"鼓励项目"。相关单据如下所列。

【单据1】提单

BILL OF LADING

Shipper: FROM AOSA HEAVY INDUSTRIES CORP. 201,××,RD.,××	Ocean Vessel Voy. No.: STELLA FAIRY 229
Consignee A ELECTRIC POWER CO.,LTD.,2/F 201, HUBIN NORTH RD.,XIAMEN A电业有限公司 TEL：0592-511×××× 企业编码：350694×××	Port of Loading:×× Port of Discharge:XIAMEN B/L No.:GUK-6

MARKS&NUMBER	NO. OF PACKAGES	DESCRIPTION OF GOODS	G. W.
HYEC 8ET74 IN DIAMOND MADE IN××	14 PKGS	FLAT BAR SS-400	20,298KGS

【单据 2】发票

INVOICE

Shipped per STELLA FAIRY 229
FROM ×× TO XIAMEN

MARKS&NOS.	Description of Goods	Quantity	Unit Price	Amount
HYEC 8ET74 IN DIAMOND MADE IN ××	Flat Bar SS-400 4.5mm×25mm HS CODE：7211.1900 法定计量单位：千克	20,270KGS	USD0.52	CIF XIAMEN USD10,540.40
	TOTAL	20,270KGS		USD10,540.40

SAY: TOTAL CIF VALUE U.S.DOLLARS TEN THOUSAND FIVE HUNDRED FOURTY AND CENTS FOURTY ONLY.

×× CO. (××)

Signed by

【单据 3】装箱单

PACKING LIST

INVOICE NO.：I88508
ORDER NO.：8ET74
PAGE： 1

Consignees: <u>A ELECTRIC POWER CO., LTD.</u>
Name of Vessel: <u>STELLA FAIRY 229</u>
Port of shipment: <u>××</u>
Destination: <u>XIAMEN</u>
MADE IN ××

Packing No.	Quantity	Description	Net weight	Gross Weight		Measurement
				Each	Total	
	14PKGS	FLAT BAR SS-400 4.5mm×25mm	20,270KGS		20,298KGS	
TOTAL	14PKGS		20,270KGS		20,298KGS	

×× CO. (××)

Signed by _____

【单据 4】报关单

中华人民共和国海关进口货物报关单

预录入编号： 　　　　海关编号： 　　　　页码/页数：

境内收货人	进境关别	进口日期		申报日期	备案号
境外发货人	运输方式	运输工具名称及航次号		提运单号	货物存放地点
消费使用单位	监管方式	征免性质		许可证号	启运港

续表

合同协议号		贸易国（地区）	启运国（地区）			经停港	入境口岸	
包装种类		件数	毛重（千克）	净重（千克）	成交方式	运费	保费	杂费
随附单证 随附单证 1：				随附单证 2：				
标记唛码及备注								
项号 商品编号 商品名称及规格型号 数量及单位 单价/总价/币制 原产国（地区）最终目的国（地区）境内目的地 征免								
1								
2								
3								
4								
5								
6								
7								
	特殊关系确认：		价格影响确认：		支付特权使用费确认：		自报自缴：	
报关人员	报关人员证号	电话	兹申明以上内容承担如实申报、依法纳税之法律责任				海关批注及签章	
申报单位				申报单位（签章）				

项目 7
暂准进出境货物报关业务办理

【学习目标】

知 识 目 标	技 能 目 标
（1）掌握 ATA 单证册货物的报关流程。	（1）会办理 ATA 单证册货物的报关。
（2）掌握非 ATA 单证册展览品的报关流程。	（2）会办理非 ATA 单证册展览品的报关。
（3）掌握暂时进出口货物的报关流程	（3）会办理暂时进出口货物的报关

【任务导入】

华田公司于 2021 年 10 月初到德国参展，展期为一个星期。参展商品、展台用的建筑材料及装饰品等于 2021 年 9 月底从宁波口岸出境。展会结束后，参展商品等从上海口岸复运进境。该批展览品报关采用 ATA 单证册报关。

同时，宁波国际会展中心于 2021 年 10 月举办宁波国际服装服饰博览会，这次展会的报关代理企业确认为宁波华田报关公司，展会结束后大部分展览品退运出境，部分展览品在展会期间售出，该批展览品报关方式不采用 ATA 单证册。

2021 年年底，宁波乙演艺公司承接 2021 年某演唱会的举办，演出的舞台、舞美、布景等设施都从韩国运输过来。演出结束后，再运走，其报关业务由华田报关公司代理。

以上业务的报关操作由华田报关公司的报关人员小丁完成。

【任务目标】

（1）根据任务导入的案例背景完成德国参展商品的报关。
（2）根据任务导入的案例背景完成宁波服博会展览品的报关。
（3）根据任务导入的案例背景完成舞台设备的报关。

【任务分析】

在以上案例背景中，涉及展览品（ATA 和非 ATA）的报关操作及其他暂时进出口货物的报关操作。对于暂准进出境货物的报关操作，大致要经过以下 3 个环节的操作。

（1）申领 ATA 单证册或备案（展览品报关）。
（2）进出境申报。
（3）核销结关。

在分析操作环节的基础上，同时结合海关的监管要求，将本项目的任务分解为 3 个部分：

使用 ATA 单证册的暂准进出境货物的报关→不使用 ATA 单证册的展览品的报关→暂时进出口货物的报关。

任务 1　使用 ATA 单证册的暂准进出境货物的报关

【任务目标】

根据任务导入的案例背景完成德国参展商品的报关操作。

【操作分析】

小丁认为这批展览品的报关操作大概要分为以下 5 个步骤。

（1）申领 ATA 单证册。小丁填写申请表、货物总清单等相关资料，向宁波贸促会申请签发 ATA 单证册（表 7–1）。

表 7–1　中国国际商会 ATA 单证册申请表

```
一、申请人基本情况
1. 申请人名称（中文 / 英文）宁波华田国际贸易有限公司 /NINGBO HUATIAN INTERNATIONAL TRADE CO.
   申请人地址（中文 / 英文）宁波鄞州××路××号 /××RD.YINZHOU NINGBO，CHINA
2. 申请人身份证明文件名称：☑ 企业法人营业执照　□事业单位法人证书　□社会团体法人登记证书
   □身份证　□护照　□其他
   申请人身份证明文件号码：_____
3. 授权代表：（中文）_____（英文）_____
4. 联系人：李×× 　电话：0574–8320×××　　传真：_____
二、单证册基本情况
1. 货物用途
   ☑ 展览会和交易会（名称、地点、组织者）德国法兰克福家纺展
   □专业设备　☑商业样品　□其他　展台材料、装饰品
2. 预定从中国离境日期　2021.09.25　，出口报关口岸　北仑
3. 运输方式：□货运　☑水路运输　□航空运输　□汽车运输　□铁路运输　□其他　□随身携带
4. 在拟暂准进口的国家（地区）前面横线处注明预计进口的次数
   在拟过境的国家（地区）前面横线处写"T"，并注明预计过境的次数
   ___阿尔及利亚（DZ）　　　T　直布罗陀（GI）　　卢森堡（LU）　　　斯洛伐克（SK）
   ___安道尔（AD）　　　　　___希腊（GR）　　　　___马其顿（MK）　　___斯洛文尼亚（SI）
   ___澳大利亚（AU）　　　　T　中国香港（HK）　　___马来西亚（MY）　___南非（ZA）
   ___奥地利（AT）　　　　　___匈牙利（HU）　　　___马耳他（MT）　　___西班牙（ES）
   ___比利时（BE）　　　　　___冰岛（IS）　　　　___毛里求斯（MU）　___斯里兰卡（LK）
   ___保加利亚（BG）　　　　___印度（IN）　　　　___摩洛哥（MA）　　___瑞典（SE）
   ___加拿大（CA）　　　　　___爱尔兰（IE）　　　T　荷兰（NL）　　　___瑞士（CH）
   ___克罗地亚（HR）　　　　___以色列（IL）　　　___新西兰（NZ）　　___泰国（TH）
   ___塞浦路斯（CY）　　　　___意大利（IT）　　　___挪威（NO）　　　___突尼斯（TN）
   ___捷克（CZ）　　　　　　___科特迪瓦（CI）　　___波兰（PL）　　　___土耳其（TR）
   ___丹麦（DK）　　　　　　___日本（JP）　　　　___葡萄牙（PT）　　___英国（GB）
   ___爱沙尼亚（EE）　　　　___韩国（KR）　　　　___罗马尼亚（RO）　___美国（US）
   ___芬兰（FI）　　　　　　___拉脱维亚（LV）　　___俄罗斯（RU）　　___塞尔维亚（CS）
   ___法国（FR）　　　　　　___黎巴嫩（LB）　　　___塞内加尔（SN）　___白俄罗斯（BY）
   ___德国（DE）　　　　　　___立陶宛（LT）　　　___新加坡（SG）　　___蒙古国（MN）
   ___智利（CL）　　　　　　___伊朗（IR）　　　　___巴基斯坦（PK）　___乌克兰（UA）
   ___黑山（ME）
```

续表

三、单证册签发后交付办法		
1.☑ 自取	2.□挂号	3.□特快专递

四、签发单证册期限
1.☑ 五个工作日　　　　2.□两个工作日（加急）

五、担保
1. 货物总值：100000 美元
2. 担保形式：（1）☑ 现金/支票　　　（2）□信汇/电汇
　　　　　　（3）□银行保函　　　　（4）□贸促会认可的书面保证

六、保证

　　我作为 ATA 单证册持有人，保证货物总清单上的内容真实无误。我承诺在任何暂准进口国和地区海关规定的期限内将这些货物复出口，在中国海关规定的期限内将这些货物复进口回中国，并遵守 ATA 公约、伊斯坦布尔公约和有关公约/附约的规定、中国和其他国家（地区）的海关规章和要求，以及中国国际商会制定的使用 ATA 单证册的各项规定。

　　我承诺，接到中国国际商会的索赔请求后，在十个工作日内无条件支付因 ATA 单证册项下货物未在规定期限内复出口，或未遵守 ATA 公约、伊斯坦布尔公约和有关公约/附约的规定、中国或国外海关的有关规章或要求而产生的所有税款和其他费用，以及中国国际商会因签发和调整单证册所支付的任何专业费用或其他费用。我承诺对中国国际商会为此同有关商会、海关或其他组织进行协商或处理的结果承担全部责任。我同意，将交纳的担保用以赔付中国国际商会因上述事宜而被要求支付的任何税款或费用。

　　我承诺，在旅行结束后十五天内，将 ATA 单证册退还给中国国际商会或其授权的签证机构，并留一份复印件存档。

　　我确认，如及时将使用过的 ATA 单证册交还给中国国际商会或其授权的签证机构，并且经其核定使用正确，则中国国际商会或其授权的签证机构将及时有条件核销 ATA 单证册，并退还担保。

申请人签字：_____
申请日期：___年__月__日
申请单位盖章：

（2）出境申报。持 ATA 单证册、装货单等单证向北仑海关报关，海关在 ATA 单证册上签注。

（3）过境申报。因为该批展览品要经过直布罗陀、荷兰等国家（地区），所以要进行过境申报。过境申报时，海关在蓝色过境单证上进行签注。

（4）复运进境申报。展览品结束展览复运进境时，因为是从上海进境，由上海口岸海关在黄色复进口单证上签注。

（5）核销结案。持 ATA 单证册有相关海关签注的各联存根联向鄞州海关申请核销结案。

【知识链接】

要完成以上任务，需要掌握使用 ATA 单证册货物报关的基本知识。

一、ATA 单证册

ATA 由法文 Admission Temporaire 与英文 Temporary Admission 的首字母复合组成，表示暂准进口，即货物在进口后一定时间内除正常损耗外按原状复出口。

ATA 单证册是世界海关组织通过的《货物暂准进口公约》及其附约 A 和《ATA 公约》中规定使用的，用于替代各缔约方海关暂准进出口货物报关单和税费担保的国际性通关文件。

ATA 单证册制度目的在于通过在缔约方之间适用 ATA 单证册以替代各国国内报关文件和税款担保文件，来简化和统一海关手续。目前，全球已有 80 个左右的国家（地区）可以使用 ATA 单证册通关，大部分发达国家（地区）都已加入了《ATA 公约》，每年使用 ATA 单证册通关的货物总值逾百亿美元。

二、ATA 单证册的格式

一份 ATA 单证册一般由 8 页 ATA 单证组成：一页绿色封面单证、一页黄色出口单证、一页白色进口单证、一页白色复出口单证、两页蓝色过境单证、一页黄色复进口单证、一页绿色封底。

三、ATA 单证册在我国的适用

在我国，使用 ATA 单证册的范围仅限于展览会、交易会、会议及类似活动项下的货物，自 2020 年 1 月 1 日起扩大范围至体育比赛、体育表演及训练等所必需的体育用品，除此之外的货物，我国海关不接受 ATA 单证册进出口申报手续。另外，我国海关只接受用中文或英文填写的 ATA 单证册。

四、ATA 单证册的管理

1. 担保机构

经国务院批准、海关总署授权，中国国际贸易促进委员会（中国国际商会）是我国 ATA 单证册的出证和担保商会，负责我国 ATA 单证册的签发和担保工作。

2. 管理机构

海关总署设立的 ATA 核销中心是 ATA 单证册的管理机构。

3. 报关使用

使用 ATA 单证册报关的货物暂准进出境期限为自货物进出境之日起 6 个月，超过 6 个月的，持证人需向海关申请延期，延期最多不超过 3 次，每次延期不超过 6 个月，且持证人应当在规定期限届满 30 个工作日前向货物暂准进出境申请核准地海关提出延期申请，并提交货物暂时进/出境延期申请书及相关材料；直属海关受理延期申请的，应当于受理申请之日起 20 个工作日内做出是否延期的决定。

参加展期在 24 个月以上展览会的展览品，在 18 个月延长期届满后仍需要延期的，由主管地直属海关审批。

ATA 单证册项下的暂时进境货物申请延长期限超过 ATA 单证册有效期（1 年），持证人应当向原出证机构申请续签 ATA 单证册用以替代原册，新册使用，原册失效。

4. 追索事宜

ATA 单证册项下暂时进境货物未能按照规定复运出境或过境的，ATA 核销中心应当向中国国际贸易促进委员会（中国国际商会）提出追索。自提出追索之日起 9 个月内，中国国际贸易促进委员会（中国国际商会）向海关提供货物已经在规定期限内复运出境或已经办理进口手续证明的，ATA 核销中心可以撤销追索；9 个月期满后未能提供上述证明的，中国国际贸易促进委员会（中国国际商会）应当向海关支付税费和罚款。

五、进出口申报

持 ATA 单证册向海关申报的进出境货物，不需要向海关提交进出口许可证件，也不需要另外提供担保。

1. 进境及复运出境（使用白色进口单证和白色复出口单证）

进境及复运出境使用白色单证。持证人在中国国际商会将证册内容预录入 ATA 单证册电子核销系统（与海关联网），交纸质 ATA 单证册、提货单、备案清单、箱单等给展览会主管海关；海关签注白色进口单证，留存正联，退还单证册给持证人；复出境时海关在白色复出口单证上签注，留存正联，退持证人核销结关。不能在规定期限复运的，海关向中国国际商会追索。

各成员方海关规定的暂准进境的期限有长有短（以海关签注为准），持证人一定要在报关后留意查看海关签注的内容，按照实际要求及时办理复出口手续或向海关申请延期。

2. 出境及复运进境（使用黄色出口单证和黄色复进口单证）

出境及复运进境使用黄色单证。持证人在凭证中申报暂准出口货物的项号，将单证册提交出口地海关关员，海关关员在存根上列明出口货物项号，在存根和凭证上分别签注盖章，撕下凭证存档。复运进境，在凭证中列明复进口货物的项号，将单证册提交复进口地海关关员，海关关员在存根上列明复进口货物项号，在存根和凭证上分别签注盖章，撕下凭证存档。不能在规定期限复运的，海关向中国国际商会追索。

3. 过境申报

过境货物承运人或其代理人持ATA单证册向海关申报将货物通过我国转运至第三国参加展览会的，不必填制过境货物报关单。海关在两份蓝色过境单证上分别签注后，留存蓝色过境单证（正联），退还其存根联和ATA单证册其他各联给运输工具承运人或其代理人。

4. 担保和许可证件

持ATA单证册向海关申报进出境展览品，不需要向海关提交进出口许可证件，也不需要另外再提供担保。但如果进出境展览品及相关货物受公共道德、公共安全、公共卫生、动植物检疫、濒危野生动植物保护、知识产权保护等限制的，展览品收发货人或其代理人应当向海关提交进出口许可证件。

六、结关

1. 正常结关

持证人在规定期限内将进境展览品和出境展览品复运进出境，按规定程序正式核销结关。

2. 非正常结关

ATA单证册项下暂时进境货物复运出境时，因故未经我国海关核销、签注的，ATA核销中心凭由另一缔约国海关在ATA单证上签注的该批货物从该国进境或复运进境的证明，或我国海关认可的能够证明该批货物已经实际离开我国境内的其他文件，作为已经从我国复运出境的证明，对ATA单证册予以核销。

因不可抗力的原因受损，无法原状复运出境、进境的，海关凭相关的证明材料办理核销；因不可抗力原因灭失或失去使用价值的，海关核实后可以视为货物已经复运出境、进境。

因不可抗力以外的原因灭失或受损的，按有关的海关规定办理。

> **知识拓展**
>
> **宁波ATA单证册申领指南**
>
> 宁波全面推广办证"零次跑"，大幅度简化流程、缩短时间，全力打造快速高效的出证速度，实现网上申请至办成3日办结。申领企业可以通过宁波市贸促会网站"网上办事"栏目进入ATA官网（www.eatachina.com），登录申办系统，线上填写申请表、货物总清单、ATA消耗品总清单，提交申办人的身份证明文件，提交材料通过审核的，数据报送海关审批。海关审批人员审批通过后，数据回传贸促会并打印出证《ATA单证册》。

为加快破局外贸困境，助力企业拓展国际市场，宁波市贸促会还创新"以证促商"拓外贸举措，积极探索外贸产品国际推广新路径。优选符合条件的企业综合分析潜力产品外贸出口资质，提前签发ATA出口单证册，并指导企业利用ATA单证册的商业样品用途，制成演示推广和产品培训文案，定向寄送至各国潜在客户。

技能训练和巩固

（1）2021年4月，宁波L公司要从国外运入一批车辆以参加宁波国际车展，该批车辆属于《ATA单证册》项下的货物。除了展览品，还需要运入一些为展览品做宣传用的印刷品等。车展期间，一辆车被境内人员购买。车展结束后，宁波L公司又将该批货物运输出境。有关这批车辆的报关事宜全部委托给华田报关公司。请你以华田报关公司报关人员的身份，完成这批进境参展车辆的报关操作。

（2）中国国际进口博览会（简称"进口博览会""进博会"等）由商务部和上海市人民政府主办，中国国际进口博览局、国家会展中心（上海）承办，为世界上第一个以进口为主题的国家级展会，已经成为中国构建新发展格局的窗口、推动高水平开放的平台、全球共享的国际公共产品。2022年11月5日至10日，第五届进博会在上海举办，这是党的二十大后我国举办的首场重大国际展会，共有145个国家（地区）和国际组织参展，展览品涉及40个共建"一带一路"国家，13个RCEP成员方。请调研海关支持2022年第五届中国国际进口博览会的通关便利措施，并为参展商设计展览品通关指南。

任务2 不使用ATA单证册的展览品的报关

【任务目标】

根据任务导入的案例背景完成服博展参展商品的报关操作。

【操作分析】

报关人员小丁认为这批展览品的报关操作大概要分为以下5个步骤。

（1）申请备案。小丁在展览品进境前向宁波海关提交相关批准文件、展览品清单、展览会备案登记表、展会总体方案等相关单证办理备案。

（2）进境申报。小丁在北仑海关办理展览品进口申报手续，向海关提交报关单、展览品清单、提货单、发票、装箱单等，同时，向海关提供相当于应缴税款的担保。展览品进境申报报关单关键栏目的填制见表7-2。

表7-2 中华人民共和国海关进口货物报关单

预录入编号：		海关编号：			页码/页数：
境内收货人	进境关别	进口日期		申报日期	备案号
境外发货人	运输方式	运输工具名称及航次号		提运单号	货物存放地点
消费使用单位	监管方式 展览品2700	征免性质 其他法定299		许可证号	启运港

续表

合同协议号		贸易国（地区）		启运国（地区）			经停港		入境口岸	
包装种类		件数	毛重（千克）		净重（千克）	成交方式	运费		保费	杂费

随附单证
随附单证1：　　　　　　　　　随附单证2：

标记唛码及备注

项号	商品编号 商品名称及规格型号 数量及单位 单价／总价／币制 原产国（地区） 最终目的国（地区） 境内目的地	征免
1		全免
2		
3		
4		
5		
6		
7		

	特殊关系确认：	价格影响确认：	支付特权使用费确认：	自报自缴：	
报关人员	报关人员证号	电话	兹申明以上内容承担如实申报、依法纳税之法律责任		海关批注及签章
申报单位			申报单位（签章）		

（3）复运出境申报。小丁持展览品退运清单到北仑海关办理退运报关手续，填制出口报关单。展览品复运出口报关单关键栏目填写同进口报关单的规定，但是要在报关单"备注"栏填报原进口报关单编号。

（4）展会销售的展览品转为一般进口。小丁填制进口报关单，办理进口申报及纳税手续。报关单"监管方式"栏填报"一般贸易（0110）"，"征免性质"栏填报"一般征税（101）"，"征免"栏填报"照章征税（1）"。

（5）核销结案。持海关签注的报关单证明联向海关办理核销结关。

【知识链接】

要完成以上任务，需要掌握不使用ATA单证册展览品报关的基本知识。

一、进出境展览品的范围

1. 进境展览品

进境展览品包含在展览会中展示或示范用的货物、物品，为示范展出的机器或器具需用的物品，设置临时展台的建筑材料及装饰材料，供展览品做示范宣传用的电影片、幻灯片、录像带、录音带、说明书、广告等。

2. 出境展览品

出境展览品包含国内单位赴境外举办展览会或参加境外博览会、展览会而运出的展览品，以及与展览活动有关的宣传品、布置品、招待品及其他公用物品。与展览活动有关的小卖品、展卖品，可以按"展览品"报关出境，不按规定期限复运进境的，办理一般出口手续，交验出口许可证，缴纳出口关税。

二、展览品的进出境申报

1. 进境申报

（1）在进境20个工作日前，主办单位将展览品的批准件及展览品清单，送展出地海关登记备案。

（2）进境申报可以在展出地海关或非展出地海关办理，从非展出地海关进口的，可以申请在进境地海关办理转关运输手续，将展览品在海关监管下从进境口岸转运至展览会举办地主管海关办理申报手续。

（3）交齐所有必需的单证，并提供担保，经直属海关批准，展览品可以免于向海关提供担保。

（4）海关在展出地查验时，配合查验。

（5）展览会展出或使用的印刷品、音像制品及其他需要审查的物品，还要经过海关的审查，才能展出或使用。对我国政治、经济、文化、道德有害的及侵犯知识产权的印刷品、音像制品，不得展出，由海关没收、退运出境或责令更改后使用。

2. 出境申报

（1）在出境地海关办理，在展览品出境前20个工作日办理。

（2）在境外举办展览会或参加国外展览会的企业应当向海关提交国家主管部门的批准文件、报关单、展览品清单一式两份等单证。

（3）属于应纳出口税的，必须交保证金，属于外贸出口管制的商品应提交许可证。

（4）海关对展览品开箱查验，核对展览品清单。查验完毕，海关留存一份清单，另一份封入"关封"交还给出口货物发货人或其代理人，凭此办理展览品复运进境申报手续。

三、核销结关

1. 复运进出境

进境展览品按规定期限复运出境，出境展览品按规定期限复运进境后，海关分别签发报关单证明联，展览品所有人或其代理人凭以向主管海关办理核销"结关"手续。

展览品未能按规定期限复运进出境的，展览会主办单位或出国举办展览会的单位应当向主管海关申请延期，在延长期内办理复运进出境手续。

2. 转为正式进出口

进境展览品在展览期间被人购买的，由展览会主办单位或其代理人向海关办理进口申报、纳税手续，其中属于许可证件管理的，还应当提交进口许可证件。

出口展览品在境外参加展览会后被销售的，由海关核对展览品清单后要求企业补办有关正式出口手续。

3. 展览品放弃或赠送

展览会结束后，进口展览品的所有人决定将展览品放弃交由海关处理的，由海关变卖后将款项上缴国库。有单位接受放弃展览品的，应当向海关办理进口申报、纳税手续。

展览品的所有人决定将展览品赠送的，受赠人应当向海关办理进口手续，海关根据进口礼品或经贸往来赠送品的规定办理。

4. 展览品毁坏、丢失、被窃

展览品因毁坏、丢失、被窃等原因，而不能复运出境的，展览会主办单位或其代理人应当向海关报告。对于毁坏的展览品，海关根据毁坏程度估价征税；对于丢失或被窃的展览品，海关按照进口同类货物征收进口税。

展览品因不可抗力遭受损毁或灭失的，海关根据受损情况，减征或免征进口税。

四、有关期限的规定

进口展览品的暂准进境期限是6个月，即自展览品进境之日起6个月内复运出境。如果需要延长复运出境的期限，应当向主管海关提出申请。经批准可以延长，延长期限最长不超过6个月。

出口展览品的暂准出境期限为自展览品出境之日起6个月内复运进境。如果需要延长复运进境的期限，应当向主管海关提出申请。

相关资料

进境展览品审证管理规定

（1）展览会期间供消耗、散发的用品属于国家实行许可证件的，应当向海关交验相关证件，办理进口手续。

（2）除我国参加或缔结的国际条约、协定及国家法律、行政法规和海关总署规章另有规定外，进出境展览品可免予交验许可证件。

技能训练和巩固

华田公司要参加在美国旧金山举办的电子产品展览，展览日期为2021年8月11—15日，有产品（表7-3）需货运出境供展览使用。

表7-3 产品清单

品种规格	法定计量单位	单价/美元	总价/美元
整流器（KH-6116）	120台	3	360
变压器（6～0V）	150台	5	750
插头（用于电压小于1000V的线路）	10000个	0.1	1000

在展览期间，其中120台整流器被美国一公司购买。请以华田公司报关人员的身份完成这批出境参展电子产品的报关操作。

任务3 暂时进出口货物的报关

【任务目标】

根据任务导入的案例背景完成舞台设施的报关操作。

【操作分析】

报关人员小丁认为这批舞台设施的报关操作大概要分为以下4个步骤。

（1）申请行政许可。填写暂时进出境货物确认申请书，同时提交货物清单、发票等相关单据，主管海关批准后，领取海关货物暂时进/出境申请批准决定书。

（2）进境申报。向北仑海关提交批准决定书、进口报关单、商业发票、货运单据等进行申报，同时提供相当于税款的担保。进口报关单关键栏目的填写见表7-4。

表7-4 中华人民共和国海关进口货物报关单

预录入编号：		海关编号：			页码/页数：	
境内收货人	进境关别	进口日期		申报日期	备案号	
境外发货人	运输方式	运输工具名称及航次号		提运单号	货物存放地点	
消费使用单位	监管方式 暂时进出境货物 2600	征免性质 其他法定 299		许可证号	启运港	
合同协议号	贸易国（地区）	启运国（地区）		经停港	入境口岸	
包装种类	件数	毛重（千克）	净重（千克）	成交方式	运费	保费	杂费
随附单证 随附单证1：　　　　　　　　　随附单证2：						
标记唛码及备注						
项号　商品编号　商品名称及规格型号　数量及单位　单价/总价/币制　原产国（地区）　最终目的国（地区）　境内目的地　征免						
1						全免
2						
3						
4						
5						
6						
7						
特殊关系确认：　　价格影响确认：　　支付特权使用费确认：　　自报自缴：						
报关人员　　报关人员证号　　电话　　兹申明以上内容承担如实申报、依法纳税之法律责任						海关批注及签章
申报单位　　　　　　　　　　　　申报单位（签章）						

（3）复运出境申报。到北仑海关办理复运出口报关手续，填制出口报关单。出口报关单关键栏目填写同进口报关单的规定，但是要在报关单"备注"栏填报原进口报关单编号。

（4）核销结案。持海关签注的报关单证明联向海关办理核销结关。

【知识链接】

要完成以上任务，需要掌握暂时进出口货物报关的基本知识。

一、暂时进出口货物的具体范围

《关税条例》规定可以暂不缴纳税款的9项暂准进出境货物，除使用ATA单证册报关的货物、不使用ATA单证册报关的展览品、集装箱箱体按各自的监管方式由海关进行监管外，其余的均按《中华人民共和国海关对暂时进出口货物监管办法》进行监管，因此均属于暂时进出口货物的范围。其具体范围如下所列。

（1）文化、体育交流活动中使用的表演、比赛用品。
（2）进行新闻报道或摄制电影、电视节目使用的仪器、设备及用品。
（3）开展科研、教学、医疗活动使用的仪器、设备及用品。
（4）上述3项所列活动中使用的交通工具及特种车辆。
（5）暂时进出境的货样。
（6）供安装、调试、检测设备时使用的仪器、工具。
（7）盛装货物的容器。
（8）其他暂时进出境用于非商业目的的货物。

二、进出境申报

1. 进境申报

暂时进口货物进境时，收货人或其代理人应当向海关提交主管部门允许货物为特定目的而暂时进境的批准文件、进口货物报关单、商业及货运单据等，向海关办理暂时进境申报手续。

暂时进口货物不必提交进口许可证件，但对国家规定需要实施检验检疫的，或为公共安全、公共卫生等实施管制措施的，仍应当提交有关的许可证件。

暂时进口货物在进境时，进口货物的收货人或其代理人免予缴纳进口税，但必须向海关提供担保。

2. 出境申报

暂时出口货物出境，发货人或其代理人应当向海关提交主管部门允许货物为特定目的而暂时出境的批准文件、出口货物报关单、货运和商业单据等，向海关办理暂时出境申报手续。

暂时出口货物除易制毒化学品、监控化学品、消耗臭氧层物质、有关核出口、"核两用品"及相关技术的出口管制条例管制的商品及其他国际公约管制的商品按正常出口提交有关许可证件外，不需要交验许可证件。

三、核销结关

1. 复运进出境

暂时进口货物复运出境，暂时出口货物复运进境，进出口货物收、发货人或其代理人必须留存由海关签章的复运进出境的报关单，准备报核。

2. 转为正式进口

暂时进口货物因特殊情况，改变特定的暂时进口目的转为正式进口，进口货物收货人或其代理人应当向海关提出申请，提交有关许可证件，办理货物正式进口的报关纳税手续。

3. 放弃

暂时进口货物在境内完成暂时进口的特定目的后，如货物所有人不准备将货物复运出境的，可以向海关声明将货物放弃，海关按放弃货物的有关规定处理。

4. 核销结关

暂时进口货物复运出境，或转为正式进口，或放弃后，暂时出口货物复运进境，或转为正式出口后，收发货人向海关提交经海关签发的进出口货物报关单，或处理放弃货物的有关单据及其他有关单证，申请报核。海关经审核，情况正常的，退还保证金或办理其他担保销案手续，予以结关。

四、有关期限的规定

暂时进出口货物应当自进境或出境之日起 6 个月内复运出境或复运进境。如果因特殊情况不能在规定期限内复运出境或复运进境的，应当向海关申请延期，经批准可以适当延期，延期最长不超过 6 个月。

技能训练和巩固

> 为了完成宁波市重点建设项目"中铁道岔路制造工程"，宁波市某对外经济合作公司从丹麦进口一套高速铁路钢轨锻造系统。依据协议，由丹麦公司技术人员安装、施工和调试。为了保证工程的顺利进行，外方的技术人员将自带工程所需要的与安装所匹配的操作工具一套，待系统调试完毕后该工具全部返回丹麦。预计工期需要 4 个月，后因工程实施需要，该工期需要延期 4 个月。这套系统及操作工具的报关由华田报关公司负责，请你以华田公司报关人员的身份，完成相关的报关操作。

小 结

本项目主要介绍了暂准进出境货物的监管和报关，内容包括 ATA 单证册货物的报关、其他展览品的报关、暂时进出口货物的报关。本项目操作要点在于理清暂准进出境货物报关业务的流程、理解暂准进出境货物的海关监管要点。

训 练 题

一、基础训练题

1. 单选题

（1）下列（　　）项货物或物品不适用暂准进出口通关制度。
A. 展览会期间出售的小卖品
B. 在展览会中展示或示范用的进口货物、物品
C. 承装一般进口货物进境的外国集装箱
D. 进行新闻报道使用的设备、仪器

【参考答案】

（2）我国 ATA 单证册的签发机构是（　　）。
A. 海关总署　　　　　　　　　B. 中国国际商会
C. 国务院　　　　　　　　　　D. 对外贸易经济合作部

（3）我国规定暂准进出境货物应当自进境或出境之日起（　　）内，复运出境或复运进境。
A. 6 个月　　　　　　　　　　B. 1 年内
C. 3 个月　　　　　　　　　　D. 1 个月

（4）在我国 ATA 单证册项下货物暂时进出境期限为货物进出境之日起（　　），如果有特殊情况超过需要延期的，延期最多不超过（　　），每次延长的期限不超过（　　）。

A.6个月；3次；6个月 B.1年；1次；1年
C.1年；1次；6个月 D.1年；3次；1年

（5）参展期在24个月以上的展览品，在18个月延长期届满后仍需要延期的，由（　　）审批。
A.隶属海关 B.直属海关
C.海关总署 D.直属海关关长

（6）我国政府已部分加入《ATA公约》和《货物暂准进口公约》，目前ATA单证册在我国仅适用于部分货物，按照现行的规定下列不属于ATA单证册适用范围的货物是（　　）。
A.昆明世界园艺博览会上的进口展览品
B.广州商品交易会上的暂准进口货物
C.财富论坛年会暂准进口的陈列品
D.美国政府代表团访华人员随身携带的物品

2. 判断题

（1）在我国，目前ATA单证册的适用范围仅限于展览会、交易会会议及类似活动项下的货物。（　　）
（2）持ATA单证册向海关申报进出境展览品，不需要向海关提交进出口许可证，也不需要另外再提供担保。（　　）
（3）展览会期间使用的含酒精的饮料、烟叶制品、燃料，海关对这些商品不征收关税。（　　）
（4）展览会期间出售的小商品，属于一般进出口货物范围。（　　）

二、综合技能训练题

（1）2021年4月份，××市自行车有限责任公司从互联网得知一则境外举办自行车展览会的信息，信息概况如下所示。

2021年德国科隆国际自行车及零部件展览会

时间：2021年9月14—17日
举办地点：德国科隆
组织单位：机电商会
联系人：张××
联系电话：010-5828××××
E-mail：×××@×××.org.cn

为了进一步开拓国际市场，该公司打算出境参展。
请您根据上述业务背景，以××市自行车有限公司报关人员的身份回答下列问题，并办理相关海关手续（注：德国是接受ATA单证册的国家）。

① 参展人在展览品出口报关前应向什么机构申请签发ATA单证册？申请时须提供哪些材料？
【业务处理】

② 申请人向出证机构提供的担保形式包括哪些？担保金额为多少？担保期限为多长？
【业务处理】

③ 该货物暂准出境的期限为多长？
【业务处理】

④ 该出境货物发货人或其代理人持ATA单证册向海关申报展览品出境时，须向海关提交哪些单证？
【业务处理】

⑤ 持证人在规定期限内将出境展览品复运进境，如何办理核销结关手续？
【业务处理】

（2）2021年7月26日在中国上海举办国际家电博览会，法国××家用电器有限公司应邀参加展览。该公司在参展前向本国相关机构申领了一份《ATA单证册》，装运货物的运输工具于7月5日进境，7月6日该货物的收货人上海××报关行持《ATA单证册》向上海海关办理了货物申报。展出结束后，上述展览品，除复运出境及已被留购的以外，因修建、布置展台等进口的一次性廉价物品被展览品所有人放弃；部分展览品被展览品所有人赠送给境内与其有经贸往来的单位。

请你根据上述业务背景，以上海××报关行报关人员的身份办理相关海关手续。
① 该批展览品进境申报手续应如何办理？
【业务处理】

② 进境展览品在展览期间被购买的，应如何办理相关海关手续？
【业务处理】

③ 若展览品在展会结束后未按时复运出境，相关追索事宜如何办理？
【业务处理】

④ 在展览期间和展览结束后，应如何进行展览品的各种处置及相关海关事务的办理？
【业务处理】

（3）华田公司要参加在美国旧金山举办的电子产品展览，展览日期为2021年8月11—15日，有产品（表7-5）需货运出境供展览使用。

表7-5　产品清单

品种规格	法定计量单位	单价/美元	总价/美元
整流器（KH-6116）	120 台	3	360
变压器（6～30V）	150 台	5	750
插头（用于电压小于1000V的线路）	10000 个	0.1	1000

其他背景条件如下所示。

出口口岸：广州白云国际机场
申报日期：2021年8月6日
航班号：CA20070012
包装方式及件数：10纸箱
毛重：45kg
净重：40kg
运保费合计：1000美元

请以报关人员的身份按以上提供的资料填制以下报关单。

【单据制作】

中华人民共和国海关出口货物报关单

预录入编号： 　　　　海关编号： 　　　　页码/页数：

境内发货人	出境关别	出口日期		申报日期	备案号
境外收货人	运输方式	运输工具名称及航次号		提运单号	
生产销售单位	监管方式	征免性质		许可证号	
合同协议号	贸易国（地区）	运抵国（地区）		指运港	离境口岸
包装种类	件数	毛重（千克）	净重（千克） 成交方式	运费	保费 　杂费

随附单证		
随附单证1：	随附单证2：	
标记唛码及备注		

项号 商品编号 商品名称及规格型号 数量及单位 单价/总价/币制 原产国（地区）最终目的国（地区）境内货源地 征免
1
2
3
4
5
6
7

特殊关系确认： 　　价格影响确认： 　　支付特权使用费确认： 　　自报自缴：	
报关人员　　报关人员证号　　电话　　兹申明以上内容承担如实申报、依法纳税之法律责任	海关批注及签章
申报单位　　　　　　　　　　　　　申报单位（签章）	

参考文献

顾永才，王斌义，2021. 报检与报关实务［M］. 6版. 北京：首都经济贸易大学出版社.
黄芸，2021. 报关与报检实务［M］. 南京：南京大学出版社.
季琼，秦雯，2020. 报关与报检实务［M］. 4版. 北京：高等教育出版社.
童宏祥，2014. 报检实务［M］. 3版. 上海：上海财经大学出版社.
颜逊，孔炯炯，黄中鼎，2013. 报关与报检实务［M］. 2版. 上海：上海财经大学出版社.
张帆，张荣，2020. 报关与报检实务［M］. 北京：电子工业出版社.
中国报关协会，2021. 关务基本技能：2021年版［M］. 北京：中国海关出版社.
中国报关协会，2021. 关务基础知识：2021年版［M］. 北京：中国海关出版社.